Condominium

Práticas de sociabilidade e propriedade de terra
— • - Vale do São Francisco - • —
Império do Brasil

Maria Ferreira

Conselho Editorial

Profa. Dra. Andrea Domingues
Prof. Dr. Antônio Carlos Giuliani
Prof. Dr. Antonio Cesar Galhardi
Profa. Dra. Benedita Cássia Sant'anna
Prof. Dr. Carlos Bauer
Profa. Dra. Cristianne Famer Rocha
Prof. Dr. Cristóvão Domingos de Almeida
Prof. Dr. Eraldo Leme Batista
Prof. Dr. Fábio Régio Bento
Prof. Ms. Gustavo H. C. Ferreira
Prof. Dr. Humberto Pereira da Silva
Prof. Dr. José Ricardo Caetano Costa

Profa. Dra. Ligia Vercelli
Prof. Dr. Luiz Fernando Gomes
Prof. Dr. Marco Morel
Profa. Dra. Milena Fernandes Oliveira
Prof. Dr. Narciso Laranjeira Telles da Silva
Prof. Dr. Ricardo André Ferreira Martins
Prof. Dr. Romualdo Dias
Profa. Dra. Rosemary Dore
Prof. Dr. Sérgio Nunes de Jesus
Profa. Dra. Thelma Lessa
Prof. Dr. Vantoir Roberto Brancher
Prof. Dr. Victor Hugo Veppo Burgardt

©2017 Maria Ferreira
Direitos desta edição adquiridos pela Paco Editorial. Nenhuma parte desta obra pode ser apropriada e estocada em sistema de banco de dados ou processo similar, em qualquer forma ou meio, seja eletrônico, de fotocópia, gravação, etc., sem a permissão da editora e/ou autor.

F3831

Ferreira, Maria.
Condominium: Práticas de sociabilidade e propriedade de terra - Vale do São Francisco – Império do Brasil / Maria Ferreira – Jundiaí: Paco Editorial, 2017.
    252 p. : il. ; 21 cm.

    Inclui bibliografia
    ISBN: 978-85-462-1084-8

    1. Brasil Império. 2. História Social. I. Ferreira, Maria. II. Título.

CDD 981.043

Av. Carlos Salles Block, 658
Ed. Altos do Anhangabaú, 2º Andar, Sala 21
Anhangabaú - Jundiaí-SP – 13208-100
11 4521-6315 | 2449-0740
contato@editorialpaco.com.br

Foi Feito Depósito Legal

A minha amorosa filha Mariana, pelo amor, pela presença e paciência com as minhas ausências na construção da tese.
À minha mãe, Maria do Carmo Pereira da Silva (*in memoriam*), a minha mais profunda gratidão e meu amor infinito pelo também amor incondicional, pelas batalhas e lutas para que eu estudasse. Valeu!
Ao meu pai, José Ferreira da Silva, pelo apoio de um grande amigo.
A Nádia Ferreira, irmã e amiga, pelo incentivo e apoio para que o meu doutoramento se realizasse na França.
A minha família por não medir esforços para que eu chegasse a essa etapa da minha vida.

Agradecimentos

A construção do saber é sempre um trabalho compartilhado. Não se realiza uma pesquisa sozinha. Ao meu empenho nos caminhos dos arquivos e de bibliotecas, em Pernambuco e em Paris, em todo o processo de construção deste livro, reuniram-se contribuições de pessoas que, de diversas formas, em diferentes momentos, foram valiosíssimas. Desejo, assim, expressar a minha gratidão a todas essas pessoas.

Registro os meus sinceros agradecimentos à Cepe – Companhia Editora de Pernambuco, ao Governo do Estado de Pernambuco, ao Serviço de Relações Internacionais da Université Blaise Pascal, em Clermont-Ferrand, à Coordenação de Aperfeiçoamento de Pessoal de Nível Superior (Capes) e ao Programa Colégio Doutoral Franco Brasileiro, pelo financiamento, sem o qual teria sido difícil realizar esta obra e por terem proporcionado o intercâmbio internacional em regime de cotutela.

À Profa. Dra. Maria do Socorro Ferraz Barbosa, pela orientação fundamental e competente, sempre estimulando as pesquisas, a diversidade dos conhecimentos e o intercâmbio. Ao Prof. Dr. Jean-Claude Caron, pela co-orientação inteligente, dedicada, como também pela gentileza com a qual me recebeu durante o estágio de cotutela, na Université Blaise Pascal, Clermont-Ferrand II, França.

A Saulo Neiva, Prof. Dr. na Université Blaise Pascal, por ter promovido o intercâmbio entre a Universidade Federal de Pernambuco e a Université Blaise Pascal – Clermont-Ferrand II, na França e pelo apoio durante o meu estágio doutoral naquela universidade.

Dentre as contibuições importantes para o avanço desse trabalho, agradeço à professora Suzana Cavani Rosas e ao professor Marc Jay Hoffinagel, ambos do Departamento de História da UFPE.

À Universidade Federal de Pernambuco, por promover o doutoramento em história, com o qual eu pude me tornar pesquisadora.

À École Doctorale de Lettres, Sicences Humaines et Sociales, ao Centre d'Histoire, "Espaces et Cultures" (CHEC), à Maison de Sciences de l'Homme (MSH), da Université Blaise Pascal, Clermont-Ferrand II, pela excelente acolhida durante o meu estágio de cotutela de tese. A Guilhaume Tati, funcionário da Maison, sempre prestativo e disposto a colaborar.

Aos meus amigos e amigas que torceram para que este livro se realizasse. A Emanuele Carvalheira de Maupeou, pela amizade e pela grande contribuição da sua dissertação para esta obra.

A todos os professores e professoras do Departamento de História da Universidade Federal de Pernambuco.

Aos funcionários do Arquivo Público Estadual de Pernambuco Jordão Emerenciano e do Instituto Arqueológico Histórico e Geográfico de Pernambuco, pela disponibilidade dos documentos.

A Cristiano Christillino, Professor pós-doutor da UEPB, por ter aceitado, de pronto, fazer a apresentação deste livro e pelas palavras tão gentis com as quais se referiu à minha obra.

O meu muito obrigada!

Sumário

Apresentação	9
Introdução	13
A propriedade da terra: uma discussão historiográfica	26

Capítulo 1
Registros de famílias: Uma trama de usos e costumes Oitocentista   41
Usos da terra	47
Posseiros em Tacaratú e em Floresta	50
Os troncos familiares	52
Formação escolar	53
Formação socioprofissional	55
Práticas artístico-culturais	64
A religiosidade	64
Perfil de um líder de família	73
Transações comerciais de terras	76

Capítulo 2
Um perfil social e econômico dos coproprietários de terras de Floresta e de Tacaratú   97
Fontes de riqueza	98
Lei de Terras de 1850 e os coproprietários	105
Os coproprietários e a crise da escravidão: Floresta e Tacaratú	110
O aumento dos preços	111
Marcas da elite: donos do poder nas vilas de Floresta e Tacaratú	116

Capítulo 3
Nos espaços e no tempo...   127
O Sertão do Médio São Francisco no espaço pernambucano	136

A Vila de Floresta do Navio 141
A vila de Tacaratú 146
No espaço das fazendas: Tacaratú e Floresta 150
Paragens, Fazenda Grande, Tacaratú e suas imagens 156

Capítulo 4
Condominium: Uma rede de Sociabilidade familiar, patrimonial e administrativa **163**
As redes de alianças e os conectores 166
Rede A – Matrimônios: conectores da rede família 167
Rede B – Conectores patrimoniais 172
1- Coproprietários *172*
2- Cossenhores de escravos *184*
Rede C – Conectores da administração pública 189
Componentes de uma Rede: De Proprietários Fundiários, de Funcionários da Administração, Segundo a Ocupação de Cargos da Estrutura Judicial e da Organização Militar das Vilas de Floresta e Tacaratú (1756 a 1878) 202
Juizado de Paz: um lugar de conflitos, uma rede de intrigas 212

Considerações finais **229**

Referências **241**
Bibliografia específica: elites, prosopografia, sociabilidade 246

Apresentação

Nos últimos anos tivemos um aumento significativo no número de trabalhos relativos ao complexo, e conflituoso, universo rural do Brasil. As temáticas em torno do século XIX receberam várias contribuições. Das muitas questões com as quais me deparei nos últimos anos, uma daquelas que mais me chamou atenção sobre o Nordeste foi o funcionamento das áreas pro--indiviso, usadas em comum pelos diversos clãs de uma mesma família. Se o universo rural foi palco de tantas disputas, como as fazendas do Norte do Império eram exploradas por fazendeiros "em comum com os demais herdeiros"? Por que não mediam e demarcavam suas terras? Quem ficava com as melhores partes? Não havia aquele que saísse prejudicado? Como as redes de relações familiares conformavam este sistema?

Eis que a obra de Maria Ferreira chega em minhas mãos. Inicialmente em forma de tese, em 2012, quando realizava o meu estágio de pós-doutoramento na UFPE. Depois tive a oportunidade de discutir o trabalho nos muitos congressos de história que participamos. Maria trouxe à tona uma lacuna enorme da historiografia. Seu trabalho partiu da análise de 154 proprietários de terras em Floresta e Tacaratú, no sertão pernambucano, entre 1840 e 1880, e nos brindou com uma primorosa análise de uma prática presente em quase todo o Nordeste, a partir da redução da escala de análise. A influência da micro-história italiana, especialmente da obra de Giovanni Levi, abriu caminho para Maria Ferreira investigar os fazendeiros locais a partir de uma gama variada de fontes, analisando também a formação das redes de relações sociais entre as famílias locais. O trabalho de Maria foi além da sua proposta inicial de estudar a estrutura fundiária, pois o seu objeto exigiu uma discussão da atuação das famílias, sua formação e estratégias de sobrevivência no plano local, assim como os seus "contatos exteriores". As discussões de Levi influenciaram este livro no trato com as fontes.

Maria Ferreira

A principal base empírica de Maria Ferreira foi o inventário *post-mortem*, documento muito rico em informações sobre a estrutura fundiária e social do século XIX, mas cujos dados sobre a dinâmica política e as estratégias familiares aparecem de forma indireta. Por essa razão, requerem uma leitura minuciosa, e com questões pertinentes, e diferentes, a cada "rastro" instigante que surge na pesquisa, dados estes que foram analisados a partir de um cuidadoso cruzamento de informações com outras fontes. Os documentos judiciais e cartoriais enriqueceram substantivamente os debates em torno dos inventários, mostrando a amplitude e a complexidade das estratégias investigadas por Maria Ferreira. Ela não dispensou as análises seriais, o que permitiu discutir a estrutura social e padrões de riqueza e produção, mas foi além disso por meio da utilização do método prosopográfico. Este último permitiu conhecer mais o perfil destes proprietários, através da análise das suas atividades, números de propriedades, sua formação e religiosidade, além das especificidades da região, no caso as vilas de Floresta e Tacaratú. Neste sentido, Maria permitiu uma análise alternativa às principais discussões em torno do mundo agrário do sertão, geralmente pautadas pela questão da escravidão e da inserção da economia local no mercado interno do Brasil. Teve, ainda, a preocupação em analisar o "pano de fundo", ou seja, as transformações pelas quais passavam o império no período de 1840 a 1880.

O período proposto por Maria Ferreira permite contemplar transformações importantes na sociedade brasileira, especialmente no plano do trabalho e da propriedade. Maria discute as duas leis que reorientaram a política imperial na década de 1850, falo da Lei Euzébio de Queirós e da Lei de Terras. A primeira foi promulgada com a intenção de selar um acordo entre o governo imperial e os grandes proprietários, no sentido de se acabar com o tráfico internacional de escravos, garantindo-se o "esquecimento" da entrada de centenas de milhares de africanos postos em cativeiro de forma ilegal. A Lei de Terras foi o projeto direcionado à imigração e ao controle sobre as terras públicas que, com seus limites, permitiu um poder de barganha à Coroa em suas negociações com as elites locais. Neste livro, Ferreira segue o que apontava Maria Yedda Linhares: testar em escala regional as generalizações e modelos mais amplos. Maria mostra os impactos da Lei Euzébio de Queirós sobre o preço dos escravos no sertão pernambucano, e as estratégias das famílias em torno da manutenção e substituição desta mão de obra. Da mesma forma, aborda o impacto da lei de terras na valorização da propriedade fundiária, bem como no aprofundamento das redes de relações familiares para a manutenção do latifúndio.

Na presente obra, Maria Ferreira trabalha as redes de sociabilidades estabelecidas pelas famílias estudadas, conexões estas permitidas pelo uso da prosopografia. A base destas relações era o casamento, destinado a selar, e reafirmar, alianças familiares. A exploração da terra por coproprietários exigia sólidas conexões entre os membros, e entre estas o matrimônio era a principal estratégia. Os casamentos eram cuidadosamente arquitetados, no sentido de preservar, e ampliar, as propriedades das famílias. Outra estratégia fundamental na preservação do status familiar era a inserção na burocracia. Maria Ferreira mostra o quanto estes cargos administrativos foram importantes para os clãs estudados, especialmente na estruturação do poder local e na alternativa para alguns dos seus membros migrarem para outras regiões.

Estudos pautados em dados seriais não são fáceis de trabalhar. Muito menos de se escrever. Neste sentido, destaco a leveza da escrita de Maria Ferreira. *Condominium* é um trabalho com muitos dados, e análise profunda, mas muito bom de ser lido. Após sete anos no Nordeste, eu diria que é uma obra para se "ler na rede".

Para terminar esta apresentação, não poderia deixar de falar na trajetória acadêmica de Maria Ferreira, que, com certeza, terá em *Condominium* um degrau importante. Quando fui apresentado a Maria, uma colega da Bahia já me dizia que "ela é uma ótima pesquisadora" – um dado que pude comprovar nos debates em torno do Brasil império, que tive o privilégio de participar com Maria, e também no capítulo publicado por ela

11

numa coletânea organizada por mim; da mesma forma conheci a sua atuação no ensino superior. *Condominium* é o trabalho de uma competente e talentosa pesquisadora.

Uma boa leitura.

João Pessoa, 22 de agosto de 2017
Cristiano Luís Christillino
Professor na UEPB e no PPGH/UFPE

Introdução

As pesquisas que argumentam este livro foram organizadas para compor a minha tese. No entanto, tudo começou com o meu trabalho de mestrado, construído das tramas da *Formação Social do Sertão do Médio São Francisco no Século XIX*[1], projeto cujo resultado foi uma narrativa sobre a estrutura fundiária e uma rede de relações políticas no semiárido de Pernambuco, sob diversos ângulos de análises da história. Do projeto guarda-chuva, constituíram-se quatro propostas de mestrado[2] e o meu projeto de doutorado. As dissertações abordam temas complementares e muito acrescentaram à construção da minha tese, sobretudo, no que diz respeito às relações de produção nas fazendas de criar da região e o papel dessa economia na formação do mercado interno[3], aos mecanismos reguladores das relações sociorraciais na região[4] e à Escravidão no sertão[5].

---

1. A Região do Médio São Francisco compreende os municípios de Petrolândia, Tacaratú, Floresta, Flores, Cabrobó, Belém do São Francisco, Itacuruba e Santa Maria da Boa Vista. A direção do projeto guarda-chuva "A Formação Social do Sertão do Médio São Francisco no Século XIX" foi realizada por Maria do Socorro Ferraz Barbosa, professora pesquisadora do Departamento de História da Universidade Federal de Pernambuco.
2. Os projetos de mestrado foram realizados entre 1998 e 2007, no PPGH da UFPE, Recife.
3. *Floresta do Navio: uma cidade pernambucana do gado, 1850 a 1888*. Autoria de Maria Lêda Oliveira Alves da Silva. Dissertação apresentada ao Programa de Pós-Graduação em História Social da Universidade Federal de Pernambuco, Recife, 2004.
4. *A Formação da Sociedade no Sertão Pernambucano: trajetória de núcleos familiares*. Autoria de Tatiana Valença Ferraz. Dissertação apresentada ao Programa de Pós-Graduação em História Social da Universidade Federal Pernambuco, Recife, 2007.
5. *Cotidiano num ambiente rural: O Sertão do Médio São Francisco – Pernambuco (1840-1888)*, de autoria de Emanuele Carvalheira de Maupeou. Dissertação apresentada ao Programa de Pós-Graduação em História Social da Universidade Federal de Pernambuco, Recife, 2008.

A estrutura fundiária do Sertão do Médio São Francisco[6], meu objeto de estudo, teve características bem peculiares, ainda não vistas, até quele momento. A pesquisa do mestrado indicou que as partilhas das fazendas, por herança, não conduziam a uma ruptura do latifúndio, mas, sim, a um tipo de copropriedade. O processo, judicial ou amigável, de partilha dava, aos filhos e às filhas, o direito de igualdade na divisão dos bens. Quanto à terra, dava o direito de co-habitar. Moravam em casas individuais, com suas famílias e seus escravos. As fazendas funcionavam como copropriedades pro-indivisas e autossuficientes, pois guardavam, em seus domínios, casas de fazer farinha, currais e teares individuais. Além da predominância do gado bovino, criado a solto, era forte a criação de outros animais menores, como cabras, ovelhas, cavalos e asnos. Com relação à agricultura, praticavam, além da cultura do algodão, roçados para subsistência e para atender o mercado local.

Em termos materiais, a estrutura fundiária constituída nesta sociedade estava baseada em um sistema de terras em comum, dando às fazendas um arranjo de condomínios privados. Em termos sociais, os laços por casamentos, amizades, compadrios e, sobretudo, por relações no campo da política local, foram uma prática marcante no desenrolar da manutenção do latifúndio e das realções de poder.

Tendo em vista esses primeiros indícios de uma estrutura fundiária concentrada nas mãos de grupos de famílias proprietárias, o trabalho, que ora apresentamos nesse livro, ampliou-se na proposta da tese, cujo objetivo principal foi analisar a trajetória social de proprietários de terras do Sertão de Pernambuco no século XIX, buscando responder à seguinte questão: como as fazendas foram administradas e se mantiveram "em comum", de geração à geração, em famílias com grandes proles? Mediam

---

6. *Trajetórias e Práticas de Sociabilidade na apropriação de Terras: Floresta e Tacaratú, 1840 a 1880*. Autoria de Burlamaqui, Maria Ferreira. Dissertação apresentada ao Programa de Pós-Graduação em História da UFPE, Recife, 2005.

e demarcavam os terrenos após as partilhas? A quem cabiam as terras melhor localizadas? Qual o papel das redes familiares neste sistema de coproriedade e das relações de poder?

Para responder, analisamos as relações sociais nas fazendas, a forma de sociabilidade e três tipos de redes relacionais nas quais estavam inseridas: a rede familiar, a rede patrimonial e a rede político-administrativa. O estudo aponta que o direito de herança igualitário alimentou o sistema de condomínios e possibilitou superar a tendência ao desaparecimento da propriedade privada por herança, guardando-se a estrutura da grande propriedade.

A zona geográfica são as vilas de Floresta e de Tacaratú, que hoje correspondem aos municípios de mesmo nome da região do Vale Médio São Francisco. O corte temporal vai de 1840 a 1880, tempo do reinado de D. Pedro II e em que o Brasil realizava algumas transformações no cenário econômico nacional. Entre elas, destacamos a Lei de Terras de 1850 e a proibição do tráfico africano, em 1850, o que provocou a transferência de capital para outros setores. Em Pernambuco, esse período foi marcado pela mobilização das elites contra o tráfico interprovincial de escravos e, também, por revoltas, como a Praeira. No sertão, a cultura do algodão de fibra longa foi impulsionada pela demanda do mercado externo.

O algodão no Brasil foi cultivado, primeiramente, com o objetivo de suprir a necessidade existente de tecidos utilizados na embalagem dos produtos e para a fabricação de tecidos que pudessem ser utilizados na vestimenta dos escravos. Em sua maioria, os integrantes da elite colonial não utilizavam o tecido produzido internamente, preferindo importar os tecidos da Europa. No século XVIII, a cultura algodoeira ganhou maior expressão com a crescente demanda industrial europeia.

O crescimento das lavouras de algodão no Brasil aconteceu a partir da segunda metade do século XVIII, período em que a forte elevação dos preços no mercado internacional e a guerra de independência dos Estados Unidos aconteceram. Antes desse aumento, as colônias norte-americanas eram responsáveis pela maioria do algodão consumido pelos europeus. No século seguinte, a produção na América portuguesa enfraqueceu com a recuperação econômica dos Estados Unidos.

A exportação do algodão em grandes quantidades teve relação direta com o surgimento das primeiras instalações industriais europeias. Nas suas etapas iniciais, a consolidação da economia industrial teve forte expressão no ramo têxtil, onde apareceriam as primeiras inovações tecnológicas que permitiram o desenrolar da chamada Revolução Industrial. Na medida em que os mercados consumidores se ampliavam, grandes potências econômicas, como a Inglaterra, ampliavam sua demanda.

Nessa época, o estado do Maranhão foi um dos maiores produtores de algodão de todo o Brasil. O Maranhão foi o primeiro exportador durante o período colonial, entre 1805-1812. Outros estados, como Ceará, Piauí, Rio Grande do Norte, Paraíba e Pernambuco, também cultivaram o algodão e foram os responsáveis por colocar o Norte como grande celeiro da planta e o Brasil entre os cinco primeiros exportadores, no período que vai de meados do século XIX ao começo do XX. Segundo Manoel Correia de Andrade, pode-se dizer que, desde 1750 até 1940, o algodão foi um dos principais produtos e o único que enfrentou a cana-de-açúcar com algum êxito, na disputa às terras e aos braços[7].

Em seu período áureo, o algodão chegou a representar 24% da riqueza produzida na Colônia, perdendo apenas para o açúcar, visto que dominava mais de um terço da economia colonial. A partir do século XIX, o governo incentivou a construção de fábricas têxteis que empreendessem a manutenção dos benefícios fiscais provenientes da exploração do chamado "ouro branco".

A escolha cronológica da pesquisa explica-se por duas razões. Primeiro, na segunda metade do século XIX, a terra passa a ser tratada como mercadoria pelos poderes públicos. Conforme a Lei de Terras de 1850, a única maneira de se adquirir terras públicas era comprando-as do governo. Segundo, nos

---

7. Andrade, Manoel Correia. *A Terra e o Homem no Nordeste*. Recife: Editora Universitária da UFPE, 1998, p. 143.

arquivos disponíveis, a quantidade das fontes correspondentes a este período e a estes municípios é maior do que a dos outros municípios da região que compõem o acervo documental. Entre as décadas de 1840 e 1880, a extensão das posses de terras da maioria dos membros do grupo variava, havendo descrições de grandes, médias e pequenas parcelas, o que apresentava um quadro territorial bastante diferente daquele visto em meados do século XVIII. No entanto, nesse quadro fundiário, que sugeria uma fragmentação das grandes propriedades, as fazendas eram, repetidamente, citadas por diferentes inventariantes e registrantes de terras públicas, em 1859. Buscamos analisar como funcionava esse sistema. O desfecho da questão indicou a existência de condôminos, ou seja, de fazendas possuídas em comum. Nesse momento de crescimento demográfico, mais importante do que o tamanho das parcelas foi, então, ter reproduzido título de posses dessas parcelas e conservado a presença física desses indivíduos no local, o que se realizava com base na divisão das terras em copropriedadese em partes iguais. Com esse sistema, os que haviam herdado terras menores estavam associados, em condomínios[8], aos que haviam herdado terras maiores e, assim, protegiam-se de um desmembramento fatal da grande propriedade. Na sociedade brasileira, possuir terras é sinal de status. Segundo Wilson Lins, raramente um homem do povo é dono de alguma coisa no Vale do São Francisco, especialmente em se tratando de terras[9]. Um elemento de controle importante desses indivíduos foram as possessões repetidas de parcelas em fazendas diferentes, o que significa um conhecimento geográfico importante da região e de relações com a população.

Na geração dos primeiros colonizadores, a historiografia aponta propriedades com áreas *"tão grandes que a vista não alcançava os seus limites"* e pouco ou não cultivadas. Na geração de seus

---

8. Burlamaqui, Maria Ferreira. Op. cit.
9. Lins, Wilson. *O Médio São Francisco: uma sociedade de pastores guerreiros*. Coleção Brasiliana, v. 37. São Paulo: Companhia Editora Nacional, 1983, p. 105.

bisnetos, na qual focamos nossas pesquisas, as descrições dos inventariantes e registrantes de terras apontam que a vista já alcançava o limite dos terrenos, que já eram cultivados, partilhados em posses e com as fronteiras já delimitadas. Neste cenário, a partilha não caracterizou uma fragmentação do latifúndio, se considerarmos que as propriedades estavam divididas entre as pessoas das mesmas famílias e da mesma categoria social e funcionavam, nesse período, baseadas nos condomínios e no trabalho escravo. As fronteiras eram, geralmente, baseadas em pontos difíceis de se localizar com precisão, como árvores, acidentes geográficos, conforme apontam os documentos, e demarcadas com base no limite dos terrenos vizinhos. Todos se conheciam e poderiam reconhecer os limites de suas respectivas extensões. Nesse contexto, entendemos que os tipos de relações desenvolvidas nesse espaço deveriam ser explicados através dos fatores que os haviam provocado.

Focando a dinâmica das partilhas, constatamos que, a cada geração, descendentes de diversas famílias foram se tornando copossuidores de terrenos e, também, cossenhores de escravos[10]. Assim, eles estavam ligados, também, por um tipo de relação que se configura como uma relação econômica, pela qual eles estavam motivados a interagir. Os dados indicam que os condomínios funcionaram como um sistema de coproriedades fundiárias e, muitas vezes, latifundiárias, onde se constituiu uma rede de sociabilidade que promoveu um agrupamento socioespacial, cujo papel principal foi manter a propriedade fundiária nas mãos da categoria social, por gerações consecutivas. Foi no dia a dia que proprietários da redondeza e da região estabeleceram sua territorialidade e teceram formas de sociabilidade.

Comparamos dados econômicos, como o mobiliário, os bens imóveis, os semoventes, as dívidas ativas e passivas, a relação dos devedores e credores, o vestuário, a descrição da área dos terrenos, as casas de habitação e dados sociais, como casa-

---

10. Maupeou, Emanuele Carvalheira de. *Cativeiro e cotidiano num ambiente: o Sertão do Médio São Francisco – Pernambuco (1840-1888).* Recife: UFPE, 2008. (Dissertação de Mestrado em História).

mentos, relações de vizinhanças e relações políticas. O resultado apontou uma grande semelhança na qualidade dos bens possuídos pelas famílas e uma diferença na quantidade dos mesmos. Analisando os aspectos sociais, é relevante apontar que numerosos foram os casamentos entre os membros das famílias tradicionais, geralmente realizados entre primos e primas. Mas não faltaram os casamentos entre tios e sobrinhas e entre ex--cunhados. A prole era, geralmente, generosa. A média era de oitos filhos por família. As pessoas se casavam muito jovens[11], com menos de 25 anos, idade com a qual se tornavam, legalmente, maiores de idade. No cenário político, disputas eleitorais esquentavam as relações. Nas vizinhanças, os conflitos eram por limites dos terrenos ou dos currais. Se esses conflitos eram frequentes ou não, os seus resultados indicaram não desestabilizar, mas, ao contrário, fortalecer os interesses do grupo.

De acordo com as Ordenações Filipinas[12], a partilha era igualitária entre as filhas e os filhos legítimos de qualquer um dos cônjuges. Segundo a sucessão mencionada nos processos judiciais de inventários, essa lei era praticada pelos proprietários: os filhos e as filhas recebiam os bens em partes iguais, sucedendo--lhes os maridos, as esposas, os netos e as netas. Com a divisão realizada entre muitos herdeiros e por gerações sucessivas, as partes de terras que cabiam a cada herdeiro parecem pequenas, se considerarmos que se tratavam de terras para desenvolver a atividade pecuária. À primeira vista, as sucessões poderiam indicar uma decadência do sistema latifundiário. Entretanto, o resultado das partilhas foi a continuação da propriedade privada, em condomínios. Nos inventários, estão os registros de uma elite que vivenciou o apogeu e a crise do sistema latifundiário, os sinais de uma elite abastada e de uma elite pobre ou empobrecida, que sobreviveu pelas relações de coproprietários. Na expressão

---

11. Eu digo "jovens" porque a maioridade, nessa sociedade, era atingida aos 25 anos e há relatos de pessoas que se casavam bem antes, aos 14/15 anos.
12. As Ordenações Filipinas vigoraram no Portugal moderno, bem como na América portuguesa. No Brasil, continuaram a vigorar durante todo o Império.

mais exata, encontrada nas escrituras de compras e de vendas de parcelas de terrenos, dizemos que essa categoria viveu a instabilidade da grande propriedade articulando-se pelos "*condomínios*" de terras privadas e pelo "cossenhorio[13] de escravos". Uma outra expressão para entender esse tipo de interação motivada pelos usos da terra foi encotrada nos registros de terras públicas de 1858: "*posses de terras em comum*". A palavra "partilha", por definição separadora, aparece, na prática cotidiana desses proprietários, como um elemento "agregador social".

Em notificação da demarcação das fazendas Arapuá e Pedras,[14] arrematam-se sinais das ligações encontradas nos inventários e nos resgistros de terras, como as coapropriações, um dos tipos de relações que delimatavam o grupo, reforçando a sua consciência e a sua autonomia.

A delimitação do status social dos 154 coproprietários fundiários, criadores de gados e cossenhores de escravos, não aparece facilmente numa única fonte, na medida em que há sinais de riqueza e pobreza que se misturaram. Distinguimos elementos que os caracterizavam como elite, mesmo quando as suas partes de terras já não eram mais tão generosas e, sim, duvidosas.

Nas primeiras leituras dos inventários, deparamos-nos com aparentes contradições, devidas ao significado econômico atribuído a essa fonte. *A priori*, abrir um processo de inventário é indicativo de riqueza, ao menos de que a pessoa inventariada possuía bens, herdeiros e um ativo suficiente para pagar os custos do processo, geralmente, dez por cento do monte total. Um inventário judicial não era aberto se os bens fossem muito diminutos ou se o gasto com o inventário fosse maior do que os rendimentos para com os herdeiros. Em Floresta e Tacaratú,

---

13. De Maupeou, Emanuele Carvalheira. *Cativeiro e Cotidiano num ambiente rural: O Sertão do Médio São Francisco – Pernambuco (1840-1888)*. Recife: UFPE, 2008. (Dissertação de Mestrado em História).
14. Notificação de Demarcação das fazendas Arapuá e Pedras. Documento microfilmado disponível no Laboratório de Pesquisas em História – Lapeh – Universidade Federal de Pernambuco – UFPE.

entre 1840 e 1880, na maior parte dos inventários, a relação dos bens e dos montantes mencionados aponta uma concepção de riqueza relativa. A simplicidade do mobiliário, a rusticidade das casas de residências, a extensão das terras, a quantidade de gados e de escravos aparecem como elementos diferenciais, comparando-se com os dados dos inventários dos proprietários rurais da Zona da Mata pernambucana, região onde se moviam os engenhos de cana-de-açúcar para exportação. Esses dados nos levaram a investigar em que consistia o processo de inventário *post-mortem*, como se realizava e o conceito de riqueza no sertão, que o conjunto documental indicou.

Processos de invetários *post-mortem* abertos quando da morte de pessoas, ao contrário do que possa parecer, são documentos que guardam ricas e diversas informações sobre muitos aspectos da vida dos falecidos, tanto quanto da sociedade em que eles viveram. Sendo assim, estudar um conjunto de processos de inventários significa adentrar num rico campo de trabalho; eles podem se tornar importantes testemunhos sobre a morte, mas, acima de tudo, sobre a vida, em suas dimensões material e espiritual. Nas mãos do historiador, são fontes de informações sobre hábitos, costumes e concepções de riqueza de uma determinada época, na medida em que constam a inventariação e a avaliação dos bens, por avaliador designado.

Nas Ordenações Filipinas, o inventário era a parte dos procedimentos para efetivar a partilha dos bens, ou seja, uma parte do processo de partilha, aquela que diz respeito ao arrolamento dos haveres. Na concepção mais recente, a partilha é que é uma das partes do processo de inventário jurídico.[15] As Ordenações Filipinas não determinavam a obrigatoriedade da abertura de inventário judicial. Vimos que, se os herdeiros concordassem com a partilha amigável dos bens deixados, respeitando os dispositivos dos testamentos, quando houvesse, o procedimento poderia ocorrer

---

15. Pinsky, Carla Bassanezi. *O historiador e suas fontes*. São Paulo: Contexto, 2009, p. 103.

de forma privada. Inventários privados, entretanto, são raramente encontrados pelos pesquisadores e sua preservação pareceu bastante rara nos arquivos pesquisados. Encontramos somente uma citação de inventário amigável entre os 154 pesquisados.

Por questões óbvias, neste livro, tratamos da concepção judicial de inventário *post-mortem*, pois a documentação pesquisada é o resultado de 59% de processos judiciais, realizados oficialmente pelo juiz competente. Apenas 7,79% dos inventários indicavam herdeiros maiores de idade. Os demais não referiram as idades dos herdeiros ou estas ficaram ilegíveis. A realização de inventários judiciais era obrigatória quando o morto deixasse herdeiros menores de 25 anos. Nesse caso, o processo era realizado pelo juiz de órfãos e ausentes. Quando o falecido não deixava sucessores ou era solteiro e sem herdeiros presumidos, ou que falecesse fora do seu domicílio, também era obrigatório abrir um inventário judicial.

Tecnicamente, um inventário é composto de quatro partes principais. A primeira é a abertura, incluindo identificação do local, data, nomes do inventariado e do inventariante, o nome do juiz responsável e data do óbito. A segunda contém informações prestadas pelo inventariante sobre o óbito, sobre a presença ou ausência de testamento e sobre os herdeiros, constando relação nominal de todos, algumas vezes com idade e estado civil. A terceira, a relação dos bens e o valor atribuído pelos avaliadores, em geral dois, indicados pelo juiz de órfãos. Quando há bens em outras comarcas, constam as respectivas cartas precatórias para indicação de avaliadores locais e as respectivas respostas com os valores atribuídos. A quarta parte contém a partilha, após contabilização do valor do monte total bruto e dedução dos pagamentos obrigatórios. Muitas vezes, devedores apresentam-se cobrando dívidas não reconhecidas, as quais são aceitas quando validadas por provas documentais e/ou testemunhais. Completa a divisão, o inventário é encerrado.

A análise da história dos proprietários fundiários tacaratuenses e florestanos, a partir das informações de um *corpus* de inventários *post-mortem*, buscou uma leitura, a mais próxima possível, da sua trajetória coletiva e do conceito de elite que eles protagonizaram. Constatamos que o termo elite, no contexto socioeconômico em que o explicamos, agrega, antes, um conjunto de valores, como a posse de terras, a propriedade de escravos e de gados, juntamente com o exercício do poder político, pela parte mais abastada de seus membros. Na geração dos colonizadores, a propriedade da terra conferia prestígio social, pois implicava o reconhecimento, pela Coroa ou por seus intermediários, dos méritos do beneficiário.

Na geração dos descendentes, a propriedade da terra representa prestígio social porque implica poder econômico. Embora tenha sido o bem de menor preço no período estudado, a apropriação da terra, desde cedo, se revestiu de significado econômico necessário, pois era a garantia da reprodução extensiva do empreendimento pecuarista, entre o grupo dominante. Por outro lado, o poder que o proprietário tinha sobre os seus escravos e sobre os homens livres que viviam na periferia da grande fazenda conferia prestígio social. Arrematando essa questão, Emília Viotti afirma que "apesar de ser o lucro o motivo principal da economia, o controle sobre os homens e sobre a terra era mais importante para definir status social do proprietário que a acumulação de capital"[16].

Definimos esse grupo como elite, primeiramente, por uma forte homogeneidade profissional — notadamente através de uma formação prática na criação de animais de grande porte, como gado *vacum* e de pequeno porte, como *caprino* e *ovelhum*. Estabelecido na região sertaneja, longínqua 438 km da capital pernambucana, um determinado segmento de proprietários controlava social, econômica e politicamente povoações, freguesias, vilas e municípios. Eles decidiam as eleições locais. Os mais abastados constituíam a parte superior do aparelho administrativo local, incluindo cargos de juízes. Baseados nesses elementos ou símbolos de poder, eles encarnavam poder e autoridade.

---
16. Costa, Emília Viotti da. *Da monarquia à república: momentos decisivos*. São Paulo: Brasiliense, 1985, p. 144.

Esta obra está acobertada por um corpo de fontes primárias heterogêneas, cujas informações são muito indicativas da dinâmica da categoria. Trabalhamos diversos tipos de fontes arquivísticas contíguas, originárias de cartórios de notas dos municípios de Floresta e de Tacaratú, disponíveis nas instituições seguintes: Laboratório de Ensino e Pesquisas da Universidade Federal de Pernambuco, Arquivo Público do Estado de Pernambuco Jordão Emerenciano, Instituto Arqueológico, Histórico e Geográfico de Pernambuco. Os documentos mais utilizados são: os processos judiciais de inventários *post-mortem*; a escritura pública de venda na fazenda Tapera; a notificação de demarcação das fazendas Arapuá e Pedras[17]; a escritura pública de desistência da escritura da fazenda Arapuá; as escrituras públicas de compra e venda de fazendas; o Recenseamneto Demográfico do Império do Brazil, datado de 1872, da Província de Pernambuco; o levantamento estatístico nominativo de população de Floresta e de Tacaratú, datado de 1853; o Registro de Terras Públicas, datado de 1854; as cartas patentes; as cartas dos conselheiros da Câmara Municipal, destinadas ao governador da Província de Pernambuco; as cartas dos juízes ordinários, de paz e de Direito; e escrituras de demarcação de fazendas.

Os documentos trabalhados apontam as repetições das situações, como o cossenhorio de escravos, a posse de terras em comum ou condomínios, elementos observados em todas as décadas e municípios estudados, nos inventários e nos regsitros paroquiais de terras. No trato com os documentos, o nosso objetivo foi torná-los visíveis como fontes históricas, apontar a adequação do método às fontes e as técnicas utilizadas para explorá-las, como também as leituras variadas que os documentos possibilitam, os resultados, os rastros, os vestígios e testemunhos de trajetórias de vidas coletivas, visualizadas pelos testemunhos de documentos realizados quando em vida e *post--mortem*. O foco sobre o documento variou em função do recorte feito. Para atingir a melhor execução das pesquisas com as

---

17. Documento microfilmado isponível no Lapeh, UFPE, Recife.

fontes disponíveis, tomamos como referência o rigor da análise histórica, posturas não dogmáticas, atenção às condições materiais da produção das fontes e bibliografia atualizada. Portando muita qualidade nas informações relacionadas, o conjunto dos documentos, nominativos em geral, apresentou, também, dificuldades, pois são pontuais e não se estendem a uma totalidade de informções. Faltam notícias sobre o trabalho, como e onde viviam os escravos. Segundo Socorro Ferraz, nessas fazendas de Floresta e de Tacaratú, não foram encontrados indícios da existência de senzalas. Esse dado indica a possibilidade de os escravos terem habitado nas mesmas casas de seus senhores ou em pequenas casas, localizadas no mesmo terreno das fazendas. Outro exemplo do tipo de lacunas pode ser visto pela falta de notícias sobre os gostos artísticos ou hábitos culturais, pois não mencionam livros entre os seus bens inventariados. Assim, não sabemos os tipos de leituras que faziam a concepção individual de Deus que esses homens e mulheres tinham, elementos que poderiam apontar um quadro mais completo da realidade social. Para contornar as aparentes lacunas, buscamos, em fontes secundárias, informações complementares. Encontramos outros suportes em pesquisas arquivísticas confiáveis, como as de Leonardo Ferraz Gominho e Carlos Antônio de Souza Ferraz[18], autores da genealogia das seis famílias tradicionais de Floresta e Tacaratú. Ressaltamos que, ainda que os documentos primários sejam "fáceis" de seriar em fichas nominativas, em gráficos ou tabelas, eles não foram criados com a intenção de responder às questões de história social. Somente as reflexões, as idas e vindas às fontes, muitas vezes não facilmente disponíveis, e as questões levantadas na pesquisa permitem construir a história.

---

18. Gominho, Leonardo Ferraz. *Floresta, uma terra, um povo*. Floresta: Fiam, Centro de Estudos de História Municipal, Prefeitura Municipal de Floresta, 1996. Ferraz, Carlos Antônio de Souza. *Floresta do Navio: Capítulos da História Sertaneja*. Biblioteca Pernambucana de História Municipal, v. 26. Recife: Prefeitura Municipal de Floresta/Cepe, 1992.

A propriedade da terra: uma discussão historiográfica

Para desenvolver uma discussão historiográfica sobre a reprodução da propriedade de terras no sertão, é imprescindível entender que a propriedade da terra, no Brasil, deriva dos diferentes processos históricos pelos quais o país passou. Isto quer dizer que a formação territorial brasileira é consequência do processo através do qual o capital submeteu a terra à sua lógica econômica e de exploração.

Como objeto de estudo importante para a compreensão dos modos de apropriação fundiária e das relações que dela decorreram, o tema da propriedade privada da terra no Brasil vem sendo bastante explorado, sobretudo, pelos historiadores que trabalham com a História Econômica. Esse domínio da história possui um amplo campo de pesquisas que justificam diferentes modos de investigação, bem como variados olhares. Em diferentes momentos e sob variadas perspectivas, a posse e a ocupação de terras, nas diversas regiões do país, constituíram-se em objetos de estudos. Uns privilegiaram a legislação fundiária[19], outros se preocuparam com a dinâmica da grande propriedade[20] e a luta de classes pela conquista da terra[21].

Destacamos, a seguir, obras que contribuíram e que se aproximam do objeto deste livro, pela apresentação de distintos olhares sobre a propriedade, sobre os seus proprietários e sobre a legislação fundiária.

Em *Estudo sobre o Sistema Sesmarial*, Costa Porto trata da posse e da ocupação das terras brasileiras, baseando-se na análise do sistema sesmarial projetado por D. Fernando, em 1375.

---

19. Porto, Costa. *Estudo sobre o sistema sesmarial*. Recife: Imprensa Universitária, 1965.
20. Prado Jr., Caio. *Formação do Brasil Contemporâneo*. São Paulo: Brasiliense, 1942.
21. Guimarães, Alberto Passos. *Quatro séculos de latifúndio*. Rio de Janeiro: Paz e Terra, 1968.

Este autor caracterizou e identificou o contexto econômico, social e político de Portugal do século XVI, como também a legislação criada para desenvolver a sua produção agrícola. Ele analisa as peculiaridades, o funcionamento e as práticas desse sistema, destacando a principal diferença entre o sesmarialismo implantado no Reino e o sesmarialismo desenvolvido na Colônia. Constitui-se uma das obras de consulta obrigatória para aqueles que se dedicam ao estudo da propriedade fundiária no período colonial por ser uma das primeiras sobre esse tema e pela análise acurada entre a legislação e as práticas.

Quando D. Fernando assumiu o poder, a sociedade portuguesa enfrentava um longo período de dissensões políticas, num reinado marcado pelo interesse do rei em suas questões particulares. Como diz Costa Porto, lutas internas, invasão estrangeira, gastos com as guerras, perda de homens, paralisação da vida nacional, tudo agravou ou mesmo acarretou a crise de abastecimento, a fome e a miséria, cujas causas, entretanto, os conselheiros régios enraizavam, unicamente, na incultura do solo, deixado em "ressios"[22], por incúria, mândria e desleixo dos proprietários.

Foi tentando sanar a crise do país que D. Fernando I, de Portugal, criou a Lei das Sesmarias, em 1375, voltada para a redistribuição de terras incultas. Esta lei visava, em resumo, identificar as terras improdutivas e notificar seus proprietários para que, dentro de prazo estabelecido em lei, passassem a produzir, sob pena de serem tais terras tomadas e redistribuídas, caso não fossem utilizadas como o previsto. A lei dispunha, inclusive, que, em caso de falta de lavradores, os vadios e ociosos seriam presos e condenados ao trabalho nas terras.

A lei estabeleceu que cada lavrador beneficiado nesta redistribuição receberia terras no limite da sua capacidade de cultivo e necessidade. A ideia era a formação de pequenas estruturas agrícolas que garantissem moradia e sobrevivência aos agricultores desprovidos de terras e meios, aumentando, assim, a produção de alimentos básicos.

---

22. Terrenos baldios.

Tais medidas atingiam apenas as terras produtivas de alimentos, não alcançando as demais. Para que se efetivassem, constituía-se um representante do rei para verificar as terras em situação de abandono e com poderes para remediar tal situação, nos termos da lei.

A referida lei, apesar da queda da dinastia de Borgonha, foi ratificada pelos demais monarcas, encontrando-se nas Ordenações Afonsinas, Manuelinas e Filipinas, por meio das quais foi transplantada para o Brasil. Na Colônia, inversamente à situação portuguesa, havia excesso de terras e falta de pessoas para cultivá-las e o interesse da Coroa não era o de alimentar seus súditos, quase inexistentes aqui, mas produzir bens para o comércio e garantir a posse do território.

No Brasil, observou-se, também, a distribuição de terras conforme a capacidade de cultivo, mas esta capacidade era medida pela riqueza de recursos econômicos para erigir os engenhos e para comprar escravos a serem utilizados na agricultura. Além disso, os agraciados com terras eram ainda investidos de atribuições militares e administrativas. Em síntese, pode-se dizer que no sistema sesmarial português, no que tange aos aspectos econômicos, o esforço produtivo era exercido pelo próprio requerente, enquanto no caso brasileiro o que se desejava era a produção de bens de exportação, bens agrícolas tropicais, no caso a cana-de-açúcar, cujo plantio os portugueses já dominavam. Para maior lucratividade, a exploração deveria ser massiva, o que exigiria um potencial de mão de obra elevada, no caso a de escravos africanos, cujo comércio era igualmente dominado pelos portugueses.

Na Colônia, o empreendimento agrícola, custeado pelos senhores de terras, exigia constante aporte de recursos, em face dos custos da mão de obra escrava, cuja perda era grande, tanto no transporte em navios negreiros como nas plantações, por causa das precárias condições de trabalho. Assim, o sistema sesmarial foi implantado, com as necessárias adaptações, de modo a possibilitar no Brasil uma estrutura latifundiária.

Alguns dos primeiros colonos foram empresários oriundos de uma fidalguia e pessoas capazes de grandes investimentos, a quem eram concedidas grandes parcelas de terras e poderes. O reino precisava deles para este empreendimento e conhecia suas pretensões, pelo que se orientou sua política, "desde o começo, nítida e deliberadamente, no sentido de constituir na Colônia um regime agrário de grandes propriedades"[23].

A distribuição de sesmarias não se dava de forma organizada, pois a distribuição de terras foi sempre realizada de forma arbitrária. Os colonizadores tinham liberdade de vaguear pelo território e se estabelecerem onde fosse mais conveniente. Embora o regimento de Tomé de Souza previsse um limite de área a ser concedido para cada indivíduo, a liberalidade na concessão de terras era plena, havendo concessões sucessivas ao mesmo colono. Segundo Socorro Ferraz[24], por ausência de uma política de terras, os títulos de propriedades não eram legalizados, fato que acarretou profundas rivalidades entre famílias que viviam da economia agrícola ou da pecuária.

Em *A Terra e o Homem no Nordeste*, Manoel Correia de Andrade faz um amplo estudo da região nordestina, apontando as suas especificidades internas, as quais envolviam a questão física, climática, relevo, vegetação e diferenças de ocupação do solo, destacando a questão social, a concentração de terras, as relações de produção e trabalho características de cada local e suas variedades culturais. Quanto ao sertão pernambucano, o autor discorre sobre a expansão da pecuária e o avanço populacional, conhecimento relevante para o entendimento da conquista da região e para redesenhar as características coletivas dos proprietários de terras de fazendas de gado em Floresta e em Tacaratú.

---

23. Prado Jr., Caio. *Formação do Brasil Contemporâneo*. São Paulo: Brasiliense, 1942.
24. Barbosa, Bartira; Ferraz, Socorro. *Sertão, Um Espaço Construído: ensaios de história regional – Rio São Francisco – Brasil*. Salamanca: Universidad de Salamanca/Centro de Estudios Brasileños, 2005, p. 38.

A Terra e o Homem no Nordeste foi elaborado em um período onde estavam em debate constante os problemas agrários brasileiros e se exigiam reformas de base, entre elas, a Reforma Agrária. Manoel Correia de Andrade formulou uma interpretação que extrapola os limites da geografia tradicional, regional – agrária e descritiva –, ressaltando um traço essencial da região, que a diferencia das demais: "sua definição, a partir da apropriação do solo, foi elaborada no período colonial"[25]. Segundo esse ponto de vista, o território nordestino foi estruturado no âmbito da apropriação colonial articulado à economia europeia. No entanto, no Nordeste, destacaram-se dois modos de latifúndios, dos quais Manoel Correia de Andrade ressaltou-lhes as diferenças. No ponto oriental, o Nordeste foi dominado pelo latifúndio exportador, através do comércio atlântico do açúcar e dos escravos. Mas, paralelos a esse espaço, latifúndios foram constituídos pelas fazendas pecuaristas do sertão, implantadas no suceder de uma longa guerra contra os índios, comandada pela Coroa portuguesa. Nascida na guerra, a fazenda pecuarista precisava voltar-se para dentro, encontrar meios locais de se proteger, concentrar-se na exploração da natureza, na subdivisão das propriedades pelas famílias, na destruição e assimilação dos índios. Segundo o autor, esse tipo de propriedade manteve para fora relações temporárias e excepcionais e fundou-se em traços autárquicos; o que a diferencia do latifúndio exportador do Nordeste Oriental.

Alberto Passos Guimarães, na década de 60, publicou *Quatro Séculos de Latifúndio*, ensaio que se tornou um clássico dos estudos sobre a propriedade fundiária no Brasil. A sua análise está centrada nos períodos colonial, imperial e republicano. Mais do que o resultado de um estudo acadêmico, esse livro consolidou-se pela crítica à política da propriedade fundiária no Brasil. Ele fez uma abordagem sócio-histórica sobre a grande propriedade fundiária brasileira que, através dos seus senhores, teria lançado mão dos mais variados meios para impedir que as

---

25. Andrade, Manuel Correia. *A Terra e o Homem no Nordeste*. São Paulo: Brasiliense, 1963.

massas humanas tivessem acesso à terra e nela se fixassem. Na sua explanação, ele aponta, desde a sesmaria, caminhos construídos para que o acesso territorial resultasse em latifúndios, forma predominante de ocupação no Brasil durante quatro séculos. Contudo, afirma que a pequena propriedade esteve presente em todo o nosso passado, em todo o território, embora não tivesse qualquer participação na economia ou qualquer incentivo governamental. Ao contrário, ela foi sempre combatida por todos os lados e somente se constituiu pelas invasões de multidões de intrusos e posseiros[26] nos terrenos virgens ou abandonados, aproveitando-se aqueles das brechas do sistema oficial de acesso e ocupação adotados pela Coroa, por meio da tese da ocupação irregular paralela ao sistema latifundiário.

Alberto Passos Guimarães afirma que na primeira metade do século XIX o número de posses já se igualava, quando não superava, o número de propriedades obtidas por meios ditos legais. Este trabalho é importante porque aborda a coexistência do latifúndio e da pequena propriedade no Sistema Colonial, ao mesmo tempo em que aponta as especificidades de cada um. Essas informações possibilitaram o discernimento de que as pequenas partes de terras resultantes da partilha por sucessão hereditária no sertão do Pajeú não se transformaram, necessariamente, em pequenas propriedades ao estilo camponês, elas foram partes do patrimônio de proprietários fundiários. No seu estudo das formas de surgimento da pequena propriedade, desde os apossamentos ilegais até a sua instituição, consolidada durante o primeiro quartel do século XIX, após a introdução de imigrantes europeus nas regiões meridionais, Alberto Passos Guimarães concluiu que, no Nordeste açucareiro, onde o latifúndio teve raízes mais profundas, a posse não alcançou grandes proporções devido ao monopólio fechado da terra. No entanto, nas nossas pesquisas, registrantes de terras públicas e inventariantes de proprietários de terras da região do Submédio

---

26. Guimarães, Alberto Passos. *Quatro séculos de latifúndio*. Rio de Janeiro: Paz e Terra, 1981, p. 121.

São Francisco, criadores de gados, mencionaram a apropriação por posses. Esse fato foi notado em todas as faixas de riqueza. Esses dados nos fazem avançar nos estudos e reconhecer que, em Floresta e em Tacaratú, a ocupação por posse foi um meio bastante utilizado e legítimo.

O estudo que o autor fez sobre a sesmaria, sobre engenhos e fazendas como domínios latifundiários contribuiu na compreensão do tipo de propriedade que predominava no grupo de sujeitos que estudamos e como foi a formação da pequena propriedade. O autor afirma que os obstáculos ao desenvolvimento social e econômico do país se deviam à implantação da distribuição de terras pelo sistema sesmarial. Destaca, ainda, a importância da luta dos posseiros contra os latifundiários, encarando os primeiros como os precursores da pequena propriedade, conforme a sua observação, consolidada, pela posse, nas primeiras quatro décadas do século XIX.

Caio Prado Jr.[27] situou a grande propriedade dentro dos quadros do Antigo Sistema Colonial, caracterizando-a como monocultora, agroexportadora e escravocrata. Entretanto, em circunstâncias novas e específicas da fase moderna da economia agrária brasileira, um processo de retalhamento da propriedade fundiária rural teria dado lugar ao aparecimento de pequenas propriedades no século XIX. De modo geral, ele defende que o Brasil estava vivenciando uma nova estrutura agrária, permitida por um processo de modernização econômica. O crescimento e o adensamento da população, a partilha por sucessão hereditária, a proibição do tráfico de escravos e a imigração europeia, esta como fator imediato, estão entre os fatores que impulsionaram a inovação na conjuntura econômica, até então, baseada na grande propriedade agroexportadora. Contudo, a ênfase do estudo de Caio Prado foi sobre o processo no Sul e no Sudeste, ligado à colonização e às lavouras cafeeiras. Primeiro, às imigrações europeias foi atribuída a multiplicação de vários núcleos no Rio Grande, em Santa

---

27. Prado Jr., Caio. Op. cit.

Catarina e no Paraná. Segundo, o autor diz que em São Paulo a colonização não trouxe contribuição significativa e a propagação da pequena propriedade nesse estado se deu em função das eventualidades da lavoura cafeeira, dos avanços econômico e populacional. Pela trajetória seguida por Caio Prado Jr., à medida que as lavouras de café foram esgotando os solos, seus proprietários os desprezaram em busca de outros, realizando, assim, deslocamentos sucessivos, deixando para trás as terras já depreciadas, então, apossadas e aproveitadas por uma população contingencial. À custa das sobras da riqueza acumulada pela produção do café, teriam se desenvolvido as pequenas propriedades, independentes das fazendas, mas funcionando precariamente, sem o apoio do poder público. Caio Prado observou as seguidas crises do café em São Paulo, já adentrando o século XX, cujas dificuldades teriam oferecido a maior contribuição para acelerar o processo de desintegração dos latifúndios agrários, resultado da venda em lotes das fazendas a um custo acessível aos trabalhadores rurais, solução para minimizar a crise financeira frente ao declínio da rentabilidade da grande lavoura extensiva do café.

Por essa breve exposição, visualizamos algumas das formas pelas quais os latifúndios rurais do Sul e Sudeste do Brasil foram transformados, divididos e multiplicados em pequenas propriedades, principalmente, na segunda metade do século XIX. Portanto, ficaram abertos os espaços para ampliar as pesquisas sobre os outros fatores que teriam impulsionado a fragmentação dos latifúndios em outras regiões no momento em que o Brasil estava vivenciando um processo de modernização da economia e da estrutura agrária. Caio Prado Jr. direcionou a sua reflexão para contextos político e econômico e suas ressonâncias na região cafeeira, Centro-Sul, mas esses não podem ser aplicados em outras realidades vivenciadas nos sertões, onde não se desenvolveram as lavouras de café nem a imigração europeia.

Prevalece nas abordagens de Djacir Menezes, Caio Prado e Alberto Passos Guimarães a tese de que as relações de trabalho e de produção desenvolvidas no sertão não se adequavam à escravidão ou que esta foi pouco relevante. No entanto, estudos mais recentes têm se dirigido a outras abordagens que buscam ampliar os trabalhos dos autores acima citados. Socorro Ferraz[28] afirma que uma boa parte das tentativas de reconstituição das economias regionais, desde a Colônia, guiou-se por uma perspectiva um tanto equivocada que tendeu a equacionar o problema da escravidão em termos de uma teoria da *plantation* e não do modo de produção escravista. Essa orientação produziu, nos meios acadêmicos, a ideia de um sentido colonizador, estritamente fechado em um sistema produtivo, constituído de três elementos: a grande propriedade, o trabalho escravo e a economia de exportação. Nas palavras de Socorro Ferraz, esta abordagem do Sistema Colonial explica, em parte, a história da escravidão, mas oculta o estudo das formas peculiares de exploração da mão de obra africana, comum em várias economias regionais, como é o caso da região sertaneja, onde nem sempre eram combinados aqueles três elementos característicos da *plantation*.

Entre os estudos mais recentes sobre o tema da propriedade da terra, *Sertão, Um Espaço Construído*, de autoria de Bartira Barbosa e Maria do Socorro Ferraz[29], constitui um trabalho que em muito contribui para analisar a história da construção de uma identidade particular no sertão do Médio São Francisco e a forma peculiar de exploração da mão de obra escrava nessa sociedade. Esse ensaio de história regional consiste no levantamento de uma série de questões econômicas e sociais, abordadas no contexto real de um sertão nem sempre examinado minuciosamente, para se produzir novos conceitos. Segundo Socorro Ferraz, a paisagem construída pela colonização portuguesa, no sertão da margem pernambucana do Rio São Francisco, teve início com a conquista de terras para o interior, cujo ponto de partida foi o litoral do Cabo de Santo Agostinho, com a expedição desbravadora liderada por Diogo de Castro, em 1578.

---

28. Barbosa, Bartira; Ferraz, Socorro. *Sertão, Um Espaço Construído: ensaios de história regional – Rio São Francisco – Brasil*. Salamanca: Universidad de Salamanca/Centro de Estudios Brasileños, 2005, p. 40.
29. Ibidem, p. 32.

Condominium: Práticas de sociabilidade e propriedade de terra – Vale do São Francisco – Império do Brasil

A conquista prosseguiu sertão adentro com base no poderio dos colonizadores da época, os membros da família Garcia D'Avila, da Casa da Torre, e nos diversos conflitos com os indígenas, por ocupação de terras, num largo período, que se estendeu do século XVI ao XIX. Com base nesse estudo, podemos afirmar que a área territorial em foco teve as suas origens com a dizimação dos indígenas e a destruição dos seus espaços. A população indígena foi deslocada da região para dar lugar à implantação das fazendas de gados, o que, segundo Socorro Ferraz, possibilitou a substituição das gentes pelo gado e a transmudação da figura dos conquistadores em curraleiros. Entretanto, conclui-se que esse processo de ocupação não trouxe, de início, a constituição da propriedade privada capitalista da terra, isto porque a Coroa portuguesa emitiu para os colonizadores os títulos de sesmarias, que lhes davam apenas o direito de uso das terras reais.

No século XVI, pela ação colonizadora portuguesa, os conflitos entre colonizadores e indígenas modificaram as relações de trabalho na Capitania de Pernambuco, possibilitando a intensificação do tráfico de africanos e dando origem a um processo de ocupação colonial fundamentado na escravidão de origem africana. A pecuária e o algodão foram os principais produtos da economia do sertão do Médio São Francisco e se desenvolveram articulados, tanto aos produtos para exportação, como açúcar e tabaco, quanto à atividade aurífera e à indústria de charque, no Piauí.

Nesta província, Tânia Maria Pires Brandão,[30] em *A Elite Colonial Piauiense: família e poder*, destacou a formação social no período colonial e as partilhas das terras por sucessão hereditária, apontando a importância dos resultados desse processo na configuração territorial do Piauí. Enquanto Caio Prado Jr. afirma que a partilha por sucessão hereditária é um dos elementos compatíveis com a fragmentação do latifúndio, Tânia Brandão defende que, no contexto colonial piauiense, o sistema

---

30. Brandão, Tânia Maria Pires. *A Elite Colonial Piauiense/família e poder*. Teresina: Fundação Cultural Monsenhor Chaves, 1995, p. 246.

sucessório adotado na partilha de imóveis rurais e a concentração da posse da terra são elementos apenas aparentemente antagônicos. Segundo a autora, na capitania do Piauí, a propriedade rural era o tipo de patrimônio que se definia como próprio da camada social dominante e a prática comum de divisão dos imóveis componentes da herança apresentou a intenção de consignar aos herdeiros a condição social de proprietários, independente da extensão da área.

Pela análise do quadro fundiário do Piauí no início do século XIX, constatou-se que o sistema de fragmentação do patrimônio imobiliário na zona rural achava-se arraigado aos costumes locais. Tânia Brandão afirma que, nos termos de Jurumenha e Valença, 53,13% dos imóveis cadastrados no ano de 1818 pertenciam a grupos de pessoas que se tornaram proprietárias por herança paterna. Nestes lotes herdados, os novos proprietários estabeleciam seus gados e desenvolviam a agricultura, empregando braços escravos, o que configurava concentração de terras nas mãos da elite. Indícios semelhantes desse quadro fundiário, resultante das partilhas hereditárias, também foram encontrados nos resultados da nossa pesquisa e serão apresentados nos capítulos que compõem esta obra.

A posse da terra constituía respeito e poder no Brasil colonial. O prestígio político e a posição social dos proprietários de terra, segundo a tradição no Reino, foram elementos básicos na construção da estrutura produtiva e social do Brasil Colônia.[31] A concentração da terra é um elemento indicador de que a propriedade fundiária é um patrimônio restrito à categoria dominante e o sistema sesmarial no Brasil se realizou em seu favor. A legislação não restringia a quantidade nem o tamanho das datas concedidas aos colonizadores. Salvo por algumas medidas específicas, somente em finais do século XVII a legislação colocou limites mais precisos para as terras na Colônia. Na carta régia de 27 de dezembro de 1695, estipularam-se cinco léguas, reduzidas para

---

31. Faoro, Raymundo. *Os Donos do Poder: formação do patronato político brasileiro*. Rio de Janeiro: Globo, 1989, p. 127-133.

três em 1697 e, em alguns casos, para duas e ainda uma légua e meia. A lei não informava, porém, a extensão de uma légua, à qual eram atribuídas as medidas aproximadas de três mil braças[32]. Eram usuais, conforme Costa Porto, as doações de grandes extensões e, ainda, repetirem-se datas, "premiando-se" os sesmeiros com sucessivas sesmarias em épocas e lugares diferentes. Foi sob a administração de Pombal, no reinado de D. José I, que se fixou a disposição de só conceder sesmarias a quem não as tivesse recebido anteriormente. Mas, praticamente, na Colônia, a liberalidade na concessão de sesmarias[33] dava o tom e muitos títulos continuaram a ser concedidos a um único solicitante. Os latifúndios da Casa da Torre, dos Garcia D'Ávila, assim se constituíram e ultrapassaram em muito os limites da lei. Através de prepostos e de vaqueiros, estabeleceram currais na margem pernambucana do Rio São Francisco e ocuparam grande parte dos sertões de Pernambuco e do Piauí. Eles construíram os maiores latifúndios do Brasil, tornando-se, então, proprietários de uma extensão territorial maior que muitos reinos europeus, pois possuíam, em 1710, em nossos sertões, mais de 340 léguas de terras nas margens do Rio São Francisco e de seus afluentes.[34] Dessa forma, a propriedade fundiária rural aparece como domínio de uma categoria que sempre lutou para mantê-la sob seu jugo e costumes. Pelos costumes locais dos sertões, os indícios apontam que a sucessão hereditária de terras não se opôs ao sistema latifundiário, ao contrário, contribuiu para reproduzi-lo.

Em *Nas Fronteiras do Poder: Conflito e Direito a Terra no Brasil do Século XIX*, Márcia Menendes Motta[35] discute a complexidade das relações sociais e de poder no mundo agrário flu-

---

32. Uma braça equivalia a dez palmos ou 2,2 metros, mas havia diferenças regionais.
33. Porto, Costa. *Estudo sobre o Sistema Sesmarial*. Recife: Imprensa Universitária, 1965, p. 61.
34. Andrade, Manoel Correia. *A Terra e o Homem no Nordeste*. São Paulo: Ciências Humanas, 1980.
35. Motta, Márcia Maria Menendes. *Nas fronteiras do poder: conflito e direito a terra no Brasil do século XIX*. Niterói: EdUFF, 2008.

minense de meados do século XIX. A autora faz uma releitura dos motivos pelos quais os proprietários oitocentistas pareciam resistir às disposições legais da política de legalização fundiária, traduzida pela Lei de Terras de 1850, regulamentada por decreto em 1854. Segundo Márcia Motta, a lei possibilita várias interpretações e não foi somente o resultado direto dos interesses de grandes fazendeiros em estabelecer a propriedade privada, preparando o cenário que abrigaria a mão de obra livre, uma vez que o trabalho escravo estava em decadência. A lei encontrou resistência por parte dos fazendeiros fluminenses, que não se apressaram para registrar suas terras. A autora mostra, com isso, que registrar a terra implicava em relações que de fato regularizariam seus limites, ou representavam uma ameaça, levando a uma futura possibilidade de contestação de outrem. Questões que continuavam colocando em pauta o fracasso de procedimentos legais, bem como a efetiva posse de terras através do status de poder ou de alianças para preservar o domínio das áreas. De certa forma, mantendo conflitos e acirrando disputas, na medida em que as testemunhas representavam o interesse daquele que as escolhesse, assim como o poder do senhor de terras sobre a sua gente. Na região em estudo, observamos o contrário: uma significativa quantidade de proprietários procurou a paróquia local para realizar os registros de terras de suas fazendas e sítios.

As obras que destacamos a seguir fazem parte de estudos regionais, cujos autores se preocuparam em retomar aspectos do processo de transformação socioeconômica da propriedade agrária. Em *Uma Comunidade Sertaneja: Da Sesmaria ao Minifúndio*, Erivaldo Fagundes Neves[36] fez um estudo de história regional sobre a formação socioeconômica e político-cultural do Alto Sertão da Serra Geral da Bahia, região Sudoeste, interior do Brasil, no século XIX. Estudando o povoamento, a ocupação econômica e a formação sociocultural, concluiu que, no Alto Sertão da Ba-

---

36. Neves, Erivaldo Fagundes. *Uma comunidade sertaneja: da sesmaria ao latifúndio (um estudo de história regional e local)..* Salvador/ Feira de Santana: UFBA/Uefs, 1998.

hia, como em todo o Brasil, durante o Império, o senhorio agrário constituía-se no único segmento social com acesso ao poder político, que emanava da propriedade da terra. Refere o autor que todas as terras do Alto Sertão da Serra Geral da Bahia tiveram origem em sesmarias, que, submetidas ao regime de morgadio, aos arrendamentos, às comercializações e a cadeias sucessórias das famílias dos primitivos povoadores e dos seus descendentes, foram completamente parceladas. Contudo, não detalha sobre o funcionamento dessas novas propriedades parceladas.

Ao Sul da História: Lavradores Pobres na Crise do Trabalho Escravo[37], livro publicado por Hebe de Castro, na segunda metade da década de 80, mostra a construção de uma história agrária e regional, trazendo à tona sujeitos, até então, não muito abordados pela historiografia. Hebe de Castro destaca as estratégias de sobrevivência do pequeno produtor rural e o abastecimento interno em meados e final do século XIX na freguesia de Capivary, Província do Rio de Janeiro. A obra se diferencia porque foca, exclusivamente, os pequenos proprietários rurais, de sítios e de "fazendas". Segundo a autora, eles possuíam autonomia, na medida em que aparecem não submissos aos grandes proprietários e em que revelam uma região capaz de produzir para subsistência e para o mercado interno.

Em *A Conquista do Sertão da Ressaca: Povoamento e Posse da Terra no Interior da Bahia*[38], Maria Aparecida Silva de Sousa trata da conquista do Sertão da Ressaca, interior da Bahia, analisando mecanismos e estratégias singulares de povoamento e posse da terra entre meados dos séculos XVIII e XIX, como também trata da sua articulação com processos históricos mais abrangentes. Maria Aparecida Silva de Souza observa que muitas foram as estratégias utilizadas por famílias proprietárias para assegurarem a manutenção de prestígio e poder locais.

---

37. Castro, Hebe Maria Mattos de. *Ao Sul da História: lavradores pobres na crise do trabalho escravo.* São Paulo: Brasiliense, 1987.
38. Sousa, Maria Aparecida Silva. *A Conquista do Sertão da Ressaca: povoamento e posse da terra no interior da Bahia.* Vitória da Conquista: Editora da Uesb, 2001.

O domínio de grandes propriedades de terras, casamentos, numerosos filhos e poder econômico foram elementos de sobrevivência desses grupos familiares. Estes mesmos indícios nós encontramos nos arquivos pesquisados e constatamos, tal qual a autora, uma intricada rede de relações pessoais que aparece como peso importante no que diz respeito ao interesse de preservação do patrimônio familiar. Em síntese, a autora mostrou em seu trabalho alguns resultados semelhantes aos que encontramos no processo de ocupação das propriedades rurais mencionadas nos nossos documentos, ou seja, *posses descontínuas, posses em comum com outros herdeiros, compradas de terceiros ou recebidas por doações.*

Os estudos anteriormente referidos trouxeram importantes contribuições ao nosso trabalho, na medida em que focam processos de ocupação fundiária em diferentes espaços do país, observando-se que se aproximam e reforçam a hipótese de que o sistema de distribuição de terras implantado no Brasil Colônia deu lugar, ao longo do século XIX, a práticas locais de apropriação da terra. Isto indica ter havido nos sertões práticas de sociabilidade que contribuíram para a preservação da propriedade fundiária nas mãos da elite.

Capítulo 1
Registros de famílias: Uma trama de usos e costumes Oitocentista

Os processos de inventários *post-mortem* serviram como fontes de base para conhecer elementos do dia a dia das famílias proprietárias de Floresta e de Tacaratú. Nestes documentos, ficaram registradas características importantes dos usos e costumes familiares, como modo de vida, composição dos bens patrimoniais e sua partilha entre herdeiros legítimos. Outros documentos que serviram de fontes e enredaram parte dessa história foram o alvará, o arrolamento de bens e os registros paroquiais de terras públicas, que indicam como eles faziam as fronteiras dos seus terrenos e quem eram os seus vizinhos, bem como a lista nominativa dos habitantes de Floresta, que informa sobre a composição de cada domicílio, indicando nome, idade, cor, estado civil, naturalidade e ocupação econômica. Estes documentos permitiram uma boa análise de condições da vida cotidiana. As famílias eram obrigadas a abrir processo de inventário *post-mortem* judicial quando houvesse bens e herdeiros menores de 25 anos; o arrolamento era necessário quando houvesse bens imóveis, mesmo sem haver herdeiros menores; já o alvará, quando houvesse apenas bens móveis, mesmo com a ausência de herdeiros menores.

Das pessoas que compõem o inventário *post-mortem*, o inventariante tem papel fundamental e, nessas famílias do sertão, quando não o viúvo ou viúva, era, geralmente, um filho ou um parente próximo, como o genro. Se nenhuma dessas pessoas requisitasse a abertura do processo de inventário *post-mortem* no prazo de trinta dias, como previa a legislação, o juiz municipal podia determinar o seu início. Em Tacaratú, algumas famílias abriram os inventários meses ou até anos depois da morte do familiar. Nicácia Teles de Menezes, falecida no ano de 1857, teve o inventário aberto no ano de 1859 e Maria Josefa de Jesus, falecida no mês de abril de 1848, no mês de maio do ano 1849. As justificativas não foram apresentadas nos processos. O inventariante podia ser representado quando não sabia ler ou escrever. A ele cabia a responsabilidade de não ocultar coisa alguma dos bens, sob pena de perder os direitos na partilha, pagar o dobro do direito que nela tivesse e incorrer no crime de perjúrio. Era obrigado a mencionar todos os bens componentes da herança, desde a quantidade e espécie ao estado de conservação dos objetos.

Ao inventariante, cabia requerer a abertura do processo judicial, fazendo um comunicado ao escrivão local sobre a data do falecimento, para que marcasse data, hora e local onde o mesmo ocorreria. Geralmente, realizava-se em casa de residência do juiz municipal e de órfãos ou do inventariante, quando este apresentasse alguma impossibilidade de deslocamento. Em seguida, informava os nomes dos herdeiros e co-herdeiros, indicando-lhes a idade e o estado civil. Depois, relacionava e descrevia minuciosamente todos os bens patrimoniais, que eram submetidos a uma avaliação de preço por um avaliador. Os credores eram nominalmente listados, indicando o local do domicílio e o valor da dívida. As notícias sobre os débitos e créditos são importantes para identificar as famílias que faziam empréstimos e que desempenhavam o papel de agentes financiadores daquela sociedade em que o dinheiro em espécie era escasso e, provavelmente, as maiores fortunas eram constituídas através do crédito e da posse da terra. Segundo as Ordenações Filipinas,

> Falecendo homem casado ab intestato e não tendo parente até o décimo grau, contando, segundo o Direito, que seus bens devam herdar e ficando a sua mulher viva, a qual juntamente com ele estava e vivia em casa teúda e manteúda, como mulher com seu marido, ela será a sua herdeira universal e, de suas mãos, os herdeiros legíti-

mos receberão a partilha. Pela mesma maneira, será o marido herdeiro da mulher.[39]

Por outro lado, o esposo e a esposa, individualmente, tinham o direito de dispor, livremente, de um terço dos 50% dos seus haveres. Os outros dois terços constituíam a herança que, após a morte do cônjuge, seria repartida igualmente entre os herdeiros legítimos, independentemente do sexo, da idade e do estado civil.

Uma grande parte da fortuna de Floresta e de Tacaratú ficou nas mãos de mulheres viúvas. Um total de 55% dos 154 inventariados pesquisados era formado por homens. Na condição de *"cabeça de casal"* e de *"meeira"*, as viúvas inventariaram as heranças, registraram terrenos possuídos, compraram e venderam terrenos. Apesar de a condição feminina ter sido a da submissão, no recenseamento realizado em 1872, três mulheres livres se destacaram como proprietárias e capitalistas, e cinquenta e quatro como criadoras, na vila de Tacaratú. Segundo os relatos encontrados, estas mulheres se esforçavam para dar continuidade às atividades dos maridos e parece que não visualisaram mais que um sucesso familiar.

Na maioria das famílias proprietárias, por morte do marido ou da mulher, as casas de residência ficavam inteiramente com o viúvo ou com a viúva. Essa era uma prática comum naquele grupo e tinha como objetivo preservar-lhes a segurança e, ao mesmo tempo, manter a casa sob o seu controle. As filhas e os filhos do casal eram seus herdeiros legítimos e a eles cabiam os outros 50% dos bens, divididos igualmente por quantos fossem os herdeiros, sem distinção de sexo, idade e estado civil. Os genros e os netos eram co-herdeiros. As filhas casadas eram, geralmente, representadas pelos maridos, cabendo a estes receber a *legítima* das esposas,[40] que passava a pertencer ao casal.

---

39. Ordenações Filipinas, Livro IV, Título XCIV: como o marido e a mulher se sucedem um ao outro.
40. Termo utilizado no processo de inventário para se referir à parte dos bens que cabia aos meeiros e herdeiros por legitimidade de direitos.

Todos os envolvidos no processo tinham compromissos fiscais com a Coletoria Provincial, com o tabelião e com a Igreja Católica, a quem eram pagos os custos do funeral. Para a Coletoria, eram obrigados a pagar os impostos sobre o valor total dos bens recebidos e sobre os adicionais mais os custos do processo previsto em lei. Para o tabelião, eram obrigados a pagar os custos do inventário, equivalente a 10% do valor do montante total do patrimônio. Após o arrolamento dos bens, os herdeiros eram notificados para declararem no rol do inventário as doações e os dotes que haviam recebido dos pais como forma de contribuição à formação da família dos recém-casados, para que fossem conferidos e igualados às respectivas legítimas. Isso era um dever imposto aos herdeiros, pois a doação dos pais aos filhos importava em adiantamento da herança.

Os bens, doados ou dotados, eram mencionados separadamente como parte do total da herança, para serem partilhados na divisão da legítima, segundo o direito hereditário dos que sucedem. Nas famílias de Floresta e de Tacaratú, os dotes e as doações eram declarados pelos respectivos herdeiros e, na quase totalidade dos casos, nada se modificou com a partilha por morte de um genitor. Cada um dos herdeiros que recebeu antecipadamente bens em doações ou dotes continuou com eles e, nos casos em que o valor do dote recebido superou o quinhão da herança, a diferença foi restituída. Os dotes eram feitos tanto às filhas como aos filhos.

Na vida cotidiana, encontramos exceções quanto à igualdade na partilha de bens. Francisco Gomes de Menezes[41], falecido no ano de 1866 no município de Floresta, deixou duas posses de terras, uma delas comprada, e duas casas, uma que ficou inteiramente para a viúva, como de costume e a outra, uma casa de tijolos com dois vãos, na Vila de Floresta, situada na rua Pajeú, foi, igualmente, dividida entre os três filhos, o mesmo acontecendo com uma posse de terra na Serra do Trapirá. No entanto,

---

41. Inventário *post-mortem*, disponível no Laboratório de Pesquisas Históricas – Lapeh – UFPE, CFCH, Recife.

a posse localizada na vila foi dividida em partes desiguais entre o cônjuge meeiro e os filhos. À viúva, coube 55%, ao filho mais novo, com idade de cinco meses, coube a maior parte, 27% do todo, à filha com 5 anos, coube 11,3%, e ao filho mais velho, com 3 anos, 5,7%. Nesse processo também houve desigualdade quanto a um dos encargos da herança: o pagamento do funeral foi inteiramente subtraído de parte do preço da escrava Leocádia, que cabia ao filho mais novo.

Outro caso também sugere que, nem sempre, partilhava-se tudo igualmente neste grupo social. Receber bens de raiz era direito dos herdeiros legítimos, ou seja, dos filhos nascidos de casamentos, tanto do homem quanto da mulher. Mas, encontramos muitos casos em que filhos legítimos de um primeiro matrimônio de um dos cônjuges receberam quantidade menor de bens do que os filhos legítimos do segundo matrimônio. Manuel Barbosa de Sá[42], habitante de Tacaratú, foi casado com Quitéria Maria de Jesus e quando morreu, em 1859, deixou nove filhos, dos quais cinco eram do primeiro matrimônio. No espólio do casal, havia terras em três fazendas, mas os cinco herdeiros do primeiro matrimônio de Manuel Barbosa de Sá receberam terras apenas na fazenda denominada Paus Pretos. Nesses grupos, havia uma atitude de proteção ao patrimônio familiar, principalmente no que concerne à repartição da terra.

As riquezas diminuíram na maioria das famílias e se preservaram na minoria, mas esta oscilação não indicou o esfacelamento da propriedade principal. O estudo serial das fontes primárias indicou que a divisão hereditária das fazendas não encaminhou ao seu desaparecimento. As famílias buscavam uma estabilidade que pode ser visualizada pelos enlaces entre os filhos das mesmas famílias ou de famílias próximas. Conforme mandava a lei, por falecimento de um dos progenitores, o patrimônio territorial era, literalmente, repartido. Na quase totalidade das famílias, as propriedades foram divididas, de maneira equitativa, entre

---

42. Ibidem.

todos os herdeiros legítimos, filhas e filhos, netas ou netos sem quaisquer restrições referentes aos sexos e idades. Em relação ao escravo e ao gado, a terra tinha um preço menor. Mas, nem por isso, esse bem deixava de apresentar um valor significativo nessa sociedade. Segundo Maria do Socorro Ferraz Barbosa, as propriedades foram uma base territorial na qual se amparou um poder político que, assim como as fronteiras, limitava-se a "onde a vista alcançava"[43].

As práticas cotidianas de usos e transferências das fazendas entre herdeiros deixararam registrada a condição social de proprietários rurais, ainda que de uma pequena área. Várias famílias possuíam muitas partes de terras em fazendas da região, com preços e tamanhos diferentes, demonstrando aspectos da concentração fundiária rural naquela localidade.

A concentração de posses de terras foi um elemento indicador de que a propriedade fundiária em Floresta e Tacaratú era um bem restrito ao grupo social dominante. Os processos de inventários e os Registros de Terras Públicas apontaram para uma cobiça em possuir cada vez mais terrenos, a se constatar pelo quadro de posses das famílias, conforme a Tabela 1:

Vilas	Famílias com uma posse	Famílias com mais de uma posse	Famílias sem posse declarada
Floresta	20	102	6
Tacaratú	17	27	11

Tabela 1: Floresta e Tacaratú – 1840-1880
Fontes: Processos de invetários *post-mortem* e registros paroquiais de terras públicas.

---

43. Barbosa, Maria do Socorro Ferraz. "O Sertão e os Trópicos". In: SEMINÁRIO DE TROPICOLOGIA: BRASIL: 500 anos de uma civilização tropical. *Anais*. Recife, 1999, prelo.

Usos da terra

Os inventários *post-mortem* das décadas de 1840 e 1880, bem como os Registros Paroquiais de Terras Públicas de 1859 indicam que as famílias de Tacaratú e de Floresta tinham a posse[44] das terras, adquiridas por herança ou por compras. A obtenção de terrenos por posse vem do início da colonização da região, em meados do século XVIII. Esse fato pôde ser constatado pela comparação dos sobrenomes dos proprietários e pelos nomes das fazendas de gados, que eram os mesmos em todos os documentos analisados. Os sobrenomes iguais indicam descendentes e herdeiros. Os nomes das propriedades indicam que se tratam das primeiras do povoado.

No tocante ao tipo de atividade produtiva, a criação de gado foi a primeira e teve continuidade no século XIX, desenvolvendo-se com grande importância para a economia do sertão. Conforme referência de Antonil[45] sobre os bois nos sertões, "os rios de Pernambuco, por terem pastos competentes, estiveram 'povoados' de gados". Ele afirma que, entre os vários cursos d'água deste sertão, incluindo o rio Pajeú, os currais passariam de oitocentos e de todos eles iam boiadas para o Recife, Olinda e suas vilas, como também para as fábricas dos engenhos. Esses

---

44. Conforme o vocabulário jurídico, a posse funda-se numa situação de fato em virtude da qual a pessoa tem em mãos a coisa ou tem, à sua disposição, para que possa exercitar sobre elas o direito que lhe competem, comportando-se como verdadeiro titular do mesmo. Posse e propriedade trazem significados particulares e inconfundíveis, a posse expressa o poder de fato, a propriedade o poder de direito. A posse, quando juridicamente protegida, apresenta-se como a exteriorização do direito de propriedade, considerando que sendo uma relação de fato, é ela que confere à pessoa a possibilidade de exercer sobre a coisa corpórea os atos de gozo, de uso ou de disposição, que lhes são atribuídos pelo direito de propriedade ou domínio (Oliveira, Ana Maria de Carvalho dos Santos. *Recôncavo Sul: terra, homens, economia e poder no século XIX*. Salvador: Editora da Uneb, 2002, p. 28).
45. Antonil, André João. *Cultura e Opulência do Brasil* [1711]. 3. ed. Belo Horizonte, São Paulo: Itatiaia, Edusp, 1982, p. 90.

resultados são significativos porque possibilitam discutir sobre a chamada fragmentação dos latifúndios no século XIX.

Os resultados da nossa pesquisa são indicativos de que grandes propriedades, como fazendas de criação de gados no sertão do Pajeú, foram construídas em terras obtidas por posses arrendadas. Algumas, depois, foram compradas. Os primeiros senhores tornaram-se posseiros por arrendamentos e por compras e aos seus descendentes também deixavam a condição de novos posseiros, na maioria das vezes, por herança legítima.

Pelo processo de sucessão hereditária, o esfacelamento das fazendas de gado teria sido inevitável. No entanto, quando estudamos a forma como os herdeiros se organizaram depois das partilhas, focando a análise pelo ângulo das práticas de uso da terra dessas famílias de Floresta e de Tacaratú, vimos que os herdeiros e co-herdeiros iam constituindo, nas partes de terras herdadas dos genitores, casas e famílias. Eles habitavam, lado a lado, em posses em comum de terrenos, que contituíam o todo patrimonial.

Comparamos os resultados e eles indicaram que, ao contrário de um esfacelamento das fazendas devido às partilhas constantes, as famílias as mantiveram e continuaram juntas, por um sistema de habitação em comum. Por esses dados coletivos, a grande propriedade não desapareceu, ela foi dividida em partes compartilhadas pelos herdeiros. Os vestígios são de que as famílias posseiras de Tacaratú e de Fazenda Grande habitavam em grandes fazendas.

A povoação de Fazenda Grande, no século XVIII, foi constituída de fazendas de criação e de plantação, instaladas umas próximas às outras. As primeiras de que se tem notícias foram Curralinho, Paus Pretos, Misericórdia, São Pedro, Panela D'Água, Riacho do Navio e Várzea Comprida. No século XIX[46], essas propriedades fundamentais do povoamento continuaram nas mãos dos descendentes, como copropriedades de senhores e

---

46. Ferraz, Carlos Antônio de Souza. *Floresta do Navio: Capítulos da História Sertaneja*. Biblioteca Pernambucana de História Municipal, v. 26. Recife: Prefeitura Municipal de Floresta/Cepe, 1992, p. 63.

senhoras, ligados por laços de amizades e parentescos pelos casamentos, geralmente, com numerosos filhos e netos. Salientamos que esse é um grupo de posseiros com status de proprietários, arrendatários e compradores de terras, os quais tinham poder econômico e projeção social. As mesmas famílias predominaram na região e a maioria nas fazendas adquiridas dos ancestrais.

Cada família tinha suas ferramentas de trabalho individualmente, marcas da produção independente. Além da atividade criatória, praticavam a agricultura de subsistência. Os terrenos das famílias mais abastadas tinham como benfeitorias as casas de farinha, os chiqueiros, açudes, teares para fiar panos e os roçados de mandioca, variando em quantidade e tamanho, de acordo com a riqueza total.

O uso em comum das terras se fazia, com mais frequência, entre membros das famílias mais próximas, como filhos, irmãos ou tios; ou entre os contraparentes, como genros, sogras, cunhados e entre amigos. No entanto, pessoas de outras famílias poderiam vir a ter terras em comum adquiridas por compras. Individualmente, possuíam casas de moradas, gados, escravos e outros bens patrimoniais. Outra informação interessante é que, nas declarações feitas nos inventários, a maioria das famílas não media ou demarcava as suas terras. Somente nos Registros de Terras Públicas do ano de 1858 foi que a maioria das famílias indicou fazer a demarcação. Apenas algumas *"posses em uso comum com os demais herdeiros"* não foram demarcadas no cadastro. A maioria das demarcações era baseada em pontos geográficos e não em medidas agrárias, da mesma forma como aparecia nos inventários.

Ao menos pelo direito de sucessão, aplicado entre meados do século XVIII aos anos 80 do século XIX, a terra esteve, por posse em comum, na mão de um mesmo grupo social, indicando que a fragmentação por herança das grandes propriedades, em Floresta e em Tacaratú, deu continuidade à manutenção do patrimônio produtivo.

Posseiros em Tacaratú e em Floresta

A posse de fato ou ocupação foi o meio predominante de acesso a terras das famílias de Tacaratú e Floresta por mais de século, a contar de meados do século XVIII. Mas, o que significou a posse e ser posseiro para essas famílias? A resposta não é imediata e não se pode ter uma percepção real sem analisar aspectos da estrutura fundiária na qual a posse e o posseiro estão inseridos. A posse ou ocupação tem um significado muito importante em relação à política adotada para a distribuição de terras no Brasil colonial.

A doação por sesmarias foi o modo oficial de obtenção de terras no Brasil até 1822. No entanto, dos desdobramentos do sistema sesmarial, surgiram outros meios, entre os quais encontramos na historiografia e nas fontes primárias os arrendamentos, os aforamentos, as ocupações ou posse de fato, a troca, a herança e a compra.

Segundo Emília Viotti da Costa, a posse significava que a terra era adquirida através da ocupação ilegal.[47] A aquisição de terras, apesar de regulamentada pela lei, derivava do *arbitrium real*. Necessitava existir uma relação pessoal entre o monarca e o pretendente, que, ao obter a terra, tornava-se sesmeiro. Por esse princípio, as terras da Colônia eram doações régias baseadas no prestígio social. Fora desse contexto, a ocupação ou posse representava uma violação da propriedade real, e não podia ser legitimada, exceto pelo rei. Somente a partir de 1850 a terra tornou-se domínio público, patrimônio da nação. No entanto, nas práticas de acesso à terra, tanto no período colonial como no imperial, observou-se outra realidade: os sesmeiros, comumente, arrendavam terras de sesmarias àqueles que não dispunham do prestígio real, mas que faziam parte das suas relações de parentesco ou amizade e tinham poder econômico para promover a atividade lucrativa. A prática de negociar terras de sesmarias,

---

47. Costa, Emília Viotti da. *Da Monarquia à República: momentos decisivos*. São Paulo: Brasiliense, 1985, p. 14.

paralelamente ao sistema régio de doação territorial, possibilitou um outro mecanismo de aquisição de terrenos menores.

Em alusão à aquisição de terras no sertão do Pajeú colonial, o governador de Pernambuco, D. Fernando Martins Mascarenhas de Lancastro, em 1700, referiu que na Casa da Torre[48] os herdeiros dos sesmeiros Antonio Guedes de Brito e Domingos Afonso Sertão, moradores da jurisdição da Bahia, eram senhores de quase todo o sertão pernambucano.[49] Proprietários de mais de cem fazendas espalhadas nesse sertão, aqueles senhores prestigiados pelo rei, as dividiram em meias entre si e negociaram a outra metade com terceiros. Geralmente, mediante um foro, a posse das sesmarias foi negociada por léguas.[50] As terras do sertão do Pajeú são provenientes de posses por arrendamentos ou compra aos sesmeiros da jurisdição da Bahia, prováveis parentes, contraparentes ou amigos dos senhores que arrendaram terras no sertão pernambucano.

Conforme Carlos Antônio de Souza Ferraz, por possível relação de parentesco com os baianos, alguns senhores, entre eles integrantes das famílias Ferraz, Pereira Maciel e Lopes Diniz,[51] arrendaram terras à Casa da Torre e fundaram, em meados do século XVIII, as primeiras fazendas de gados no Vale do Pajeú. Estas viriam a compor a freguesia de Fazenda Grande, futura vila de Floresta, no século XIX. As fazendas de gados reconhecidas por Carlos Ferraz, como as mais antigas estabelecidas no Vale do Pajeú, à margem direita, foram passando de geração a gera-

---

48. Sede de um dos maiores latifúndios do Brasil, com uma área equivalente a um décimo do território brasileiro, o que equivale às áreas de Portugal, Espanha, Holanda Itália e Suíça juntas. Localizava-se no Nordeste do Brasil, litoral norte do Estado da Bahia, e foi fundada por Garcia D'Ávila, sesmeiro, contemporâneo de Tomé de Souza. A Casa da Torre funcionou por mais de três séculos em regime de Morgadio (conjunto de bens vinculados, que não podiam ser alienados ou divididos, e que, por morte do possuidor, passavam ao filho mais velho – o primogênito) e suas terras se estendiam da Bahia ao Maranhão.
49. Ferraz, Carlos Antônio de Souza. Op. cit., p. 45.
50. Ibidem, p. 45.
51. Gominho, Leonardo Ferraz. Op. cit.

ção pelas mesmas famílias, como foi o caso da fazenda Panela D'Água, arrendada por Manoel Lopes Diniz ao morgado da Casa da Torre e, depois, comprada por seu filho José Lopes Diniz; das fazendas Barra do Pajeú, fazenda Caiçara e fazenda Riacho do Navio, todas possuídas pelo capitão Jerônimo de Souza Ferraz; das fazendas Paus Pretos, fundadas por um Silva Leal; Curralinho, por um Ferraz e Misericórdia, fundada por um Novaes.

Os colonos das freguesias de Floresta e de Tacaratú mostraram particularidades no processo de ocupação de terras no sertão. Conforme Emília Viotti, tipicamente, se costumou entender que a ocupação era mais comum do colono que não tinha recurso para comprar escravo, construir engenhos e participar da economia comercial. No entanto, observamos que aqueles colonos que chegaram ao sertão de Pernambuco no século XVIII também ficaram, juridicamente, na condição de ocupantes ou posseiros. Porém, mostraram um perfil diferenciado. Eram senhores com capital social suficiente para dispor de grandes extensões de terras e, sobretudo, de capital econômico e financeiro para comprar gados, escravos e, assim, atuar na economia comercial pela pecuária.

Portanto, a posse não tinha estatuto legal, surgiu como desdobramento da política de distribuição de terras da Coroa, ou seja, da ausência de adaptação dessa política à realidade da Colônia. Estar na condição de posseiros nas fazendas de criar de Floresta e de Tacaratú diz respeito a toda uma prática alternativa de acesso à terra, de viver sob a insegurança de uma estrutura fundiária politicamente instável, mas também significava ter poder, mesmo que não tivesse o título de proprietário, afinal, a terra é um bem de raiz.

Os troncos familiares

A maioria dos inventariados e inventariadas era componente de seis famílias tradicionais de Floresta e Tacaratú, tais como as de Manoel Lopes Diniz, do deputado Serafim de Souza Ferraz, do capitão José Pereira Maciel, do tenente-coronel Francisco de Barros do Nascimento, do tenente-coronel Fausto Serafim de Souza Ferraz, do capitão e primeiro juiz de paz do município de Floresta, Francisco Alves de Carvalho, do tenente-coronel João Serafim de Souza Ferraz ou, ainda, da família Gomes de Sá. Esses senhores, suas senhoras e suas famílias constituíam um grupo eminente, coeso pela herança material e pela herança imaterial, essa, pelo papel político que seus membros exerciam na mesma trilha de seus ancestrais. Eles adotaram um estilo de vida característico, que os identificava como pertencentes ao mundo elitista da época.

Formação escolar

Com a Independência, precisamente no ano de 1822, visando atender ao crescimento populacional, foram criadas "cadeiras de primeiras letras", nas vilas de Tacaratú, Fazenda Grande, Cabrobó e Altinho, e duas outras "cadeiras de latin". Especificando esses dados, entre a população adulta de Tacaratú, 27% dos homens livres eram escolarizados, porcentagem que cai para apenas 4% no caso das mulheres.

Municípios	Sabem ler e escrever	Analfabetos	Habitantes
Tacaratú	10,8%	89,1%	5.490
Floresta	11,7%	88,2%	15.136

Tabela 2: Nível geral de escolarização (1872)
Fonte: Recenseamento demográfico de 1872.

No entanto, conforme dados do recenseamento do Brasil de 1872, exatamente cinquenta anos após a criação dessas cadeiras, apenas 10,8% da população de Tacaratú e 11,7% de Floresta sabia ler e escrever.

Em Tacaratú, para a população em idade escolar, entre 6 e 15 anos, o percentual era de 8% do sexo masculino e 4% do sexo feminino. Esses dados são indicadores da condição diferenciada entre homens e mulheres, apesar de a diferença percentual entre eles não ser tão grande.

Condição social	Sexo	Instrução	
		População adulta	População escolar de 6 a 15 anos
		Sabendo ler e escrever	Frequentando a escola
Livres	Homens	27 %	8%
	Mulheres	4 %	5,5%

Tabela 3: Escolarização de Tacaratú, condição social, sexo e idade (1872)
Fonte: Recenseamento demográfico de 1872.

Em Floresta, 16,8% dos homens eram escolarizados e 2% das mulheres. Em idade escolar, 10% do sexo masculino contra 5% do sexo feminino frequentava a escola.

Condição social	Sexo	Instrução	
		População adulta	População escolar de 6 a 15 anos
		Sabendo ler e escrever	Frequentando a escola
Livres	Homens	16,8 %	10%
	Mulheres	2 %	5%
Escravos	Homens	3	–
	Mulheres	--	--

Tabela 4: Escolarização de Floresta, condição social, sexo e idade (1872)
Fonte: Recenseamento demográfico de 1872.

Quanto à instrução acadêmica, segundo Leonardo Ferraz Gominho,[52] o primeiro florestano a se formar em curso superior de medicina foi João Capistrano de Carvalho. O autor não

---
52. Op. cit., p. 155.

se refere à data da formatura, mas, no site Genealogia Pernambucana[53], encontramos dados informando que esse médico nasceu no ano de 1855. Provavelmente, formou-se na década de 1880. Por ser mais próxima de Pernambuco, a Faculdade de Medicina da Bahia foi a grande formadora de médicos pernambucanos no século XIX.

A maior parte dos professores fundadores da Faculdade de Medicina do Recife recebeu o grau de médico em Salvador, onde, segundo dados da Faculdade de Ciências Médicas[54], 102 pernambucanos, com idade variando entre 21 e 34 anos, obtiveram o grau de doutor pela Faculdade da Bahia, entre 1832 e 1899. A primeira escola de nível superior do Brasil, a Escola de Cirurgia, instalada no Hospital Real Militar de Salvador, foi criada em 18 de fevereiro de 1808. Neste mesmo ano, em 5 de novembro, foi criada a segunda escola de medicina, a do Rio de Janeiro.[55]

Em outro relato, Leonardo Gominho aponta Levino Lopes de Barros e Silva como juiz de Direito formado, em 1866. A Faculdade de Direito mais antiga do Brasil teve sua fundação em Olinda, no ano de 1827, passando, depois, a partir de 1854, a funcionar no Recife[56]. Eis, então, em que consistia a educação acadêmica dos florestanos ou tacaratuenses provenientes das elites. Não conhecemos dados da infância dessas pessoas, sabemos que era costume um primeiro contato com a alfabetização se realizar nas suas casas. Possivelmente, a maioria dos membros desse grupo teve um primeiro contato com as letras no seio das famílias.

Formação socioprofissional

Para conhecer a composição social dos proprietários de Floresta e Tacaratú, foi necessário comparar dados dos inventários, da notificação de demarcação de terras e do recenseamento. O

---

53. Disponível em: <https://goo.gl/oGYPkA>.
54. Disponível em: <https://goo.gl/B9zH2X>.
55. Ibidem.
56. Bevilaqua, Clovis. *História da Faculdade de Direito do Recife: 11 de agosto de 1827*. Rio de Janeiro: Francisco Alves, 1927.

Recenseamento Geral do Império do Brasil, de 1872, indica as profissões existentes e a quantidade de profissionais. A grade da população considerada em relação às atividades profissionais aponta uma variedade de oito profissões e trinta e seis ocupações diferentes, das quais vinte e três foram mencionadas em Tacaratú e vinte e uma em Floresta. As profissões dividiam-se em liberais, manuais ou mecânicas, agrícolas, assalariadas, serviços domésticos, profissões industriais, comerciais e sem profissão, como apontam as tabelas 5 e 6:

Profissões	Funções Livres	Mulheres Números efetivos		Homens Números efetivos	
		Livres	Escravos	Livres	Escravos
Liberais	religiosa secular	–	–	1	–
	Farmacêuticos	–	–	1	–
	Parteiras	2	–	–	
	Empregados públicos	–	–	3	–
	Professores e homens de letras	1	–	3	–
	Artistas	–	–	1	–
	Capitalistas e proprietários	3	–	–	–
Militares	Militares	–	–	16	–
Comerciais	Comerciantes, guarda-livros e caixeiros	2	–	26	–
Manuais ou mecânicas	Costureiras	211	–	–	–
Operários	Em metais	–	–	10	–
	Em madeira	–	–	6	–
	Em tecidos	87	64	1	–
	Em edificação	–	–	6	1
	Em couro e peles	–	–	1	–
	Em vestuário	–	–	8	–
	Em calçados	–	–	10	–
Agrícolas	Lavradores	157	3	913	27
	Criadores	49	–	296	–
Assalariados	Criados e jornaleiros	–	–	2	–

Condominium: Práticas de sociabilidade e propriedade de terra –
Vale do São Francisco – Império do Brasil

Serviços domésticos	778	53	138	32
Sem profissões	1.241	117	1.060	158

Tabela 5: Indicadores da população residente e profissões em Tacaratú
Fonte: Recenseamento do Império do Brazil (1872).

Profissões	Funções Livres	Mulheres Números efetivos		Homens Números efetivos	
		Livres	Escravos	Livres	Escravos
Liberais	Religiosos seculares	–	–	1	–
	Advogados	–	–	1	–
	Médicos	–	–	1	–
	Professor	1	–	–	–
	Artistas	–	–	5	–
	Capitalistas e proprietários	–	–	19	–
Industriais	Manufatureiro e fabricantes	–	–	4	–
Comerciais	Comerciantes, guarda-livros e caixeiro	–	–	26	–
Manuais	Costureiras	35	–	–	–
Operários	Em metais	–	–	8	4
	Em madeira	–	–	1	–
	Em tecidos	–	–	1	–
	Em edificação	–	–	16	2
Operários	Em couro e peles	–	–	7	–
	Em vestuário	–	–	–	1
	Em calçados	–	–	2	–
Agrícolas	Lavradores	319	68	3.663	184
	Criadores	–	–	121	–
Assalariados	Jornaleiros e criados	18	15	82	23
	Doméstico	109	54	57	26
	Sem profissão	6.669	168	3.308	86

Tabela 6: Indicadores da população residente e de profissões em floresta
Fonte: Recenseamento do Império do Brazil (1872).

Os dados do recenseamento das profissões indicam que foram empregados uniformemente em todo o país. Então, enquadraram atividades específicas a cada região numa grade de atividades padrão. Assim, reuniam-se, nos mesmos quadros, indivíduos que, na realidade, podiam trabalhar em atividades diferenciadas e manter relações de produção distintas enquanto se beneficiavam de outro status social. Esse tipo de classificação se mostrou forçado para levar em consideração importantes especificidades locais, como é o caso da profissão de vaqueiro, no sertão de Pernambuco. Esta atividade, fundamental no setor da pecuária e que mostrava uma realidade específica das relações de produção do Nordeste do Brasil, não foi contemplada no Recenseamento Geral do Império do Brasil em 1872.

Nos inventários *post-mortem* e no Recenseamento Nominativo, realizado no município de Floresta, em 1859, encontramos referências aos vaqueiros. Neste último, há menção a trinta e três vaqueiros, dentre os quais Francisco Pereira de Sá, possuidor de um escravo. Leonardo Ferraz faz referências aos vaqueiros nas tradicionais famílias Leal e Gomes de Sá. Na historiografia brasileira, existem vastas referências a essa profissão desde os primeiros anos da colonização brasileira.

O vaqueiro era um gerenciador remunerado das atividades econômicas das fazendas e, segundo os costumes locais, conferia dignidade e prestígio aos homens que exerciam tão importante função. Como forma de remuneração por esse trabalho especializado, o seu titular recebia a quarteação ou quarta, um bezerro a cada quatro nascidos anualmente na fazenda por ele administrada ou no rebanho do qual ele se ocupava. Ser escolhido por um senhor para ser seu vaqueiro ou apontado na região como vaqueiro-chefe de uma grande propriedade capacitava o homem em questão a ser admirado, pois era uma pessoa de confiança. Morava na casa do dono da fazenda, em quartos laterais ou ao fundo, com seus familiares. Sentava-se, somente ele, não outros membros da família, à mesa com o senhor e a sua família; podia fazer lavoura nas suas terras. Tinha a proteção, o respeito do senhor e da sociedade local. Essa relação de trabalho específica podia promover a ascensão social do vaqueiro-chefe à condição de proprietário e os vaqueiros-auxiliares escravos tinham a possibilidade de conquistar a alforria. Mas, geralmente, os homens livres eram os escolhidos para vaqueiros-chefes, a quem cabia a quarta de bezerros. Os escravos, na condição de vaqueiros-auxiliares, eram remunerados com animais de pequeno porte, como porcos, carneiros e cabras.

Nesse contexto, a análise dos dados indica que um estudo dessa sociedade, realizado somente com base nos dados do recenseamento oficial, apresentou limitações: a ausência de um componente fundamental da composição social da mão de obra das fazendas de criar. No caso, a invisibilidade da profissão de vaqueiro omitiu uma importante relação de trabalho remunerado de uma sociedade que também mantinha o trabalho escravo como mão de obra. Ao mesmo tempo em que dissimulou um importante sujeito social, como o vaqueiro, o documento se referiu a outras três profissões sem definir exatamente em quais critérios se baseou para enquadrar habitantes de Floresta e Tacaratú nas categorias profissionais de agricultor criador, agricultor lavrador e capitalista.

Com base nos dados mencionados nos inventários *post-mortem*, famílias proprietárias menos abastadas se dedicavam ao cultivo de pequenas lavouras para o autoconsumo. Nas fazendas, cuja principal atividade econômica era a criação, os mais abastados empregavam a mão de obra livre e a escrava. Em Tacaratú e em Floresta, cuja população total somava 20.626 habitantes, lavrador era uma profissão desenvolvida predominantemente por pessoas de nacionalidade brasileira, livres, do sexo masculino, o que somava um total de 97% dos 1.105 profissionais classificados agricultores, em Tacaratú, como indicamos na Tabela 7 e 94,69% dos 4.750, em Floresta, como impresso na Tabela 8:

Lavradores	Criadores	Sexos	Nacionalidade	Condição
894	296	Homens	Brasileiros	Livres
147	54	Mulheres		
19	------	Homens	Estrangeiros	Livres
15	-------	Mulheres		
27	-------	Homens	Não informada	Escravos
3	-------	Mulheres		
1.105	350			

Tabela 7: Ocupações Agrícolas – Tacaratu
Fonte: Recenseamento demográfico de 1872.

Lavradores	Criadores	Sexos	Nacionalidade	Condição
4.158	121	Homens	Brasileiros	Livres
334	----	Mulheres		
5	-----	Homens	Estrangeiros	Livres
3	-----	Mulheres		
184	-----	Homens	Não informada	Escravos
68	------	Mulheres		
4.752	121			

Tabela 8: Profissões Agrícolas – Floresta
Fonte: Recenseamento demográfico de 1872.

Entre 1840 e 1880, o trabalho nessas lavouras incorporou situações específicas. Existiam, no mínimo, três tipos de agricultores lavradores: os escravos, os livres, nas pessoas dos agregados e, em alguns casos, dos pequenos proprietários, sem escravos.

A existência de uma agricultura com fins domésticos ou familiares, ou para o mercado local, foi constatada nas famílias menos abastadas e que possuíam pequenas parcelas de terras, pela quantidade e pelo tipo de ferramentas mencionadas nos inventários. Nessas pequenas parcelas, o cultivo da terra era praticado por pessoas livres e escravas. Entre as livres, estavam os agregados e membros das famílias proprietárias. Esse modo misto de cultivar a terra é compatível com uma agricultura do tipo familiar no sentido geral do termo. Chamamos misto porque se fazia tanto pelo trabalhador livre como pelo escravo; servia tanto como meio de subsistência do grupo familiar extenso, o que significa dizer que servia para alimentar os habitantes dos *fógos*, independente dos laços consanguíneos, como servia para abastecer o mercado local.

De acordo com os dados dos inventarios *post-mortem*, entre os coproprietários, encontravam-se criadores, comerciantes, emprestadores de dinheiro a juros, militares e "operários" em tecidos.

Juiz de Paz	Juiz de Direito
Juiz Odinário	Tutor geral de órfãos
Juiz Municipal	Juiz municipal de órfãos
Escrivãos	

Tabela 9: Autoridades judiciais em Floresta e Tacaratú (1840 a 1880)
Fonte: Recenseamento de 1872.

As referências às patentes militares e às funções liberais de juristas de Floresta e de Tacaratú foram também mencionadas nos inventários (1840-1880), nas escrituras de venda e compras de terrenos (1880), nas cartas de juízes de direito e de paz da Câmara Municipal (1840-1880) e de dados estatísticos do recenseamento realizado em Floresta, no ano de 1859.

Tenente coronel	Capitão-mor adjunto
Comandante	Tenente
Capitão da Guarda Nacional	Major
Capitão-mor	Coronel
Capitão	Segundo tenente
Tenente da Guarda Nacional	

Tabela 10: Patentes em Floresta e Tacaratú (1840 a 1880)
Fonte: Inventários *post-mortem* e Cartas de Patentes.

Cargos políticos ocupados por proprietários
Vereadores
Deputados
Presidente da câmara municipal
Delegados
Deputado provincial
Conselheiro municipal

Tabela 11: Floresta e Tacaratu (1840-1880)
Fonte: Inventários *post-mortem* e correspondências das Câmaras Municipais de Floresta e Tacaratú.

Quanto às características da profissão denominada capitalista no recenseamento de 1872, tentamos encontrar um perfil compatível nos dados dos inventários, uma vez que este documento contém a descrição dos bens materias, indicando o patrimônio ativo e o passivo dos indivíduos.

Com base nos dados do senso demográfico de 1872, três mulheres livres, brasileiras, sendo uma solteira, uma casada e outra viúva, foram classificadas como *"capitalistas e proprietários"* em Tacaratú e, em Floresta, dezenove homens livres, sendo quatro solteiros, nove casados e seis viúvos, tiveram a mesma classificação. Esses dados somam um total de vinte e duas pessoas com status de capitalistas e proprietárias. Desconhecemos os critérios do recenseamento para mencionar apenas 22 pessoas "proprietários e capitalistas" nos dois municípios. As fortunas das famílias se mostraram quantitativamente diferenciadas, mas qualitativamente semelhantes.

No conjunto documental, as características capitalistas não aparecem bem definidas, se considerarmos um conceito clássico: pessoa que vive do rendimento fixo de um capital. Para descobrir a fortuna da elite de Tacaratú e Floresta e suas fontes, recorremos aos inventários. As propriedades de terra eram, na maioria das vezes, descontínuas, divididas em parcelas, muitas vezes minúsculas. A posse de terras não fazia desses homens, necessariamente, rendeiros. A referência ao dinheiro em espécie apareceu escassamente. Encontramos casos de escravos, gados e terras utilizados como moeda de pagamentos. Registraram vendas e trocas de terrenos, indícios de um mercado de terras, mas a terra não tinha liquidez imediata e era o bem patrimonial mais barato, como já foi sinalizado.

Há registros de pagamentos anuais do imposto do selo à Coletoria Provincial proporcional às parcelas de terra possuídas. Encontramos apenas um caso de posse de terra de renda ao senhorio, no valor de dez mil réis ao ano. O escravo era o bem mais caro, mas não podemos considerar que os proprietários do sertão viviam, exclusivamente, da renda do cativo, pois que utilizavam o trabalho do escravo, predominantemente, mas o trabalho livre assalariado já era registrado no recenseamento, como o de jornaleiro e de criado, fora o vaqueiro, remunerado com a quarta. Pagavam o imposto de meia siza sobre o comércio de escravos ou sobre doação de cativos, como aconteceu com Manoel do Nascimento e Araújo, em Tacaratú, no ano de 1845.

O comércio de gado enfrentava problemas devido aos pesados impostos cobrados pela Câmara Municipal e às más condições sanitárias dos currais, local onde se deveriam alojar os gados para vendê-los nas feiras.[57] Os criadores pagavam, por cada rês, três mil e quinhentos réis de subsídio, quinhentos réis de sangria, direito de curral, direito de quem trata a rês, ao cortador e mais um imposto à Câmara Municipal da vila onde se localizasse a feira.

Porém, uma outra face de alguns poucos proprietários, visualizada no rol dos inventários, aproxima-se de uma prática capitalista e é possível que esta tenha sido o critério adotado para classificar *"proprietários capitalistas"*, no recenseamento de 1872. Trinta por cento dos inventariantes declararam possuir dívidas passivas por empréstimos de dinheiro a juros. Esses proprietários, coletivamente, diversificaram o tipo de investimento

---

57. Gominho, Leonardo Ferraz. *Floresta, uma terra, um povo*. Fiam, Centro de Estudos de História Municipal, Prefeitura Municipal de Floresta, 1996. Coleção Tempo Municipal, n. 14, p. 282-284.

para ganhar dinheiro, além da pecuária. Os ganhos dependiam do tipo de empreendimento e indicam estarem longe de terem sido estáveis. Os membros dessa elite adquiriam suas fortunas por heranças paternas e maternas, por comércio, empréstimos, por casamentos, nos casos de dotes, pelo comércio de gados e dos produtos derivados. Mais de cinquenta por cento do total dos proprietários eram investidores, visto que eles movimentavam o comércio local e regional de gados e de escravos, interessados nos benefícios dessas transações.

Práticas artístico-culturais

Quanto às manifestações artístico-culturais[58], a musical parece ter sido a mais antiga e popular, através das serestas, do violão, dos violonistas, seresteiros, sanfoneiros, charadistas, dos cômicos, do canto das modinhas, das valsas e do coro da Igreja. A partir da década de 1850, quando foi inaugurado, no Recife, o Teatro Santa Izabel, párocos de várias cidades e vilas do interior mobilizaram suas comunidades, impulsionando-lhes a cultura popular. Em Floresta, o padre José Vieira Sampaio estimulou as representações teatrais, criando a Sociedade Dramática, com participação de jovens, inclusive dos que cantavam na Igreja. Segundo Álvaro Ferraz[59], o palco era armado ao ar livre, nos arredores da Igreja. Os principais atores eram os irmãos do padre e os filhos do capitão Firmino e de Valeriano Barbosa de Sá.

A religiosidade

Os florestanos e tacaratuenses viviam numa sociedade cujas bases cristãs eram os princípios da Igreja Católica. Ao examinar os *inventários post-mortem* redigidos por tabeliães, filhos da eli-

---

58. Ferraz, Carlos Antônio de Souza. *Floresta do Navio: capítulos da história sertaneja.* Biblioteca Pernambucana de História Municipal, v. 26. Recife, 1992, p. 142.
59. Ibidem.

te, encontramos, na maioria dos casos, o tom religioso colocado essencialmente nas formas exteriores da religião, o que se faz aparecer nos inventários de Domingos Pereira Leite, Manoel Francisco de Souza e Manoel Lopes Diniz. Os três tiveram sepultamentos solenes na igreja. Os dois primeiros, na Matriz de Nossa Senhora da Saúde, em Tacaratú, mediante pagamento. O terceiro, em Floresta. O primeiro sepultamento custou à família quarenta e quatro mil novecentos e sessenta réis; o segundo, cinquenta e oito mil oitocentos e oitenta réis, pagos com cavalos; quanto ao terceiro, não consta o valor pago. Esses senhores tinham em comum patrimônios semelhantes, situados entre os mais abastados da categoria.

Os processos de inventários permitem visualizar que a maior parte dos membros da elite aceitava as formas exteriores da religião. Nesses documentos, registraram-se indicadores de mecanismos de dominação da Igreja na vida privada das pessoas e, também, a forma como elas e eles exteriorizavam as suas crenças. Um dos sinais do controle da Igreja Católica nesta sociedade era o fato de os inventariantes de Floresta e de Tacaratú serem obrigados a assegurar a sua idoneidade civil com um juramento no domínio do religioso. Com as mãos postas sobre a Bíblia, os inventariantes juravam fidelidade na descrição da composição dos bens, sob pena de, caso ocultassem algum bem pertencente ao casal, perderem o direito à sucessão, pagarem o dobro do direito que nela tivessem e incorrerem no crime de perjúrio. Rastos da devoção desses habitantes estão presentes também nos atos sociais.

As obrigações religiosas tomavam-lhes boa parte do tempo. As famílias cumpriam o preceito da confissão e da comunhão, pelo menos uma vez por ano[60]. Tinham o costume de aguardar e comemorar coletivamente a festa do Bom Jesus dos Aflitos,

---

60. Ferraz, Carlos Antônio de Souza. *Floresta do Navio: capítulos da história sertaneja*. Recife: Biblioteca Pernambucana de História Municipal, 1992, p. 26.

anualmente. Era muito comum, para se festejarem os grandes acontecimentos, o padre mandar repicar os sinos, chamando os "fiéis". Outro elemento importante da presença da Igreja, segundo Tatiana Ferraz[61], eram os critérios para a realização dos matrimônios, pois se exigia a idade mínima de 14 anos para os homens e de 12 para as mulheres.

A celebração do casamento só ocorreria depois que o pároco local ou da freguesia mais próxima realizasse as denunciações, para verificar a filiação e outras procedências dos nubentes que se constituíssem em impedimentos à realização do casamento, como a bigamia. As denunciações eram realizadas nas missas dominicais, momento em que o padre revelava à população informações dos nubentes, como origem e local de morada. Exigia-se que os noivos apresentassem testemunhas da sua condição de solteiros ou viúvos. Estes deveriam apresentar uma declaração informando a data do falecimento e o local de sepultamento do cônjuge.

O interesse da Igreja em conhecer o estado civil dos nubentes estava relacionado às migrações constantes. Floresta e Taracartú eram freguesias recentemente criadas, o seu povoamento começara mais intensamente no final do século XVIII. Foram identificados muitos forasteiros na região, cujas origens eram desconhecidas.

Uma das marcas fortes da manifestação do sentimento religioso desse grupo foi a construção de um oratório por iniciativa particular, em torno do qual se implantou o núcleo urbano de Fazenda Grande. Os doadores do terreno começaram a obra que foi concluída com a ajuda de todos, após o desaparecimento dos beneméritos.[62]

A construção desse oratório está relacionada aos anos de grande aflição, associada a catástrofes seguidas[63]. No ano de 1775, Pernambuco teria sofrido um terrível contágio da varíola.

---

61. Ferraz, Tatiana Valença. *A Formação da Sociedade no Sertão Pernambucano: trajetória de núcleos familiares*. Recife: UFPE, 2004, p. 66. (Dissertação de Mestrado em História).
62. Ibidem, p. 63.
63. Ibidem, p. 59.

Condominium: Práticas de sociabilidade e propriedade de terra – Vale do São Francisco – Império do Brasil

No final de 1776, outro flagelo, não menos avassalador, atingia a região e, consequentemente, aquele povoamento: uma grande seca e as suas consequências, como a fome e a mortandade de gados, causando enormes prejuízos econômicos e sociais. Circunstancialmente, o casal de primeiros proprietários de Fazenda Grande nela construiu, no ano de 1777, aquele oratório, sob a invocação do senhor Bom Jesus dos Aflitos, sendo esta um forte apelo ao sagrado, naquele período de verdadeiras desgraças. Por provisão do Bispo D. Tomás da Encarnação Costa Lima, o capitão José Pereira Maciel obteve licença para mandar celebrar no oratório missas dominicais e em dias santificados, por um capelão pago por ele. Nos termos do Direito Canônico, ele constituiu o patrimônio territorial e os devidos rendimentos, entenda-se dons, que deixaria, por ano, para benefício da capela. Em 1778, foi lavrado o "público instrumento de escritura de doação de patrimônio":

> "[...] Nesta fazenda do Riacho do Navio, onde eu, Tabelião adiante nomeado, me achava e, sendo ahi, apareceram o capitão José Pereira Maciel e sua mulher Joana de Souza da Silveira" [...] "e, por eles, me foi dito que estão de mansa e pacífica posse, bem assim, a metade do sítio de terras situas na Ribeira do Pajeúm por herança do seu defunto pai e sogro, sendo a metade do dito sítio avaliado em duzentos e cincoenta mil réis, como consta de seu formal de partilha e da dita metade e seus rendimentos, doam elles doadores a quantia de seis mil duzentos e cincoenta réis por anno, a qual quantia se obrigam elles doadores para reparo, redificação e paramento da capela que, neste sítio, quer fazer com a invocação do senhor Bom Jesus dos Aflitos, para que obrigam todos os seus bens móveis e de raiz que possuem e a fazer esta escritura firme e valiosa de paz para sempre, segurando na dita metade de sitio chamado Fazenda Grande, como nos demais que possuem, a quantia de cento e cinquenta mil réis com juros". Manoel Gomes Abrunhosa, tabelião; José Pereira Maciel, doador; Bartolomeu de Souza Fer-

raz, a rogo da doadora; Testemunhas: o alferes Thomé de Souza Ferraz e o capitão Cypriano Gomes de Sá.

Conseguida a licença para a fundação da capela em 1780, José Pereira Maciel começou as obras, nas imediações da casa de vivenda da fazenda. Quinze anos mais tarde, esse oratório se transformaria na Igreja Bom Jesus dos Aflitos de Fazenda Grande, onde ficou registrada parte importante da vida social de seus habitantes, como casamentos e batizados, além dos encontros cotidianos nas missas dominicais, em dias santificados e nas solenidades dos velórios dos "defuntos notáveis". Na segunda metade do século XIX, os proprietários foram convocados, pela Lei de Terras de 1850, para registrarem as suas posses de terras, fato que se realizou nas igrejas locais. No caso de Floresta, José Vieira Sampaio era o vigário responsável pelos cadastramentos. Outros indícios são os inúmeros objetos referentes aos cultos católicos, mencionados entre os bens, nos inventários. Particularmente, a maioria dessas famílias possuía oratórios, terços, rosários e diversas imagens de santos. Quanto maior era a riqueza, mais se nota a descrição desses objetos nos inventários.

Comparando os nomes dos proprietários de Fazenda Grande com os dados do inventário do capitão Jerônimo de Souza Ferraz e de sua mulher, Margarida de Souza da Silveira, encontramos o modo pelo qual foi se constituindo uma rede de sociabilidades: eles eram os pais de Joana de Souza da Silveira, a mulher de José Pereira Maciel. Joana era irmã de Bartolomeu, a pessoa que assinou, a rogo dela, a escritura de doação do patrimônio canônico e do alferes Thomé de Souza Ferraz, uma das testemunhas. Num primeiro momento, os laços familiares e o "espírito religioso" constituem pontos das relações que se implantariam no núcleo urbano de Fazenda Grande, dando-lhe sustentação no plano rural.

Para estudar o percurso coletivo das famílias proprietárias de terras de Floresta e Tacaratú, entre décadas de 1840 e 1880, buscamos analisar, também, o papel que elas desempenharam na configuração da rede de sociabilidade. Era essencialmente em torno das redes relacionais que funcionava a sociedade imperial do Brasil e, notadamente, o mundo da elite fundiária que estudamos nesta obra. As casas dos fazendeiros e suas respectivas benfeitorias formavam os condomínios. Nas casas principais, costumavam morar os fazendeiros com a mulher e os filhos[64].

O vaqueiro morava na parte contígua à casa principal. Não obtivemos informações de como habitavam os agregados, os escravos e o núcleo familiar dessas pessoas que formavam a mão de obra e que pertenciam à estrutura dos *fógos*[65]. Nos casos de vendas de parcelas de terrenos ou por morte de um dos cônjuges, mudavam-se os condôminos, mas não se alterava o sistema de funcionamento da propriedade.

Considerando-se esses dados, podemos afirmar que predominava a família de tipo nuclear ou conjugal e a família ampliada ou extensa, composta pelos cônjuges e filhos, pelos netos, noras, genros, irmãos e irmãs, tios e tias, cunhados e cunhadas. Essa estrutura familiar predominante era inteiramente compatível com o sistema de condomínios privados que se formou nas fazendas de Floresta e de Tacaratú.

A predominância desse tipo de família, juntamente com a partilha em partes iguais dos bens patrimoniais, teve grande influência para manter a propriedade privada nas mãos da categoria. Fato relevante é que essas famílias detinham o acesso aos bens que representavam riqueza, mantendo uma relação de copropriedade de terras e de cossenhorio de escravos.

---

64. Ferraz, Carlos Antônio de Souza. *Floresta do Navio: capítulo da história sertaneja*. Recife: Biblioteca Pernambucana de História Municipal, v. 26. Centro de Estudos de História Municipal, 1992.
65. No Senso Demográfico do Império do Brazil, realizado em 1872, a palavra *fógos* aparece como sendo casas habitadas. Tanto na cidade como no campo, o termo significa casa de residência.

Os elementos primordiais da vida econômica, como a propriedade de escravos e de terras; da vida social, como os casamentos e as relações de amizades; e da vida política, como as funções públicas davam movimento às redes. Dois tipos de relações eram predominantes: as verticais e as horizontais. As relações verticais se estabeleceram conforme a hierarquia familiar clássica: pai, mãe e filhos e conforme as atividades econômicas ou a hierarquia profissional. Nas relações de trabalho, temos os casos dos vaqueiros, dos agregados e dos escravos. Os vaqueiros eram sócios[66] dos fazendeiros e, geralmente, eram também seus prepostos. No entanto, essa relação não era de igualdade. Existia uma relação de autoridade, visto que, em muitos casos, o vaqueiro, além de se ocupar do pasto dos gados, na ausência do senhor, exercia a função de um administrador da fazenda, devendo-lhe obediência. Os agregados[67], que serviam e moravam nas fazendas sob condições impostas pelos proprietários, mantinham uma relação baseada na sujeição. Eles eram "protegidos do fazendeiro" em troca da prestação de serviços em favor da sua segurança física e pessoal, e da defesa dos condomínios.

As relações horizontais eram baseadas nas interações entre os cossenhores e os coproprietários, como matrimoniais, de amizades e de parentescos e no âmbito político. As famílias tradicionais tinham um membro para administrar-lhes a política interna. Pessoa do sexo masculino, o seu perfil, geralmente, coincidia com o de um homem relativamente jovem, com idade

---

66. Os bezerros eram divididos entre o vaqueiro e o fazendeiro. Um bezerro sobre quatro era do vaqueiro.

67. Trabalhadores não assalariados, uma das características da região latifundiária do Sertão no século XIX. Essa categoria social era composta por brancos pobres, mestiços e escravos libertos. Todos dependentes do latifundiário. Em que pese o fato de que o verdadeiro objetivo das fazendas fosse a pecuária para a comercialização, elas tinham que produzir os alimentos necessários para a alimentação, papel reservado aos agregados. Com efeito, a produção de alimentos significou para a pecuária o mesmo que as fazendas significaram para a mineração, uma vez que as duas funcionavam como meios de produção de subsistência e não de comercialização.

entre 29 e 33 anos, cuja principal característica era uma personalidade forte[68], da qual a habilidade para influenciar os demais membros da família era muito importante e, em alguns casos, até determinante. Dessa forma, o chefe de família exercia um tipo de liderança que ultrapassava os limites do espaço do privado. Ele possuía uma capacidade de mando importante, influenciando nos relacionamentos sociais e conferindo-lhe autoridade e autonomia para interferir também no âmbito do público. Muitas vezes, o líder se fazia valer da preponderância política local, para obter cargos estratégicos, adquiridos no âmbito do poder político provincial.

O chefe de família se movimentava nesses espaços como um mediador entre o domínio privado e o público. A liderança passava de geração em geração como uma herança imaterial, cuja base era, principalmente, a habilidade pessoal de fazer articulações de conveniências. O perfil social e político desse tipo de líder coincidia sempre com o perfil de um gestor público, de um titular de um cargo, de uma função pública ou de uma patente militar, adquirido por nomeação ou por eleição. No caso das nomeações para funções militares, os indivíduos eram empossados por *Cartas de Patentes*[69], com base no "respeito e nos merecimentos precisos e necessários para exercê-las"[70]. Em compensação,

> Esperava-se que, no exercício das obrigações da patente, dele (do oficial) se ganhe muito, devendo-se à boa confiança que da sua pessoa faço. De posse desta patente militar, o oficial não receberá soldo algum, mas gozará

---

68. Gominho, Leonardo Ferraz. *A Rebelião da Serra Negra: a Praeira no Sertão*. Recife, 1993, p. 39.
69. Na linguagem militar, trata-se de um documento individual em que são definidos a situação hierárquica e o corpo ou quadro ao qual pertence um oficial, a fim de fazer prova dos direitos e deveres assegurados por lei ao possuidor da patente.
70. Fragmento da "Carta de Patente" que nomeou Damazo de Souza Ferraz a capitão-mor dos estrangeiros da Ribeira do Pajeú, Sertão de Pernambuco. A cópia desta carta se encontra no Arquivo Público do Estado de Pernambuco: Patentes e Provisões, 1780-84, folha 33.

de todas as honras, graças, franquias, liberdades, privilégios e isenções, que em razão dela lhe pertencerem.[71]

No exercício desta função, o oficial recebia ordens do governador da província para honrá-la e estimá-la, sob juramento escrito no verso da Carta de Patente. Em contrapartida, a posse da patente lhe permitia uma ampla autonomia na sociedade local, visto que as demais pessoas comuns eram expressamente obrigadas a obedecê-lo e a fazerem cumprir as suas ordens, relativas ao Real Serviço. Na vida cotidiana, as funções de líder de família e de oficial militar ou titular de outros cargos públicos se confundiam e, assim, o titular dessas funções exercia um papel estratégico, pois atuava como um elo na rede relacional. O líder de família e titular de um cargo público estabelecia ligações entre o espaço do privado e do público, cujos interesses eram que funcionassem em harmonia com a lei das conveniências.

Um dos casos clássicos de relações sociais cuja intervenção de um chefe de família foi importante ocorreu por ocasião da Confederação do Equador, em 1824, quando os Souza Ferraz, da cidade de Floresta, apoiaram Manuel de Carvalho Pais de Andrade, então presidente da província e filho do secretário do governo que, em 1780, ou seja, quarenta e quatro anos antes, intercedeu pela nomeação de Damaso de Souza Ferraz, então chefe da família, na patente militar de capitão-mor dos estrangeiros do sertão de Pernambuco. Conforme Leonardo Ferraz Gominho,[72] a família Souza Ferraz agia em conexão com as trocas políticas, não somente na localidade, mas, sobretudo, chegando ao alcance provincial.

---

71. Fragmento dos termos da carta de patente assinada pelo governador e capitão geral de Pernambuco, José César de Menezes, quando nomeou Dâmaso de Souza Ferraz capitão dos estrangeiros da Ribeira de Pajeú, Sertão de Pernambuco.
72. Gominho, Leonardo Ferraz. *Floresta, uma terra, um povo*. Fiam, Centro de Estudos de História Municipal, Prefeitura Municipal de Floresta, 1996. Coleção Tempo Municipal, n. 14, p. 20.

Perfil de um líder de família

Na família Souza Ferraz, de Floresta, o primeiro indício do tipo familiar baseado numa liderança apareceu na pessoa de Bartolomeu de Souza Ferraz, primogênito do capitão Jerônimo de Souza Ferraz, um dos primeiros colonizadores do sertão de Pernambuco. Bartolomeu assumiu a chefia política da família em 1770[73], quando da morte de seu pai. Segundo Leonardo Gominho, grande parte da família Ferraz, de Floresta, era descendente de Jerônimo. Ele morou na fazenda Barra do Pajeú e possuiu parte das fazendas Caiçara e Riacho do Navio, terras que integrariam, por lei[74], o município de Floresta em 1846. Em 1776, após seis anos na chefia da sua família, Bartolomeu foi referendado por José César de Menezes[75] na patente de comandante do Riacho do Navio e Pipipã.

Por ocasião de sua morte, aproximadamente em 1808, sem deixar descendentes, o comando da família passou unicamente ao seu irmão, Dâmaso de Souza Ferraz[76], então tesoureiro da capela do Bom Senhor Jesus dos Aflitos de Fazenda Grande e titular da grade de capitão dos estrangeiros do sertão, desde 1780[77], cargo que exerceu por nomeação de José César de Menezes, o mesmo governador que nomeou o seu irmão Bartolomeu, quatro anos antes. Por morte de Dâmaso, a liderança da família passou às mãos de seus dois filhos, Bonifácio e Manoel de Souza Ferraz.

---

73. Ibidem, p. 18.
74. Arquivo Público de Pernambuco. Lei n. 153, de 31 de março de 1846, artigo 1º: Fica erecta em Villa, com a denominação de Villa de Floresta, a povoação de Fazenda Grande, servindo-lhe de Termo, menor divisão administrativa da Colônia, todo o território compreendido nas freguesias (distritos, pequenas povoações) de Tacaratú e Fazenda Grande, inclusive os terrenos, que desta freguesia, pela Lei nº 138, foram desligados e unidos à freguesia da Assunção os quais ficam restituídos à dita freguesia de Fazenda Grande.
75. Governador e capitão geral de Pernambuco.
76. Dâmaso era o segundo filho de Jerônimo de Souza Ferraz.
77. Livro "Patentes e Provisões, 1780-84, folha 33". Arquivo Público do Estado de Pernambuco Jordão Emerenciano.

Em 1826, Manoel foi suplente de vereador da cidade de Pajeú de Flores e, em 1833, foi assassinado. Ele deixou seis filhas, mas o comando passou às mãos de seu afilhado e sobrinho, Serafim de Souza Ferraz, membro da quarta geração da família. Ele ocupou a chefia política da família durante trinta e quatro anos, até 1867, ano de sua morte. Nesta data, o comando passou ao seu filho, o tenente-coronel Manoel Ferraz de Souza. Serafim de Souza Ferraz, com 29 anos de idade, já era uma figura de destaque na família[78], como também na região. Em 1837, ele foi nomeado, por carta patente[79], Tenente-Coronel Comandante do Batalhão de Tacaratú, da Guarda Nacional.

Embora a pessoa do sucessor de um chefe pudesse variar, nesse tipo de configuração familiar, a peça central era a busca de certo equilíbrio das relações de poder. Essa busca era uma precondição decisiva para que as famílias de proprietários de terras se estabelecessem como grupo dominante e excludente. Um grupo só pode estigmatizar outro com eficácia quando está bem instalado nas posições de poder das quais o grupo estigmatizado é excluído[80]. Enquanto essa ideia era colocada em prática, o estigma de exclusão coletiva, imputado aos não proprietários, incluindo-se entre eles os agregados, os escravos, os vaqueiros e todos os outros que não estavam naquela condição de elite, pelos laços de sangue, de amizades, de parentescos, de copropriedade e de pertencimento àquela categoria social, pôde prevalecer.

O desprezo absoluto e a estigmatização unilateral e irremediável dessas categorias excluídas apontam para a busca de um equilíbrio de poder. Afixar rótulos de "valor humano inferior",

---

78. Gominho, Leonardo Ferraz. *A Rebelião da Serra Negra: a Praeira no Sertão*. Recife, 1993.
79. Livro "Registro de Patentes", v. 4/2, f. 22. Arquivo Público do Estado de Pernambuco.
80. Elias, Norbert; Scotson, John L. *Os estabelecidos e os outsides. Sociologia das relações de poder a partir de uma pequena comunidade*. Rio de Janeiro: Zahar, 2000.

tais como "agregados"[81], aos pobres livres e sem terras, "fulas"[82] ou "cabras", aos escravos, para identificar os grupos sociais que, teoricamente, faziam parte da família extensa, era uma das formas de afirmar poder, cujo objetivo era manter a "superioridade" social. Eram articulações de uma poderosa astúcia de estereotipização criada nas relações de poder, de tal forma a querer "naturalizar" uma configuração de sociedade que seria movida por forças estruturais coletivas.

Nessa situação, o estigma social imposto pelos grupos mais poderosos aos menos poderosos ou em condições de desigualdade costuma penetrar na autoimagem destes últimos e, assim, enfraquecê-los e desarmá-los[83]. O estigma social da escravidão costumava desaparecer a partir da terceira geração. A verdade era que a inserção de alforriados no universo dos livres era demorada e, até mesmo, perversa. Ao libertar-se, o cativo transformava-se, aos olhos de seus companheiros, em privilegiado. No universo livre, do qual passava a fazer parte, inseria-se com emblemas, nitidamente discriminatórios.

A prevalência da "endogamia social" entre livres, forros e escravos indicava o quanto eram rígidas as hierarquias sociais dessa sociedade. Essas famílias proprietárias eram, na maioria, muito numerosas. A primeira impressão que se tem delas é que: "todos são parentes de todos". Essa impressão é tida pelo estudo das diversas fontes. Havia tantos casamentos entre familiares que, embora os nomes tradicionais, conhecidos e mencionados na maioria dos documentos[84], fossem se misturando e originando outros, as relações parecem intermináveis[85]. Alguns nomes

---

81. Despossuídos que trabalhavam nas terras dos proprietários sob condições de sujeição.
82. No Brasil, mestiços de negros e mulatos.
83. Elias, Norbert. Op. cit.
84. Inventários *post-mortem*, Registros de Terras Públicas de 1854, Escrituras de Compras e Vendas de Terras, Registros de Cartas de Patentes.
85. Gominho, Leonardo Ferraz. *Floresta, uma terra, um povo*. Fiam, Centro de Estudos de História Municipal, Prefeitura Municipal de Floresta, 1996. Coleção Tempo Municipal, n. 14.

de família foram desaparecendo na medida em que outros foram sendo acrescentados. No entanto, cada família compunha um grupo em relação às demais. Conforme estudos genealógicos,[86] apenas cinco famílias tradicionais de Floresta, instaladas na região desde o século XVIII, uniram-se, sobretudo, por laços matrimoniais e/ou de amizades. A força de expressão[87] "não é comum encontrar um florestano e, por extensão, um tacaratuense que não pertença a, pelo menos, uma delas" indica os diversos tipos de enlaces familiares, mesmo que o nome tenha sido alterado no decorrer das gerações.

Transações comerciais de terras

O que significava possuir terras? Qual era o sentido da posse de muitas, médias ou umas poucas quantidades de braças de terras? O que significava o direito de herança? Perguntas fundamentais e de respostas não tão fáceis. Para se ter uma percepção do cotidiano dessa sociedade, consideramos importante analisar o contexto das transações comerciais com terras.

Geralmente, as partilhas foram realizadas entre muitos herdeiros e isso resultou numa divisão sucessiva das fazendas. Dependendo do tamanho da prole, o parcelamento poderia ser grande ou não, mas, mesmo se em uma dada geração o número de herdeiros não fosse tão grande, o parcelamento tornava-se importante com o passar das gerações. Como resultado de uma divisão sucessiva, vieram terrenos pequenos. Em alguns casos, tão pequenos que a solução era comprar mais parcelas de terras para dar continuidade à atividade produtiva, como no caso de Francisca Maria, que herdou, na fazenda Paus Pretos, apenas oitenta braças[88]. Propriedades menores,

---

86. Ibidem, p. 15.
87. Ferraz, Leonardo Gominho. *Floresta: uma terra, um povo.* v. I. Coleção Tempo Municipal 14. Centro de Estudos de História Municipal, Floresta, 1996, p. 14.
88. No Brasil, uma braça de terra equivale a 2,20 m².

como essa, continuavam fazendo parte das fazendas e geravam um novo proprietário. Nos casos estudados, visualizamos esse fato pelo surgimento de novos coproprietários que, geralmente, continuavam integrando a fazenda, com posses em comum ou comprando mais terras, nas fazendas vizinhas ou nas mais distantes, para ampliar o patrimônio e alimentar um sistema de copropriedade ou condomínios, por herança ou por compra de terrenos.

A agricultura, nessas fazendas, era de subsistência, em grande parte, para a produção do que era necessário à sobrevivência das famílias. A pecuária extensiva era a atividade econômica principal. Desta forma, a posse por herança teve papel muito relevante na reprodução da categoria.

A maioria estava na condição de herdeiro, sem haver título legítimo do domínio, mas isso não os impedia de vender as posses herdadas a terceiros ou na família, nem mesmo no período de transição entre a extinção do Sistema Sesmarial, em 1822, e a promulgação da Lei de Terras, em 1850. Esses dados são confirmados nas escrituras de compra e vendas de terras privadas e nos Cadastros de Terras Públicas. Nos processos de inventários estudados, era raro o inventariante citar o meio de aquisição e, entre os que o mencionaram, apenas 5% referiram terras adquiridas por compra. No entanto, no registro de terras públicas e nas escrituras de compras e vendas, era comum mencionar o modo de aquisição. Das 237 posses declaradas nos Cadastros de Terras Públicas da freguesia de Fazenda Grande, ano de 1858, mais da metade foi adquirida por compra:

Compra	122
Herança	111
Arrendamento	1
Troca	1
Não identificado	2
Total	**237**

Tabela 12: Formas de Aquisição de Terras em Floresta (1858)
Fonte: RTP.[89]

As vendas das parcelas de terras não significavam que os proprietários do sertão de Floresta e de Tacaratú não fossem apegados aos bens de raiz nem, por outro lado, que existisse um largo mercado de terras, no sentido capitalista moderno do termo[90] ou que fossem absenteístas. As fontes apresentaram dados de uma complexa estrutura fundiária, baseada no direito igualitário à herança materna e paterna, nas posses em comum, na comercialização e na concentração de terras.

Na prática cotidiana, familiares, parentes e não parentes compravam, vendiam e trocavam posses de terrenos. Por um ângulo, as partilhas e as transações pareciam levar à extinção da grande propriedade; por outro, apontavam aspectos de uma continuidade. Terras eram vendidas e compradas dentro de um grupo social com poder aquisitivo diferente e atividade produtiva semelhante. A despeito de comprar e vender, habitar em casas separadas, produzir individualmente, grupos coproprietários estavam ligados à fazenda por vários vínculos. Eles conviveram numa região onde todos se conheciam e onde, até os anos 1880, as terras não tinham sido demarcadas pelo Estado, mas, na maioria dos casos, pelas famílias, que faziam conforme os costumes da época, apoiados nos pontos geográficos.

A questão principal não é afirmar ou negar que as famílias negociavam com suas terras, num período de turbulência da

---

89. Registros de Terras Públicas n. 14, disponível no Arquivo Público Estadual de Pernambuco Jordão Emerenciano.
90. Seja baseado essencialmente no lucro.

política fundiária, mas equacionar as dimensões e o significado das transações. As descrições deixadas nos inventários, nos cadastros de terras, nos atos de compra e venda de terras apontam a existência de um certo mercado de posses de terras entre particulares em Floresta e em Tacaratú. Os preços sofriam variações e eram relativamente baixos. O preço atribuído à braça de terra variou entre quinhentos réis e dois mil e quinhentos réis, para todo o período pesquisado (1840-1880), infinitamente inferior ao que se atribuía ao preço unitário do escravo e do gado *vacum* e *cavalar*. Com esses dados, não podemos ignorar a existência de um mercado imobiliário, mesmo que fosse de uma dimensão comercial não muito lucrativa, considerando-se que a terra não se constituía em equivalente de capital e, conforme historiadores, pelo propósito da Lei de Terras, apenas a partir de meados do século XIX, parcialmente, se transformava em mercadoria.

Os dados apontam um mercado de terras, mesmo que as compras e vendas acontecessem independentemente de uma legislação que garantisse o título legítmo de propriedade por compra de posses. Antes da execução da Lei de Terras de 1850, vendas de fazendas inteiras e de parcelas foram registradas em cartório[91] e tiveram as cizas pagas. Numa escritura de venda e quitação, datada de 1845, Rodrigo Antonio da Rocha Pitta, Maria Miquiliana da Rocha Pitta e Constância da Rocha Pitta venderam a fazenda Arapuá a Francisco Nogueira Barbosa de Pás, nome de destaque da política na Vila de Flores. A propriedade situava-se na Comarca do Pajeú e extremava com as fazendas Panela D'Água, Jardins e Pedras. Havida por herança do avô, o capitão-mor Cristóvão da Rocha Pitta, a fazenda foi vendida pelo preço de um conto de réis; avaliando-se a moeda corrente, com esse valor se poderia adquirir até quatro escravos ou um pouco mais de cem cabeças de gados. Na recebedoria de vendas internas, o comprador pagou a quantia de cem mil réis da sisa[92], correspondente ao valor de 10% de um conto.

---

91. Livro de notas às folhas 38 do livro 8º da receita. Arquivo
92. Imposto aplicável a transações imobiliárias.

No inventário de Ângelo José de Moura[93], a sua viúva inventariante, Antonia Gomes de Jesus, mencionou a compra de partes de terras a vários herdeiros do sítio Caraíbas, localizado na outra banda do riacho, no valor de cinquenta mil réis. Ainda outros inventários da vila de Tacaratú, na década de 1830, ilustram dois casos de terras obtidas por compra: o Alferes José Correia Maurício, viúvo e inventariante de Bárbara Maria do Nascimento, em 1835, declarou uma parte de terra comprada no Brejinho, ao preço de dez mil réis. Anna Maria dos Prazeres, 1832, viúva e inventariante de Tomás de Almeida Silva, referiu quatro posses, sendo uma a Manoel Rodrigues, no valor de quarenta e um mil réis e outra a Basílio da Silva pelo preço de cento e dois mil réis e dois sítios comprados a Florência Maria, um no valor de trezentos mil e outro a quarenta mil réis.

Assim, entre 1822 e 1850, um período considerado por Lígia Osório como *"fase áurea do posseiro de terras devolutas"*[94], os dados pesam a favor de negociações de posses de terras entre particulares de Floresta e de Tacaratú. É possível que os compradores de terras, nesse momento, pretendessem investir na criação de gados e isso aponta que a terra era um fator de produção que estava dependendo do tempo e do lugar no mercado.[95] As reses mencionadas nos inventários podem ilustrar esse quadro. Entre os semoventes de Ângelo José de Moura[96], a inventariante mencionou cem cabeças de vacas solteiras, no valor de um conto

---

93. Realizado no ano de 1847, em Floresta.
94. Silva, Lígia Osório. *Terras devolutas e latifúndio, efeitos da lei de 1850*, p. 81.
95. Segundo Ana Maria de Oliveira, apesar da mercantilização das terras do Brasil passar a vigorar após 1850, já no final do século XVI havia litígios na região do açúcar nordestino, indicando a escassez de terras para doações, o que, provavelmente, foi se agravando com o crescimento populacional e não somente na região açucareira. Assim, as vendas, no todo ou em parte, das primitivas concessões tornaram-se frequentes (Oliveira, Ana Maria de Carvalho dos Santos. Op. cit., p. 31).
96. Inventário *post-mortem*, disponível em Laboratório de Pesquisas em Hist4oria, Lapeh, UFPE, CFCH, Recife.

e cem mil réis, três novilhotas, dois bois mansos, duas novilhas e cinquenta garrotes, somando duzentos e oitenta e dois mil réis, dezesseis cavalos, somando trezentos e trinta mil réis, trezentas ovelhas, cento e vinte mil réis e quarenta cabras, vinte mil réis.

Entre os bens semoventes do casal Tomás de Almeida Silva[97], encontram-se cinquenta e cinco cabeças de gado *vacum* de toda sorte, que custavam um conto e oitenta e cinco mil réis, cinco poldros, quarenta e oito mil réis, quatro cavalos alazões, sessenta e cinco mil réis, sete bestas, setenta mil réis e cinquenta e quatro cabras, vinte e três mil réis. A lista de bens de Bárbara Maria do Nascimento[98] exibiu uma quantidade menor de semoventes: cinco vacas parideiras, cinquenta mil réis, três bezerros, seis mil réis, quatro garrotes, dezoito mil réis, dez cabeças de gados, setenta mil réis, cinco cavalos, cento e quarenta mil réis. No entanto, pelo preço, as suas posses de terras eram pequenas. É importante ressaltar que todos esses proprietários foram, também, cossenhores de escravos.

Nesse contexto, a falta de liquidez da terra poderia ser suprida pelo maior poder de capitalização do escravo e do gado. Sob essa perspectiva, um mercado de terras, com características domésticas, é plenamente aceitável. Conforme Hebe Maria Mattos de Castro,[99] a oferta de terras no Brasil escravista não é vista como "latitude indefinida". Cada complexo regional ou local engendrou seu próprio mercado e estabeleceu regras próprias para seu funcionamento.

Analisando as práticas de uso da terra dessas famílias, em Floresta e em Tacaratú, é possível dizer que a terra tenha, desde cedo, se revestido, também, de um significado econômico, pois era a garantia da reprodução da pecuária extensiva. Nesse contexto, o parcelamento da grande propriedade não podia ultrapassar as dimensões locais, nem levar o latifúndio à extinção. Pelo modo como o gado foi criado, solto nos pastos, ficaria difícil o

---

97. Ibidem
98. Ibidem.
99. Castro, Hebe Maria Mattos de. Op. cit., p. 121.

desparecimento das fazendas. Sem uma explicação do funcionamento da pecuária, sem entender da necessidade de grandes extensões de terras para se garantir a produtividade característica da região, não se pode entender adequadamente o quadro em que está inserido o significado econômico de vendas e da concentração da terra no sertão. O mercado de terras existente também não podia, nesse contexto, simplesmente ultrapassar a conjuntura local e isso implica nas diferenças regionais do Brasil imperial.

Em termos de maximização das vantagens, foi impossível fazermos uma leitura de todos os comportamentos econômicos nos quais cada transação de terra estava inserida. A Lei de Terras visava promover o ordenamento jurídico da propriedade da terra que a situação confusa, herdada do período colonial, tornou indispensável. Ela proibia a ocupação de terras devolutas por outros títulos que não os de compra ao Estado, assim, essa legislação buscava criar as condições para o surgimento de um mercado de trabalho livre para a grande lavoura e aumentar os índices de mercantilização das terras, a fim de substituir a renda capitalizada no escravo.

Contudo, entre a lei e as práticas, foi grande a diferença. Baseados em nossas pesquisas, concordamos com Hebe de Castro[100] quando ela afirma que não se cria mercado de terras nem força de trabalho por decreto. Quanto à força de trabalho, o problema somente foi resolvido nas áreas de ponta da lavoura cafeeira, com a imigração e, mesmo assim, através da criação de relações não capitalistas de produção, que redefiniam o trabalho familiar de tipo camponês.[101] As outras regiões do Brasil que, desde cedo, tiveram a população escrava drenada para o Sudeste cafeeiro resolveram isoladamente, de modo diferenciado e pouco conhecido, a questão da coerção sobre a mão de obra.

Em Floresta e em Tacaratú, vendas e compras de terras eram concretizadas bem antes de uma lei que determinasse e

---

100. Ibidem, p. 123.
101. Martins, José de Souza. *O cativeiro da Terra*. São Paulo: Ciências Humanas, 1979, p. 26.

acenasse com um cadastramento. A partir do último quartel do século XIX, a terra, pouco a pouco, substituía o escravo como equivalente de capital, transformando-se em objeto de especulação nas áreas de ponta da agricultura de exportação.

Em relação à propriedade da terra e ao movimento de vendas e compras de terrenos, as fontes indicaram que a compra de terras era essencial tanto para o exercício das atividades produtivas da pecuária como para o exercício da autonomia de uma parte dos proprietários fundiários, visto que, em inúmeras análises sociológicas[102], aos proprietários de terras é atribuído um papel destacado na organização social e política do Estado Imperial e republicano. Do ponto de vista econômico, a satisfação das necessidades materiais estava ligada à terra e, por isso, a relevância das transações comerciais dos proprietários de Floresta e de Tacaratú.

Segundo Giovanni Levi,[103] é como se compra, e não de quem se compra, o que caracteriza o aspecto impessoal do mercado. O ponto distintivo, então, é conhecer o mecanismo da formação do preço. Em Floresta e em Tacaratú, nos registros de terras, predominavam declarações de terras adquiridas por compras. As escrituras de compras e vendas indicam que, ao lado das aquisições por heranças, havia uma situação abertamente mercantil no que concerne à obtenção de terras. Os preços de vendas mencionados nesses documentos eram semelhantes nas transações entre parentes e entre os não parentes. Pareceu não haver privilégios ou diminuição do preço dos terrenos quando o comprador era da família. Por outro lado, nos anos próximos à abolição da escravidão, quando se esperava a baixa no preço do escravo e um aumento no valor da terra, o preço da braça manteve a média dos anos anteriores, quando valia entre quinhentos réis e dois mil e quinhentos réis. Encontramos um caso em que a braça da terra foi avaliada por três mil réis na década de 1870. No entanto, esse aumento pode ter ocorrido devido à inflação ou à localização privilegiada do terreno.

---

102. Silva, Lígia Osório. Op. cit., p. 11.
103. Levi, Giovanni. Op. cit., p. 151.

Décadas	Preço em réis	Número de casos por década	
		total	em %
1840	500- 1000	39	89,7
1850	1000-2500	61	76,8
1860	1000-2000	101	80,1
1870	1000-2000	72	98,6
1880	500-1000	76	78,9

Tabela 13: Variação de Preços da Braça de Terra
Fonte: Inventários *post-mortem*.

Os dados apontaram preços constantes da braça quando se tratava de vendas de parcelas e preços variáveis quando se tratava de propriedades inteiras. No inventário de Antonio Pereira de Souza, proprietário na vila de Floresta, uma parte da fazenda denominada Salgado, adquirida por compra, foi avaliada por duzentos mil réis. Se considerarmos o valor médio do preço da braça na década de 1840, esta parcela da fazenda tinha duzentas braças, o equivalente a um terreno de 440 m². No mesmo local, ele também possuía uma casa de residência, no valor de sessenta mil réis, uma engenhoca, uma casa de fazer farinha e criava cento e sete cabeças de gado bovino, trinta ovelhas, oito cavalos e onze bestas. A mão de obra era exercida por um casal de escravos adultos e por uma criança. Possuía, ainda, duas casas, uma na vila e outra no sítio Mundo Novo.

Num outro caso, ilustrado numa escritura de venda, refere-se uma parte de terras na fazenda Arapuá, em Floresta, em 1845, alienada por um conto de réis, um preço cinco vezes maior que na fazenda Salgado e, calculando o seu preço pelo preço médio da braça, na década de 1840, é provável que ela medisse mil braças ou mil metros quadrados. Terras com essas dimensões foram, frequentemente, referidas nos inventários dos proprietários mais ricos.

Dados como esses não possibilitam informar muito sobre como esses preços foram formados porque estão ausentes os detalhes das benfeitorias da fazenda Arapuá. A diferença pode ser devida a questões diversas, como pela sua localização ou pela extensão maior do que a outra. Em ambas, não temos dados da genealogia das partes envolvidas na transação. O que os indícios permitem constatar é que, no quadro fundiário de Floresta e Tacaratú, houve uma procura e uma oferta de terras, independentemente de o momento ser, juridicamente, "favorável" a simples ocupações ou não. A concessão de sesmarias foi suspensa em 1822 e, a partir daí, até 1850, o regime de pleno apossamento de terras, conforme Roberto Smith[104], representa um quadro em que o Estado praticamente sai de cena na questão do ordenamento legal da apropriação da terra.

Num contexto de "facilidades relativas de ocupações", a procura e oferta de terras são correntes e uma das possibilidades de explicação do fenômeno é pelo arraigamento do monopólio fundiário. Os posseiros vendiam as terras como se fossem proprietários legítimos. Em muitos casos, os vendedores afirmavam que podiam comprovar a posse legítima da terra ou o recibo de compra. No entanto, não tivemos acesso ao documento comprobatório.

Um outro detalhe aponta que as terras das vilas de Floresta e Tacaratú estavam bastante ocupadas. Os registrantes de terras que mencionaram as fronteiras dos seus terrenos deixaram indícios de que não havia terras devolutas entre seus terrenos e os de seus vizinhos imediatos. Nesse caso, as terras da área estudada estavam em posse de fazendeiros dessa elite. Reforçando essa hipótese apontada nos nossos cadastros, Lígia Maria Osório referiu que em Pernambuco, na década de 1880, a comissão de medição de terras não havia encontrado o que fazer. Afora uns terrenos devolutos situados na região de Socorro, distante

---

104. Smith, Roberto. *Propriedade da Terra e Transição: estudo da Formação da propriedade privada da terra e transição para o capitalismo no Brasil*. São Paulo: Brasiliense, 1990, p. 239.

40 km da estação ferroviária de Água Preta e próprios para a colonização, não havia mais notícias de terras devolutas[105].

O termo *terras devolutas* foi, neste livro, empregado conforme redefinido com a Lei de Terras, sinônimo de *terras vagas*. O primeiro sentido de devoluto era aquele de terras concedidas, que, pelo fato de o concessionário não preencher as condições da concessão, voltava ao senhor original, no caso, à Coroa. Entretanto, com o tempo, o segundo significado de devoluto passou ser de uso corrente.

O termo devoluto, segundo Lígia Maria Osório, foi empregado na lei nos seus dois significados, o antigo e o moderno, de vago, inculto. Além disso, a lei definia as terras devolutas por exclusão. Esta escolha de chamar as terras públicas nacionais de terras devolutas e de defini-las por exclusão – as que não estivessem no domínio particular – divide a opinião de legisladores. Para Costa Porto,

> Era melhor que se tivesse guardado o termo "vagas" para àquelas terras que haviam sido cedidas e cujos benefícios, por não cumprirem as determinações da lei, perdiam o direito a elas e, portanto, deviam "devolvê-las" (embora isso jamais tenha acontecido). As outras terras, não ocupadas, vagas, deveriam ser tratadas de forma separada.[106]

Messias Junqueira fez uma leitura diferente da leitura de Costa Porto. Para ele, a lei de 1850 conceituou o instituto jurídico de terras devolutas, pois pretendia respeitar a detenção daquele que, sem título dominial legítimo, estivesse em contato com o solo, com ocupação expressa por dois requisitos imprescindíveis: cultura efetiva e morada habitual. Fosse esse ocupante antigo sesmeiro ou simplesmente posseiro, a lei respeitaria suas terras, contanto que ele efetivamente as cultivasse.

---

105. Silva, Lígia Osório. Op. cit., p. 158.
106. José da Costa Porto. *O sistema sesmarial*, p. 144.

A lei respeitaria, também, aquele que tivesse um título legítimo de propriedade. Para tanto, é bom lembrar que os requesitos da cultura efetiva e da moradia habitual continuavam válidos, porque as concessões de terras – fossem sesmarias, terras cedidas e todas as posses com sentença passada em julgado – haviam sido feitas sob a condicionalidade do cultivo. Devido a esses elementos, Messias Junqueira afirma que, segundo a lei, é possível afirmar que

> terras devolutas são as que não estão incorporadas ao patrimônio público, como próprios ou aplicadas ao uso público, nem constituem objeto de domínio ou de posse particular, manifestada esta em cultura efetiva e moradia habitual.[107]

A crítica de Costa Porto é baseada no artigo 8º da Lei de Terras, que garantia na posse o posseiro não cumpridor das determinações da lei, mas não lhe dava o direito a ela. Quanto a esse mesmo artigo, Messias Junqueira diz que, mantido na posse da terra pelo artigo 8º da lei, o posseiro contornava a questão do título de propriedade ou, pelo menos, foi isso o que aconteceu na prática.

Segundo Lígia Osório, o problema todo foi porque a lei estava operando a transição de uma forma de propriedade na qual os sesmeiros eram concessionários das terras, que, teoricamente, podiam ser tomadas, caso as condições de cessão não fossem cumpridas, para uma outra, a forma burguesa, contratual, que tornava o proprietário no sentido romano do *use e abuse* e retirava – pelas disposições da lei – do Estado a possibilidade de reaver as terras, a não ser por expropriação, se o exigisse "o bem público, legalmente verificado".

Para Lígia Osório, a definição do jurista Teixeira de Freitas é a mais precisa, porque mostra afirmativamente o que a lei considerava terras devolutas:

---

107. Silva, Lígia Osório. Op. cit.

1- As que não se acaharem aplicadas ao uso público;
2- As que não se acharem no domínio particular por algum título legítimo ou que não forem havidas por sesmarias do governo geral ou provincial;
3- As que forem havidas por sesmarias e outras concessões do governo geral ou provincial, mas incursas em comisso, por falta de cumprimento das condições de medição, confirmação e cultura;
4- As que forem havidas por sesmarias ou pelas ditas concessões incursas em comisso, se as sesmarias ou concessões não forem revalidadas;
5- As que forem havidas por mera posse, se estas não forem legitimadas.[108]

O problema continuou: devolutas, no sentido primeiro de devolvida, só seria válido para terras ocupadas até 1850. Nesse caso, o critério de cultura poderia ser aplicado. Para as terras cujos proprietários obtivessem um título de propriedade, por suposto, após a aplicação da lei, não mais se poderia alegar a ausência de cultura para penalizá-lo. A lei tentava modificar, então, a realidade à qual estava sendo aplicada, mas teria sido mais simples se tivesse feito uma distinção entre as terras que estariam retornando ao patrimônio do Estado, porque os seus possuidores não haviam cumprido as determinações legais da concessão ou respeitado os dispositivos da lei, e as terras não ocupadas, que poderiam ser descritas como vagas.

Com a confusão provocada pela lei, abandonou-se, com o tempo, o dispositivo do cultivo como critério de definição para terras devolutas. Segundo Lígia Osório, terras devolutas passaram a ser: 1) as que não estavam aplicadas a algum uso público nacional, estadual ou municipal; 2) as que não estavam no domínio particular, em virtude de título legítimo.[109]

Uma das consequências da confusão na interpretação da lei do que era terra devoluta, juntamente com a não fiscalização por

---
108. Silva, Lígia Osório. Op. cit., p. 161.
109. Ibidem.

parte do Estado, foi a "grilagem" de terras, uma prática muito utilizada antes da promulgação da lei. Certamente, não se pode atribuir somente à lei a responsabilidade por todas as confusões e problemas da propriedade de terras, mas, como a Lei de Terras esteve em vigor por mais de meio século, era de se esperar que o seu texto fosse mais objetivo para definir os seus critérios.

A formação da propriedade privada da terra no Brasil foi idealizada num contexto muito complexo, intimamente associada à necessidade da formação de um mercado de trabalho. No entanto, o projeto no qual foram traçados os seus pré-requisitos não atendeu as necessidades demandadas. Segundo Hebe de Castro[110], o caos legal da propriedade fundiária no Brasil, legado do século XIX, tem suas origens em práticas de apropriação que se articularam ao Sistema Sesmarial de acordo com as feições locais.

Roberto Smith[111] caracterizou três momentos demarcatórios da passagem do mundo colonial para o capitalismo. O primeiro período compreende desde as primeiras iniciativas da Coroa portuguesa em distribuir terras, no século XVI, visando à sua inserção no quadro da produção mercantil, até a segunda metade do século XVIII, quando já se exacerbava a desorganização da distribuição de terras por sesmarias. Nesse primeiro momento, a sesmaria se figurou como impedimento da independência da propriedade fundiária, ou seja, a sesmaria foi sempre uma permissão dada pela Coroa para usar a terra sob a condição da reversibilidade. No entanto, Roberto Smith[112] destaca que a concessão de sesmarias visava atender aos princípios mercantilistas com os quais o Estado português sempre esteve envolvido, quer dizer, procurava garantir o uso produtivo da propriedade da terra, sinal da passagem da monarquia agrária para a mercantil. Contudo, a distribuição de terras pelo Sistema Sesmarial não deve ser confundida como um entrave à expansão mercan-

---
110. Castro, Hebe Maria Mattos de. Op. cit., p. 122.
111. Smith, Roberto. Op. cit., p. 239.
112. Ibidem, p. 343.

til, mas ao contrário, pois, sob esse sistema, a propriedade da terra funcionou como substrato favorável à expansão comercial com base na escravidão.

A questão latente é que a grande propriedade foi incorporada à economia de modo encoberto. A dominação exercida pelo capital mercantil deslocou, durante a Colônia, a forma de propriedade relevante da terra para o escravo. Conforme as regras do escravismo mercantil, a relação econômica foi a da acumulação escravista. O escravo foi riqueza e base do status da classe de proprietários, pois era garantia de dívida e a legitimidade da propriedade da terra não fora consignada pelo Estado, oscilando (a legalidade) entre o público e o privado durante muito tempo.

O segundo período, 1822, extinção do sistema sesmarial, esteve marcado pela ruptura com a tradição portuguesa, iniciada no século XVI. Dois fatores estruturais desencadearam esse desfeche: o crescimento da agricultura mercantil de exportação em fins do século XVIII, que passou a requerer mais terras e a transferência da Corte para o Brasil, que ensejaria algumas medidas de desafogo no rígido controle colonial metropolitano, em função de outras de caráter mercantil mais liberal.

O desenvolvimento de uma economia urbana centrada no Rio de Janeiro, maior centro exportador, mercantil e burocrático da Colônia, contribuiu para articular um sistema produtivo na região. Portanto, a extinção formal do regime de sesmarias foi o primeiro passo para a regulamentação fundiária em maior profundidade. É importante lembrar que, em 1821, o tratamento dispensado à questão agrária já aparece conjugado à implantação do trabalho livre, através da colonização.

O terceiro período caracterizou-se pela ausência do Estado na ação regulamentadora a respeito da apropriação da terra, que se estende de 1822 até 1850, quando foi promulgada a Lei de Terras, regulamentada em 1854. Os princípios liberais, como matérias constituintes a respeito da propriedade da terra, foram esquecidos com a retomada absolutista de D. Pedro I ao dissolver a Constituinte em 1823. A Constituição outorgada em 1824 é omissa a respeito da questão. A transferência dos empecilhos, tais como cobrança de foros, morgadio, conforme Roberto Smith, faz avançar o processo anárquico de apossamentos de terras, que corresponde à formação efetiva de latifúndios no país. Haviam sido rompidas as restrições de áreas e de números de propriedades por detentor de sesmarias, que o regime impunha.

Floresta e Tacaratú, com povoamento iniciado no século XVIII, foram maciçamente formadas por propriedades não legitimamente legalizadas nos termos do Direito. O cadastro de terras públicas, de 1858, tem mais de seiscentos registros de terras de proprietários da freguesia de Fazenda Grande. Estudamos a terça parte, da qual mais da metade, 122 das 237, é de posses declaradas como adquiridas por compra a particulares.

No entanto, a Lei de Terras se constitui no estatuto fundamental do disciplinamento da propriedade da terra no Brasil, porque é a partir dela que se estruturaram as bases através das quais o Estado conferiria legitimidade à propriedade da terra e tentaria objetivar a separação entre as esferas do público e do privado.

O ano de 1850 foi significativo em demarcar o fim de processos em elaboração. O quadro de inserção do capital mercantil mostra a presença crescente dos interesses ingleses no Brasil, após o Tratado Comercial de 1810. A circulação monetária e o relacionamento do capital comercial com o setor produtivo mercantil escravista dinamizam-se com a estruturação de um setor financeiro e bancário, que a exploração cafeeira impunha.

Na década de 1840, o café sobrepuja o açúcar em termos de valor de exportação e a Inglaterra aplica restrições ao comércio com áreas escravistas, onde o tráfico era vigente. O reordenamento do processo de legitimação fundiária aparece vinculado ao rumo que se pretendia dar à colonização europeia, baseada na implementação do trabalho livre. A Organização da Guarda Nacional atendia aos requisitos de manutenção da ordem e do controle social por parte do Estado centralista, inclusive enquanto medida preventiva para fazer face aos possíveis choques com interesses dominantes prejudicados pelas mudanças

91

em processo. Esse conjunto de medidas legais, conforme Roberto Smith,[113] de significativa densidade social e longo processo de conflituosa maturação, expõe transformações efetivas em termos de um redirecionamento das relações de produção, mercantis e de propriedade. Marca, principalmente, o fim do padrão de acumulação escravista. Por um lado, a ação do Estado se coloca como forma estruturadora da sociedade no país: autoritária, excludente e privilegiando os proprietários. Por outro lado, todavia, a ação do Estado não era independente e se encontrava inserida num contexto amplo que envolvia tanto a dinâmica do capital mercantil quanto as relações que o capitalismo passava a pressionar do exterior.

A extinção do tráfico e a regulamentação da legitimidade da propriedade privada da terra foram dispositivos complementares, demarcatórios do rompimento da principal barreira na trajetória de transição do país, que asseguraria a mercantilização da terra e a colonização europeia. Do ponto de vista prático, o debate a respeito da legitimação das posses e sesmarias irregulares faria vir à tona toda a ordem de dificuldades e conflitos particulares e de caráter regionalizado, devido às diferenças circunscritas aos processos de apropriação de terras, onde estes se encontrassem mais ou menos consolidados no tempo.

No Sertão do Norte, o deputado Francisco de Souza Martins procurava mostrar que a legitimação das terras, da forma como pretendia o projeto, não era passível de aplicação a nenhuma situação. Expõe as formas pelas quais se processava a legitimação no sertão, ao largo do estado. Neste sentido, corrobora o deputado cearense Manoel José Albuquerque, afirmando que nas áreas de criação existia um esquema indivisível de terras e que o sistema de colonização nenhum proveito traria aos criadores. Em Floresta e em Tacaratú, esse esquema indivisível e fechado funcionou baseado na herança igualitária e se desenvolveu com base na proximidade das fazendas e nas relações de reciprocidade.

---

113. Smith, Roberto. Op. cit., p. 349.

O sentido do "mercado imobiliário" em Floresta e em Tacaratú, durante o período estudado, aparece de forma explícita, ao analisarmos o fenômeno pelas escalas de riqueza. Quanto mais afortunado, mais o proprietário investia em terras. A propriedade da terra tinha significado importante na constituição da hierarquização socioeconômica local. Ter bens de raiz no sistema político do Brasil império estava entre os pré-requisitos constitucionais à participação do sufrágio, fixando entre as exclusões os que não tivessem renda líquida anual de cem mil réis por bens de raiz.[114]

Os grandes proprietários, membros das famílias mais tradicionais, como já foi explicado, geralmente, ocuparam funções políticas em diversas instâncias do poder público. No ano de 1802, o coronel Manoel Lopes Diniz, o filho, ocupou, por nomeação dos governadores interinos da Capitania Geral de Pernambuco, o ofício de Juiz Ordinário do Julgado do sertão do Pajeú e o capitão Dâmaso de Souza Ferraz, em 1780, foi nomeado pelo secretário de governo para o posto de capitão dos forasteiros da Ribeira do Pajeú.[115]

A família Gomes de Sá já se destacava no Rio São Francisco, no riacho dos Mandantes, em Fazenda Grande, em Tacaratú e no sertão, de modo geral. Serafim de Souza Ferraz e José Rodrigues de Moraes eram os líderes que, há muito tempo, se projetavam no Riacho do Navio. Os Sá e Silva e os Silva Leal, na confluência Navio-Pajeú e no Riacho da Fortuna. Os Novaes, no Pajeú. Havia uma íntima relação entre grandes proprietários e poder político nessas freguesias. Dessa forma, a grande propriedade rural se apresentou como o tipo de patrimônio que, junto ao escravo e ao gado, caracterizava materialmente os proprietários mais ricos de Floresta e de Tacaratú.

O monopólio da posse da terra, a igualdade do direito de herança, as relações de parentesco e reciprocidade se entrelaçaram

---

114. Faoro, Raymundo. Op. cit., p. 368.
115. Gominho, Leonardo Ferraz. Op. cit., p. 19-57. O autor refere que as informações procedem do livro Registro de Provisões, v.1/8, na folha 79 – Arquivo Público de Pernambuco e Patentes e Provisões, 1780-84, folha 33.

como elementos fundamentais para impedir o desaparecimento das fazendas de criar como apropriação da elite. A divisão da terra por herança, em Floresta e em Tacaratú, entre 1840-1880, proporcionou aos herdeiros reproduzirem a mesma condição social dos seus antepassados. Ao contrário do que se poderia esperar do resultado da sucessão, como o desenvolvimento de propriedades menores desarticuladas do sistema do latifúndio, ela serviu de mecanismo para uma circulação de títulos de terras adquiridas por herança e que podiam ser vendidas, continuando entre membros do mesmo grupo social, do Brasil colônia ao império.

Entretanto, o reconhecimento dessa coesão por parentesco pode ser fonte de mal entendido: o risco seria adotar uma visão do tipo holística e de representar o parentesco como um conjunto compacto, fechado em si mesmo, solidário em todos os pontos de vista e onde cada um dos membros aceitaria subordinar suas aspirações individuais ao interesse superior do grupo. Os dados indicam que, ao contrário, uma descrição adequada dessa sociedade rural de herança igualitária deve visualizar como coexistem, no seio do grupo, solidariedades e estratégias individuais, coesões e relações de forças.

Nesse contexto, é necessário explicar que o mercado de terras se inseriu num conjunto de relações sociais, regras jurídicas ou de modelos culturais, que constituíram a conservação da propriedade ideal. Em duas vilas do sertão de Pernambuco do século XIX, onde a maioria das terras estava nas mãos da minoria, a única detentora do poder político, a propriedade fundiária, ou fazenda de criar, representa um papel considerável, porque ela desenha o espaço de residência, de domínios e condomínios das famílias tradicionais e constitui, com o restante dos bens patrimôniais, a condição de sua independência econômica, de sua autonomia política e de suas alianças.

A reprodução da propriedade inspira não somente os comportamentos patrimoniais, mas, também, dispositivos jurídicos, que podem ter tido implicações sobre o funcionamento do mercado. O direito à propriedade não era absoluto, no sentido romano do termo[116], mesmo para os sesmeiros que haviam cumprido as condições das doações, como a cultura efetiva e a moradia habitual. As vendas eram travadas em meio a dispositivos da lei que afirmava que sem o título de propriedade, obtido apenas por meio do cumprimento de determinações, especialmente a medição, o possuidor não poderia vender, nem hipotecar as suas terras. Ele continuava possuidor dos terrenos que efetivamente cultivasse, mas não se tornava proprietário. A realidade esteve longe de se adequar a esta suposição. O costume de vender e de comprar posses de terras continuava. Os indivíduos vendiam e revendiam posses, com cizas pagas e todos os demais requistos da lei, como se não estivessem em terras concedidas ou do Estado.

O ponto fraco desse sistema, segundo Lígia Osório Silva,[117] era que a iniciativa desencadeadora de todo o processo de demarcação de terras estava nas mãos dos particulares. Tudo dependia da informação pretendida pelo governo sobre a existência ou não de terras devolutas em tal ou qual termo, comarca ou município. Então, os organismos competentes iniciariam a devida medição e demarcação e isso tornaria possível a destinação dessas terras para venda e colonização. Entretanto, essa informação ficava na dependência das terras sob o domínio dos particulares que, por efeito da lei, seriam legitimadas ou revalidadas.

O juiz comissário encarregado da medição e demarcação dessas terras, por sua vez, tinha que esperar o requerimento dos particulares para dar início ao processo. Essas informações só então chegariam ao presidente da província, que informaria aos órgãos competentes. Finalmente, esses órgãos saberiam quais as terras que naquele termo, comarca ou município estavam apropriadas e em processo de legalização, portanto, o que sobrasse eram terras devolutas. No centro, portanto, de todo o processo estava o fator que acionaria todo o mecanismo: o requerimento do posseiro ou sesmeiro para medir e demarcar suas terras. Sem

---
116. Silva, Lígia Osório. Op. cit., p. 80.
117. Ibidem, p. 178.

entrar em detalhes a respeito do regulamento de 1854, Handelman, no entanto, observou sua fraqueza e afirmou ao avaliar os efeitos da lei de 1850:

> Mesmo assim, ficou essa lei, ainda durante anos, letra morta; a influência entorpecente da aristocracia de fazendeiros fazia-se valer de novo, e, depois de grandes delongas, conseguiu a mesma fazer passar um regulamento para execução daquela lei, de 3º de janeiro de 1854, que enfraquecia, de modo importante, as determinações da lei de 1850. [118]

Segundo Suzana Cavani Rosas[119], nesse contexto, o mal estava na lei e na sua aplicação prática, inclusive na sua regulamentação.

---

118. Ibidem.
119. Doutora em história, pela Universidade Federal de Pernambuco. Professora adjunta da Universidade Federal de Pernambuco.

Capítulo 2
Um perfil social e econômico dos coproprietários de terras de Floresta e de Tacaratú

Denominamos "*coproprietários de terras*" homens e mulheres que, entre as décadas de 1840 e 1880, possuíam fazendas ou terrenos em comum. Meados do século XVIII. Em Fazenda Grande e em Tacaratú, esses homens e mulheres, originários de outros lugares da Província de Pernambuco, de outras províncias ou de Portugal, arrendaram terras e estabeleceram fazendas, onde constituíram famílias e investiram fortemente na atividade pecuarista[120] e utilizaram a mão de obra escrava. Os mais abastados ad-

---

120. As primeiras cabeças a chegarem ao Brasil vieram das Ilhas de Cabo Verde, em 1534, para a capitania de São Vicente. Em 1550, Tomé de Sousa mandou trazer um novo carregamento, desta vez, para Salvador. Da capital da Colônia, o gado se dispersou em direção a Pernambuco e, daí, para o Maranhão e Piauí. Como a atividade canavieira se desenvolveu no Nordeste, a atividade pecuarista também se concentrou nesta região, em terras do interior, reservando a zona litorânea à cana-de-açúcar. Dessa maneira, a atividade criatória cumpriu um duplo papel: complementar a economia do açúcar e iniciar a penetração, conquista e povoamento, principalmente, do Sertão do Nordeste. Esse processo não ocorreu de imediato. Com o correr do tempo, a exigência crescente de terras para o cultivo da cana-de-açúcar afastou a boiada dos limites da área agrícola. Iniciou-se, então, uma segunda etapa, na qual existia uma nítida delimitação entre dois tipos de atividades, a agrícola e a pecuarista. A partir do início do século XVII, a atividade criatória se torna mais independente, ocupa, cada vez mais, terras para o interior, pois o desenvolvimento dos rebanhos exige grandes extensões para as pastagens. Os rebanhos se destinam ao mercado interno, principalmente aos engenhos, porém, tornam-se atividades separadas e as feiras de gado se tornam o elo de ligação entre ambos interesses. A primeira feira se realizou na Bahia, em 1614. É nesse momento que a pecuária pode ser vista como um fator de povoamento do interior. Desde o século XVII, até meados do século XVIII, a pecuária ocupou diversas regiões do interior do Nordeste, tendo como centros de irradiação as capitanias da Bahia, onde o gado ocupou terras do "Sertão de dentro" e de Pernambuco,

quiriram maiores posses de terras, compraram mais animais e escravos do que outros proprietários pertencentes ao grupo social e eram os mais articulados com o poder político, local e provincial. No século XIX, entre as décadas de 1840 e 1880, a quarta geração dos colonizadores já estava completamente estabelecida na região. Eles adquiriram as posses por heranças e por compras. O sistema de partilha igualitária dos bens patrimoniais entre herdeiros lhes possibilitou dar continuidade ao processo de apossamento de terras, mantendo as fazendas entre os seus. O conflito e a violência entre autoridades integrantes do corpo político formado, em grande parte, por proprietários fundiários, marcaram as relações de poder. Com a posse e a propriedade dos três bens mais caros e devido às relações sociais estabelecidas, os indivíduos desse grupo de descendentes dos primeiros proprietários se transformaram em uma elite.

Fontes de riqueza

Sobre o cotidiano financeiro dos coproprietários, não foi possível encontrar um estudo pronto ou que o explicacasse passo a passo. Assim, buscamos conhecer os seus bens patrimoniais e como os utilizaram. Através do estudo dos componentes da riqueza material, tornou-se possível termos noção do cotidiano financeiro. Nessa sociedade, o escravo, o gado, a terra, as joias, em ouro e prata, as dívidas ativas e passivas aparecem nos documentos como os principais elementos indicadores de riqueza dos proprietários de terras. Para facilitar a apresentação neste livro, classificamos as fortunas em três subgrupos, com base no *monte-mor*[121], conforme indicamos na tabela abaixo:

---

ocupando as terras do "Sertão de fora", sempre através dos rios, ao longo dos quais se desenvolveram os currais. Diversos rios serviram como canais de integração entre o litoral, onde se concentrava a maioria da população da colônia e as novas terras ocupadas, abrangendo as regiões do Ceará, Piauí e Maranhão, para aqueles que partiam da Bahia, e as terras da Paraíba, e Rio Grande do Norte.

121. Valor total dos bens patrimoniais avaliados nos processos inventários *post-mortem*.

Valor em contos de réis	Subgrupos
5:000$000 a 24:691$000	A
1:000$000 a 4:999$999	B
73$500 a 999$000	C

Tabela 14: Riquezas dos Proprietários de Terras de Floresta e Tacaratu (1840-1880)
Fonte: Inventários *post-mortem*.

Os dados registrados nos inventários *post-mortem* limitam uma explicação em números exatos sobre a estrutura fundiária constituída pelos coproprietários, mas não impedem que tenhamos uma arrazoada compreensão acerca do seu desenvolvimento nas vilas estudadas. Como já foi dito, o Estado não havia demarcado os terrenos. Por outro lado, a maioria das fazendas não foi registrada em extensão numérica pelos proprietários e os poucos que o fizeram mencionaram-nas em braças, a medida agrária da época.

Os inventários também não informavam o tamanho da produção anual de gados das fazendas, o que poderia dar uma ideia da área dos terrenos, segundo Maria Lêda Oliveira[122]. Os dados indicam a composição dos semoventes pela descrição do tipo de animal e pela quantidade individual de cada espécie existente. Nesse contexto, buscamos identificar quem tinha poucas, médias ou grandes quantidades de terrenos, de gados, de escravos e o valor total dos bens patrimoniais. Criamos três categorias de proprietários: grande, médio e pequeno, com base na quantidade de terras, de escravos, de reses e do valor do montante total, o que corresponde a três níveis de riqueza, os quais, para facilitar a apresentação, denominamos A, B e C, respectivamente. Por outro lado, buscamos, também, o que, no conjunto, esses dados significavam socialmente para os seus detentores.

Consideramos do subgrupo "C"[123] os coproprietários que tiveram *montes-mor* avaliados entre setenta e três mil réis e no-

---

122. Silva, Maria Lêda Oliveira da. Op. cit.
123. Inventário *post-mortem*, disponível em Laboratório de Pesquisas em História, Lapeh, UFPE, CFCH, Recife.

vecentos e noventa e nove mil réis, valores relativamente baixos se observarmos a quantidade dos bens que permitiam adquirir, porém, relevantes se observarmos o significado social destes bens. A esse subgrupo, pertencia a maioria, aqueles que possuíam a menor quantidade de escravos, de gados e de terras. As fontes indicam que 81% desses sujeitos tinham, no máximo, duas posses de terras. Com o poder aquisitivo deste subgrupo "C", a preferência era pelo investimento no escravo. Em 55% dos inventários, encontramos referências ao cativo, o qual correspondia a mais de 50% do valor total do patrimônio.

Apesar de os dados indicarem que o dinheiro em espécie era escasso nessa sociedade, nas quais, em alguns casos, utilizavam-se terrenos e escravos como moeda para pagar os custos dos invetários, o escravo, no sertão, também representou uma renda capitalizada, com capacidade de gerar dividendos mais imediatos do que a terra, por exemplo. Percebemos vestígios disso na partilha, que apontava sempre uma expectativa de venda deste bem. A posse de terra, adquirida por compras, arrendamentos ou heranças e com alguns obstáculos para se exercer o domínio, não gerava liquidez em curto prazo. Assim, para os sujeitos com poder aquisitivo limitado, o escravo tinha uma possibilidade maior de ser convertido em dinheiro.

Quanto à força de trabalho, a mão de obra do cativo não era a única utilizada por essa categoria social. Em Floresta, a quantidade de escravos chegou a quatro nas famílias de Manoel Gomes Teixeira, em 1847, de José Soares da Silva, em 1877 e de Florência Maria da Conceição, em 1850, habitante da vila de Tacaratú. No entanto, a média era de um por família. Esses dados são sugestivos de que os coproprietários tinham no trabalho livre ou familiar a base de sustentação para o desenvolvimento da atividade produtiva. De um total de 77,7% de criadores, verificamos que 73% possuíam gados *vacum*, com predominância da criação *cabrum* e *cavalar*. Alguns sujeitos indicaram movimentar a economia familiar através dos empréstimos: 30% declararam dívidas passivas.

Na construção do perfil socioeconômico dos coproprietários de Floresta e de Tacaratú, visualizamos, a partir de um olhar sobre os sujeitos, as semelhanças, as diferenças individuais e os diferentes papéis sociais que eles exerceram. Em todos os subgrupos os bens principais são os mesmos, constituídos por escravos, gados e terras. No entanto, as quantidades individuais estabeleceram um contorno social, econômico e político diferente entre abastados e menos abastados.

No subgrupo "B", estão os coproprietários com montantes entre um conto de réis e quatro contos novecentos e noventa e nove mil réis. Os principais bens desses sujeitos já se mostraram em maior quantidade em relação ao subgrupo "C", pois 76% dos inventariantes declararam uma média de três posses de terras por família. No entanto, o inventariante de Jacinta Alves Lima, em 1876, declarou seis posses em seu patrimônio e o de Francisco Pereira de Sá, 1868, oito. Em Tacaratú, a esposa de José Vitoriano de Sá, 1852, e Joaquim Correia de Brito tiveram seis posses declaradas. Este quadro já começa a encaminhar uma concentração de parcelas.

Comparando a avaliação dos preços dos terrenos mencionados no subgrupo "C" com a do "B", constatamos que os preços subiram no "B" e que a área dos terrenos nesses subgrupos era maior em 84% dos casos e em 3 6,8% das fazendas mencionam-se benfeitorias. A referência que adotamos para classificar a propriedade em pequena e grande foi o preço, tendo em vista não ser usual a declaração das posses com as medidas agrárias. Em alguns inventários, foi comum se denominar "pequenas parcelas", avaliadas em vinte mil réis, menor preço encontrado. Sendo assim, ainda encontramos casos de pequenas propriedades. Nas mãos dos familiares das proprietárias Antonia Lourença de Menezes, 1868, e Anna Carolina de Sá, 1871, ambas em Floresta, os inventariantes declararam duas posses avaliadas entre vinte e dezoito mil réis.

Em Tacaratú, as referências foram dos inventariantes de Izabel Maria, 1842, e de Mariano Teles de Manezes, 1855, cada um com uma posse avaliada pelo mesmo valor da citação anterior. O escravo foi mencionado em 89,4% dos inventários, numa média de três por família, apontando um discreto aumento em relação ao grupo anterior. A variação ficou por conta dos processos da coproprietária Maria Antonia de Jesus, em 1876, no qual o seu inventariante referiu seis cativos e do coproprietário Manoel Telles de Menezes, em 1842, com nove. Esse grupo começa a demonstrar diferenças nos investimentos. Enquanto a maioria dos proprietários do subgrupo "C" investia mais de 50% da sua riqueza no escravo, os do "B" distribuíam os investimentos, aplicando em gados e em terras uma soma maior do que os do "C". Apenas 31,5% dos proprietários aplicaram 50% do patrimônio no cativo, 50% investiram em torno de 36% do patrimônio no escravo, em torno de 50% em gados e 10% em terras. Em relação à criação, passou a predominar o gado *vacum* em Floresta, onde 68% dos sujeitos criavam bois e vacas, numa média de vinte e duas cabeças por família, com exceção de Alexandre Pereira da Silva, em 1867, também em Floresta, que teve o seu rebanho contabilizado em sessenta e oito.

A presença do gado *cavalar* era bastante significativa, indicando que 68% dos proprietários dispunham de cavalos, bestas e muares. Apenas três proprietários declararam dinheiro originado de empréstimos, os demais movimentaram a atividade produtiva com independência, sem referir dívidas passivas. Enquanto em Floresta predominou o gado *vacum*, em Tacaratú predominou o gado *cabrum*, numa média de vinte cabeças por família.

No subgrupo "A" estão os senhores com montantes entre cinco contos de réis e vinte e quatro contos seiscentos e noventa e um mil réis. Além de donos de uma maior quantidade de escravos, gados e terras, demonstraram a capacidade de influência, destacando-se dos demais. Antonio Pereira de Souza e Joana Francisca da Silva exerceram o papel de financiadores, investindo em torno de 10% do patrimônio em empréstimos cobrados a juros. Numa sociedade com escassez de dinheiro em espécie, os sujeitos que o possuíam estabeleciam a diferença, exercendo poder sobre os outros, sobretudo econômico e político. A capacidade de emprestar dinheiro, apresentada por alguns proprietários, indica um alargamento das diferenças sociais entre os sujeitos pertencentes aos dois subgrupos anteriores, nos quais havia mais pessoas na condição jurídica de devedor.

Pela análise dos dados individuais e do conjunto, os proprietários do subgrupo "A" esboçaram concentração de terras. Individualmente, observamos que apenas um proprietário não apresentou posses descontínuas e, juntando esse dado aos valores monetários, foi possível inferir que nesse grupo estava a maioria dos grandes proprietários de terras dotadas de mais benfeitorias e de escravos. Apresentaram, também, indicadores de grandes criadores, que se destacavam pela diversidade de animais, pois todos possuíam gados *vacuns*, *cabruns* e *cavalares*, predominando a criação de bois, vacas, novilhos e novilhotes. Eles movimentavam a economia local comercializando seus gados para outras localidades, como a capital e regiões vizinhas. Nesse grupo, destacam-se as proprietárias Anna Theodora Maria de Sá, com cento e dezesseis cabeças de gados *vacuns* e Anna Margarida de Sá, com cento e sessenta e quatro, investindo, ambas, mais de 50% dos patrimônios na criação desses animais. Em um período em que os animais eram os principais meios de transportes e elementos fundamentais da produção principal, o fato de possuí-los representava grande importância, por demonstrar potencialidade de autossuficiência.

João Leite de Sá, habitante da vila de Floresta, destacou-se como um dos grandes proprietários de terras, por empregar em torno de 30% do patrimônio para a aquisição de quatro posses. O seu ativo demonstrava um alto investimento no escravo, considerando-se que no ano de 1882 possui seis cativos, o equivalente a 66% do montante mor.

Afinando a análise, nesse subgrupo "A", encontramos os "homens mais ricos" de Floresta e de Tacaratú. Há discretas variações no total dos bens patrimoniais, no entanto, essas diferenças não interferem no papel social que exerceram naquela sociedade. Todos possuíam vultosas somas em terras descontínuas, escravos e gados. Além de possuírem uma quantidade maior de posses descontínuas do que os proprietários dos grupos "C" e "B", mantendo uma média de sete por família, variando em treze, no caso dos familiares de Maria da Conceição Rodrigues de Moraes, em 1868, em Floresta, possuíam terras com mais qualidade devido à localização, às benfeitorias e aos preços, que eram maiores. Eram situadas mais próximas aos rios ou aos açudes e seus acessórios eram terrenos de plantar com benfeitorias, currais, chiqueiros, aviamentos de fazer farinha e engenhocas.

Os preços, avaliados nos inventários, eram mesmo vultosos. Filiciana Barros da Silveira, 1855, Tacaratú, deixou dois sítios de plantar avaliados em um conto setecentos e noventa e oito mil réis e Serafim de Souza Ferraz, 1868, Floresta, deixou dez posses avaliadas em quatro contos novecentos e cinco mil réis. No caso de Filiciana Barros da Silveira, com o valor de suas terras, seria possível adquirir em torno de seis escravos e, no caso de Serafim de Souza Ferraz, seria possível comprar mais de dez. Consideramos importante essa comparação porque, nestas freguesias, o escravo permaneceu o bem mais caro e de maior liquidez, mesmo considerando os anos 80. Manoel Francisco de Novaes, em 1881, em Floresta, possuía onze escravos, os quais equivaliam a 40% do patrimônio. A média era de dez cativos por família em Floresta e de onze em Tacaratú.

Quanto à criação, também não fugiram aos hábitos observados nas outras escalas, investiram nos mesmos animais, apenas ampliando largamente em números. O gado *vacum* predominava entre os mais ricos criadores de Tacaratú e Floresta, no entanto, o gado *cabrum* teve significativa importância. Lourenço de Sá Araújo, proprietário mais afortunado de Tacaratú, possuía 550 cabeças de gado *cabrum*, paralelamente a setenta e oito de gado *vacum* e trinta de *cavalar*, somando um total de dois contos quatrocentos e oitenta e três mil réis. Outros proprietários possuíam entre cem, cento e cinquenta e duzentas cabeças de gados *cabruns*, juntamente com uma quantidade maior de gado *vacum*, variando entre cem e trezentas cabeças. Lourenço de Sá Araújo, além de ser um empreendedor em grandes somas de dinheiro, atuou como financiador, empregando quatro contos quatrocentos e treze mil réis em empréstimos, o que corresponde a 17,8% do seu patrimônio.

Lei de Terras de 1850 e os coproprietários

A posse de fato, ou ocupação, foi o meio predominante de acesso a terras nas Villas de Floresta e Tacaratú, por mais de cem anos, a contar de meados do século XVIII. Mas, o que significou a "posse de terras" e o "posseiro de terras"? A resposta não é imediata e só podemos ter uma percepção real dessa sociedade analisando aspectos da estrutura fundiária na qual a posse e o posseiro estão inseridos. A posse ou ocupação tem um significado muito importante em relação à política adotada para a distribuição de terras no Brasil colonial.

Até a extinção do Regime de Sesmarias, em 1822, a concessão Real era o meio reconhecidamente legítimo de ocupação do território no Brasil. No entanto, dos desdobramentos do Sistema Sesmarial, surgiram outros meios de ocupar as terras, entre os quais os arrendamentos, os aforamentos, as ocupações ou posses de fato, a troca, a herança e a compra. A ocupação ou posse representava uma violação da propriedade Real e não podia ser legitimada, exceto pelo Rei. Somente a partir de 1850, a terra se tornou domínio público, patrimônio da nação. No entanto, nas práticas de acesso à terra, tanto no período colonial como no imperial,[124] observou-se uma outra face dessa realidade: os sesmeiros, comumente, arrendavam terras de sesmarias àqueles que não dispunham do prestígio real, mas que faziam parte das suas relações de parentesco ou de amizade e que tinham cebedal para promover a atividade econômica. A prática de transferir terras de sesmarias a outrem por vários tipos de transações, tais quais arrendamentos, vendas, aforaramentos ou donações – como o

---

124. Oliveira, Ana Maria de Carvalho dos Santos. Op. cit., p. 26.

fizeram os sesmeiros da Casa da Torre, os herdeiros dos sesmeiros Antonio Guedes de Brito e de Domingos Afonso Sertão, moradores da jurisdição da Bahia – possibilitou um mecanismo secundário de apropriação da terra, mas não menos importante para se analisar a estrutura fundiária da região em estudo.

No ano de 1850, a intervenção do Estado na "questão da terra" aconteceu devido às grandes transformações que moviam a sociedade, ainda escravista, em direção à modernidade. A partir do século XVIII, há um enorme crescimento da Colônia: o movimento migratório, com a descoberta das minas, dinamizou outros setores da economia, como o de produção interna de alimentos e o do tráfico interno de mão de obra, tornando-se imediatas mais reivindicações por terras.

Nesse período, o Sistema Sesmarial não atendia mais às necessidades de uma sociedade em pleno crescimento demográfico. O aumento populacional e o modo como as distribuições de terrenos vinham ocorrendo desde o século XVI contribuíram para que, dois séculos mais tarde, pouco restasse a ser concedido. Essa situação abria, então, espaços aos conflitos. No decorrer do século XVIII, as alterações sociais e econômicas refletiram discussões sobre concessões de terras, pois o crescimento da população e da economia interna resultou na propagação de posses como meio de apropriação alternativa.

Conforme as exigências do Sistema Sesmarial, o indivíduo poderia ocupar terras sob três condições, como possuir título de propriedade, realizar a medição e a confirmação da posse. Na prática, o possiero tinha a posse de fato, mas, nem sempre de direito, pois a posse não estava validada sem as três condições citadas acima e, como a posse já havia se tornado a forma mais usual de acesso à terra, em determinadas situações, não se "sabia" quem era e quem não era proprietário por direito.

O objetivo era colocar um fim às formas tradicionais de adquirir terras, visando reformas urgentes devido ao desdobramento caótico da política de terras implantada na Colônia, o que possibilitou a insustentabilidade de uma estrutura fundiária favorável às aspirações socioeconômicas da classe dominante. Neste sentido, a Lei estabeleceu as formas de acesso à terra, regras de registro, a separação e a medição das terras públicas e privadas, a revalidação das sesmarias e a legitimação de posses, com as respectivas medição e demarcação.

Conforme Lígia Osório Silva, a Lei de Terras de 1850 esteve intimamente ligada ao processo de consolidação do Estado Nacional. Procurou organizar os títulos de propriedade: *"a lei estabeleceu um novo espaço de relacionamento entre os proprietários de terras e o Estado"*[125]. Hebe de Castro complementou essa análise ao afirmar que a nova legislação buscava criar condições para um mercado livre favorecer a grande lavoura e aumentar os índices de mercantilização da terra, com vistas a que viessem substituir a renda capitalizada no escravo.[126] A Lei de Terras significou uma tentativa de reformar a estrutura fundiária do Brasil, pelo controle do acesso à propriedade rural através das vendas e limites entre terras devolutas e particulares.

Segundo Suzana Cavani Rosas[127], a Lei de Terras faz parte de um conjunto de reformas postas em prática pelo Estado brasileiro para garantir os interesses políticos e econômicos dos grupos escravistas que, com a Independência, assumiam a posição de classe dirigente. Lígia Osório Silva[128] afirma que sem a expedição de títulos de propriedade, por parte das autoridades competentes, ficava faltando um elemento importante para a constituição da classe dos proprietários de terras, qual seja, a garantia no plano jurídico do monopólio da terra. Para que isso acontecesse, era preciso que se consolidasse o processo de formação do Estado nacional que D. Pedro apenas havia inaugurado com a Independência.

---

125. Silva, Lígia Osório. *Terras Devolutas e Latifúndio: efeitos da Lei de 1850*. Campinas: Unicamp, 1996.
126. Castro, Hebe Maria Mattos de. *Ao Sul da História: lavradores pobres na crise do trabalho escravo*. São Paulo: Brasiliense, 1987, p. 123.
127. Rosas, Suzana Cavani. *A Questão Agrária na Sociedade Escravista*. Recife: UFPE, 1987. (Dissertação de História).
128. Silva, Lígia Osório. Op. cit., p. 81.

Com o corte dos vínculos coloniais, começava um período de transição em que os proprietários de terras, apesar de exercerem um papel importante, ainda estavam sendo regidos pelas normas do período colonial. A suspensão do Sistema Sesmarial não eliminou a vigência dos decretos, leis e alvarás anteriores referentes à terra. Segundo Lígia Osório, é importante salientar que o direito à propriedade não era *absoluto*, no sentido romano do termo, mesmo para os sesmeiros que haviam cumprido as condições das doações, pois a condicionalidade estipulada nas Ordenações não foi revogada. O termo "proprietários de terras" foi usado, então, por comodidade, designando com essa expressão todos os ocupantes das terras, sem distinções.[129]

Nesse contexto, entende-se que a Lei de Terras de 1850 resultou de lutas no interior da política do Império e as suas consequências, desenvolvidas em um ambiente de conflitos políticos e disputas pelo poder do Estado, não avançaram para além das condições possíveis. As quatro primeiras décadas do século XIX marcaram esta indisposição quanto à (re)definição da política de terras. Neste período, as modificações foram insipientes, corroborando a tese de que as leis só surgem quando existem condições e anseios sociais latentes que justifiquem a criação de um código de regra sobre o fenômeno em questão. Ressaltamos ainda que este novo estatuto da terra não visa apenas corrigir as tensões do passado: a Lei de Terras possui também uma perspectiva de futuro dentro de seu processo jurídico, pois foi o ponto alto de toda uma política de terras discutida e elaborada durante os primeiros 50 anos do século XIX.

Segundo Costa Porto, a Lei de Terras foi inovadora, na medida em que considerou o posseiro como dono da terra, desde que a medisse e a demarcasse.[130] O posseiro que, em relação à terra, se apresentasse em situação de fato e realizasse a medição da terra, passava à situação de direito, de proprietário. Com isso, o autor afirma que a lei visava proteger o posseiro e o sesmeiro irregulares,

---
129. Ibidem.
130. Porto, Costa. Op. cit., p. 183-184.

elevando-lhes da situação de fato à categoria de situação jurídica, dando-lhes os meios de adquirir o domínio pleno da terra, pela legitimação da posse ou revalidação da data. Desse ponto de vista, a legislação exprime ou reflete mudanças na estrutura econômica e a inserção do Brasil no sistema de propriedade moderna.

A análise realizada por Costa Porto tem um senso prático, reflete sobre a realidade fundiária rural naquela época e muito nos interessa, pois trata do que dispõe a Lei de Terras de 1850 sobre a situação dos nossos sujeitos, coproprietários e posseiros. Quando o autor afirma que os legisladores visavam proteger o posseiro, ele não quer dizer que o Estado está sendo apenas benevolente, mas diz que ele está, na realidade, sendo estratégico. A posse, sem figura nem forma de direito, generalizou-se desde os fins do século XVIII, culminando, segundo Lígia Osório Silva, após a extinção do regime de sesmarias em 1822. Contudo, a posse não dava segurança legal e, em teoria, bastava aos poderes públicos aplicar a lei com rigidez e arrancar os posseiros da terra, que estaria livre para ser vendida. No entanto, ninguém podia prever as consequências desse ato, pois a posse se generalizou. Parece que seria quase impossível remover a quantidade de pessoas que ocupavam posses em um território da extensão do Brasil. Dessa vez, o Estado tentou adaptar a lei à realidade, criando um mecanismo que inseriu o posseiro nas vias de legalidade.

Do ponto de vista jurídico, estava tudo pronto. No entanto, do ponto de vista prático, a situação se apresentava outra. De acordo com Ana Maria Carvalho, não houve meios de conseguir profissionais demarcadores para delimitar as terras conforme exigência da lei.[131] Dessa forma, permaneceu a mesma confusão em relação à falta de delimitação das posses. Conforme essa perspectiva, a Lei de Terras estava longe de ser concretizada. Segundo Márcia Motta, no setor provincial e no nacional, os Relatórios dos Presidentes de Província do Rio de Janeiro e os Relatórios do Ministério da Agricultura, Comércio e Obras Públicas não dei-

---

131. Oliveira, Ana Maria de Carvalho dos Santos. Op. cit., p. 32.

xavam de diagnosticar o fracasso da regularização da estrutura fundiária do país.[132]

Os coproprietários e a crise da escravidão: Floresta e Tacaratú

Segundo Emanuele Carvalheira de Maupeou[133], a segunda metade do século XIX é um período bastante interessante para se analisar o quanto a escravidão poderia estar arraigada numa sociedade. Neste período, frente ao alto preço do escravo e às dificuldades internas e externas do escoamento de mão de obra cativa, muitas sociedades adotaram práticas alternativas que permitiram a manutenção local da escravidão.

Tais alternativas possibilitaram uma apresentação particular da escravidão nas diferentes regiões e só reforçam os recentes estudos que apontam a diversidade de práticas escravistas e de adaptação do sistema às necessidades locais. Deste modo, buscamos analisar como, no sertão do *Médio São Francisco, os senhores reagiam ao estreitamento da oferta de* mão de obra servil, ao aumento do preço de escravos e às vantagens que proporcionava a transferência de cativos para outras regiões do país.

Nesta perspectiva, analisaremos a questão com base nas recentes pesquisas sobre escravidão e cotidiano nas vilas de Floresta e Tacaratú, que cobrem o período entre 1840 e 1880, realizadas por Emanuele Carvalheira de Maupeau.[134] Para desenvolver o tema, a autora analisou como o aumento do preço do escravo inviabilizou o abastecimento externo de novos cativos para a região e como os senhores agiram neste contexto. Além do valor

---

132. Motta, Márcia Maria Menendes. *Nas Fronteiras do Poder: conflito de terra e direito à terra no Brasil do século XIX*. Vício de Leitura: Arquivo Público do Estado do Rio de Janeiro. Rio de Janeiro, 1998, p. 162.
133. Maupeou, Emanuele Carvalheira de. *Cativeiro e Cotidiano num ambiente rural: O Sertão do Médio São Francisco – Pernambuco (1840-1888)*. Recife: UFPE, 2008. (Dissertação de Mestrado em História).
134. Maupeou, Emanuele Carvalheira de. Op. cit.

econômico do cativo, ela também analisou como os senhores do sertão, na impossibilidade de comprar, adotaram meios alternativos que assegurassem a manutenção da escravidão local.

Os resultados apontaram que dois tipos de práticas, repetida e conjuntamente utilizadas pelos coproprietários, tiveram papel muito importante no contexto da crise do sistema escravista e serviram como meio para prolongá-lo nesse momento de adversidades. A primeira foi a do cossenhorio, ou, em outras palavras, a exploração de um único cativo por vários senhores. A segunda foi a reprodução natural que acabou sendo a outra alternativa adotada por muitas famílias proprietárias que queriam continuar sendo donas de escravos no sertão. Graças à reprodução endógena, muitos puderam transferir para outras regiões do país aqueles escravos que proporcionariam vantagens do ponto de vista financeiro e, ao mesmo tempo, manter aqueles ou aquelas que, por meio de seus filhos, assegurariam a continuidade do sistema escravista no Médio São Francisco.

O preço, o cossenhorio, o abastecimento interno e a transferência de mão de obra escrava para outras regiões foram os quatro elementos que serviram de suporte para abordarmos a *estruturação do sistema escravista no Sertão de meados e do fim do século XIX*. Pretendemos, com isto, explicar como, do ponto de vista econômico e social, foram encontradas soluções que viabilizassem a manutenção do trabalho cativo no sertão e como este, apesar de suas especificidades regionais, não estava, de maneira alguma, desvinculado do sistema escravista nacional.

O aumento dos preços

Estudos sobre preços de escravos no século XIX, em Pernambuco[135], indicaram que, tanto no agreste como no sertão, o preço dos cativos não caiu de forma acentuada após 1850.

---

135. Vergolino, José Raimundo Oliveira; Versiani, Flávio Rabelo. Preços de Escravos em Pernambuco no Século XIX. In: Maupeou, Emanuele Carvalheira de. Op. cit.

Com efeito, havia uma tendência de aumento nos preços que atingiu o seu máximo em meados dos anos 70, período em que a cultura do algodão estava bastante lucrativa para as duas regiões e em que leis mais severas contra a escravidão ainda não tinham sido promulgadas no Brasil. Percebe-se, assim, que a regulação do preço nessas regiões dependia de questões internas e externas. Segundo Emanuele Carvalheira de Maupeou[136], o preço do cativo começou a baixar, mas ainda se manteve alto até a década de 1870. Nesse contexto, ela constatou que foi a partir da Lei do Ventre Livre, de 1871, que os preços começaram a entrar em declínio e, somente na década de 1880, quando a abolição se mostrou inevitável, é que o valor do escravo diminuiu consideravelmente.

Todavia, se o preço do escravo em termos absolutos se mostra elevado, este se torna ainda mais impressionante quando comparado com o de outros bens de valor, símbolos da riqueza local, tais como a terra e o gado. A grande diferença de preço entre cativos e outros bens foi mencionada em recibos de compra e venda e, principalmente, inventários *post-mortem*, pois neles é possível comparar o preço médio entre todos os bens que costumavam compor o patrimônio dos proprietários do sertão.

Na maioria dos inventários consultados, o montante dos cativos corresponde à maior parte. Mesmo quando o preço das terras e gados é alto, é o montante declarado em cativos que sobe. Este dado foi constatado não apenas entre os grandes proprietários da região, mas entre os Lopes Diniz Novais, os Souza Ferraz, os Novais e, também, entre os proprietários de poucos escravos. Inclusive, a avaliação de um escravo no sertão é sempre mais alta do que qualquer outro bem declarado pelo inventariante, seja no que se refere à terra, aos imóveis, ao gado, ao mobiliário, aos equipamentos de trabalho e, até mesmo, aos objetos em ouro ou prata. Entretanto, apesar do preço relativamente alto, mais de 70% de cento e cinquenta e um inventários fichados faz

---

136. Maupeou, Emanuele Carvalheira de. Op. cit.

referência a pelo menos um escravo[137]. Desta maneira, o valor dos bens em escravos correspondia a uma parcela significativa do total declarado, tanto entre os mais ricos quanto entre os mais pobres. Mesmo que a quantidade e o preço dos escravos tenham sido inferiores aos dos escravos do litoral no mesmo período[138], eles se tornam extremamente caros para a realidade local. Por isto, um índice de mais de 70% de posse de escravo entre os inventários consultados impressiona, sobretudo considerando-se que se trata de um período que combinou a crise final do sistema escravista com a crise interna da economia sertaneja.

O trabalho escravo era utilizado por todas as famílias estudadas, independentemente do nível de riqueza declarado. Entretanto, o que as fazia diferentes era a quantidade de escravos de cada uma. Quanto maior o montante do inventário, maior o número de escravos. Se raras eram as famílias que tinham mais de quinze escravos, a posse, de dois ou três, era frequente. Quando havia uma quantidade maior, geralmente, eles eram empregados no serviço doméstico pelas famílias. Segundo Suzana Cavani Rosas, nos inventários, a quantidade de escravos era um dos únicos indícios perceptíveis de que se tratava de uma grande fortuna da região[139].

Segundo Emanuele de Maupeou[140], entre cento e cinquenta e uma famílias estudadas, apenas vinte e sete indicam um patrimônio superior a cinco contos de réis. Para os proprietários mais ricos, a posse de escravos é sistemática, com uma média de doze cativos por famíla. Estas fortunas se diferenciam também por uma

---

137. Ibidem.
138. Sobre o preço dos escravos na região açucareira, ver Eisenberg, Peter. *Modernização sem Mudanças*. Op. cit. Além de: Vergolino, José Raimundo Oliveira; Versiani, Flávio Rabelo. Preços de Escravos em Pernambuco no Século XIX. In: Maupeou, Emanuele Carvalheira de. Op. cit.
139. Rosas, Suzana Cavani. A escravidão no Sertão do São Francisco. In: Maupeou, Emanuele Carvalheira de. *Cativeiro e Cotidiano num ambiente rural: O Sertão do Médio São Francisco – Pernambuco (1840-1888)*. Recife: UFPE, 2008. (Dissertação de Mestrado em História).
140. Maupeou, Emanuele Carvalheira de. Op. cit.

quantidade importante de terras e de gado declarados. Entretanto, mesmo frente a estes, o escravo continua tendo um valor superior.

Neste grupo, o tenente coronel José Francisco de Novaes[141] foi proprietário do maior número de escravos de toda a documentação pesquisada. Sua viúva declarou um total de trinta e três, o que corresponde a quase metade do montante total do patrimônio. O montante total declarado era de treze contos trezentos e quarenta e um mil e cem réis, dos quais a parte correspondente ao valor em escravos é de seis contos e vinte mil réis. Vale destacar que, nesta soma, não estão contabilizados os seis cativos declarados no dote dos filhos.

Ainda no grupo dos mais afortunados, Gertrudes Maria das Virgens[142] se destacava, pois, cinco anos antes da abolição definitiva da escravidão, em 1883, contabiliza em seu plantel quatorze escravos. Número elevado numa região onde a média é bastante inferior. Entretanto, nos anos 1880, o preço do escravo diminuiu consideravelmente e não representava mais uma soma tão importante quanto nas primeiras décadas que sucederam o fim do tráfico de cativos. Assim, na partilha dos quatorze escravos, três foram alforriados gratuitamente, enquanto que os outros onze são avaliados por valores que variam de oitenta mil a quatrocentos mil réis. Neste período, o montante dos bens em escravos de Gertrudes Maria das Virgens corresponde a um conto novecentos e oitenta mil reis, aproximadamente 13% do um patrimônio total, avaliado em quinze contos duzentos e noventa e quatro mil e quatrocentos réis.

Os dois inventários apresentados anteriormente são indícios de que, enquanto em 1850 o montante em escravos poderia chegar a 50% do total dos bens dos indivíduos mais afortunados, na década de 80, não representava mais nem 15% do patri-

---

141. *Inventário de bens de Tenente Coronel José Francisco de Novais, 1850.* Laboratório de Pesquisa e Ensino de História da Universidade Federal de Pernambuco, Departamento de História. Citado por Maupeou, Emanuele Carvalheira de. Op. cit.
142. *Inventário de bens de Gertrudes Maria das Virgens,* 1883. Lapeh, UFPE.

mônio total. Esta disparidade entre os valores em escravos vista nos inventários dos dois ricos proprietários, tenente coronel José Francisco de Novais e Gertrudes Maria das Virgens, indica como, em pouco mais de trinta anos (de 1850 a 1883), houve uma grande desvalorização do cativo enquanto bem de interesse econômico no sertão. Uma escrava de 16 anos, avaliada no primeiro inventário por trezentos e cinquenta mil réis, tem, no segundo, um valor declarado em cem mil réis.

De fato, se as primeiras leis que restringiam a mão de obra forçada no Brasil provocaram o aumento do preço do escravo, aos poucos, o efeito é inverso. A partir da década de 1870, quando, do ponto de vista jurídico, a abolição da escravidão torna-se uma questão de tempo, muitos senhores na região do Médio São Francisco passaram a se desfazer de seus cativos com maior rapidez. Para grande parte destes proprietários, desfazer-se de seus cativos significou vendê-los para outras localidades do país[143]. Contudo, a partir de 1880, o tráfico interprovincial foi proibido, inviabilizando a transferência para fora de Pernambuco e provocando uma desvalorização ainda maior do preço do cativo.

Antes de 1880, o contexto era bastante favorável à transferência de escravos, o que não significava que os proprietários tenham optado pela venda. Como foi visto, houve uma concentração maior de cativos nas mãos dos mais ricos, principalmente, no que se refere à quantidade. Todavia, a propriedade de poucos escravos permanece bastante difundida, mesmo entre aqueles com poucas possibilidades financeiras. Inclusive, é entre estes pequenos proprietários que a posse de escravo no sertão chama a atenção, visto que, para eles, ter um escravo exigia um esforço muito maior, como o caso de Rufina Gomes de Sá[144], que era

---

143. A transferência de mão de obra pode ser percebida pela grande quantidade de procurações passadas no médio São Francisco para venda de escravos nas diversas províncias do país. In: Maupeou, Emanuele Carvalheira de. Op. cit.

144. Inventário de bens de Rufina Gomes de Sá, 1852. Laboratório de Pesquisa e Ensino de História da Universidade Federal de Pernambuco, Departamento de História.

senhora de três escravos, dois adultos e uma criança – Benedicto, de 36 anos, Pulquéria, de 24 anos e Maria, de apenas 4. O montante destes três cativos juntos corresponde a seiscentos e cinquenta mil réis, mais de dois terços dos bens da família, declarados em novecentos e trinta e nove mil cento e sessenta réis. Os duzentos e oitenta e nove mil cento e sessenta réis restantes referem-se a três partes de terras, uma casa, um oratório com imagens, uma cama, três baús encourados, dezoito cabeças de gado *vacum*, dois cavalos, duas enxadas e dois machados. Neste documento, aparecem indicadores de um patrimônio pertencente a uma família de pequenos criadores que cultivavam uma roça de subsistência. Em princípio, parece contraditório que tenham sido proprietários de escravos. No entanto, os três cativos mencionados são um indicador de que outros valores, além do monetário, devem ser considerados para analisar os interesses dos menos abastados em manter a escravidão.

Os dados indicam que o preço do escravo era elevado. Todavia, a documentação trabalhada indica outros valores de um cativo para o seu dono. Em oposição à tentação de comercializá-lo, há o valor do status social e do trabalho executado. E, finalmente, o valor da solidariedade entre os cossenhores. Estas questões devem ser consideradas para entender a adoção de estratégias que permitiram a manutenção da escravidão no sertão, em um contexto desfavorável como foi a segunda metade do século XIX.

Marcas da elite: donos do poder nas vilas de Floresta e Tacaratú

Ainda que se reconheça não haver um consenso sobre o conceito de "elites", nem sobre quem as compõe e nem o que as caracteriza[145], o objeto deste estudo são indivíduos componen-

---

145. Segundo o sociólogo suíço Giovanni Busino, em *Por uma outra história das elites*, livro organizado por Flávio Heinz, o termo faz referência à "minoria que dispõe, em uma sociedade determinada, em um dado momento, de privilégios decorrentes de qualidades naturais valorizadas so-

tes de uma elite. Por consequência, este é um termo empregado em sentido amplo e descritivo, com referências a categorias ou grupos que ocupam os postos mais elevados de "estruturas de autoridade ou de distribuição de recursos". Este termo indica, conforme o caso,

> os "dirigentes", as pessoas "influentes" os "abastados" ou os "privilegiados" e, na maioria das vezes, sem uma forma precisa de justificação, na medida em que o "poder" da elite impor-se-ia e prescindiria de maiores explicações.

Neste capítulo, denominamos elite o grupo da sociedade local que se destacou na pecuária e na política do sertão pernambucano do século XIX. Este grupo dispunha de poderes, de influência e de privilégios inacessíveis ao conjunto de seus membros.

O emprego do termo elite não é recente nas ciências sociais. Os estudos do sociólogo Vilfredo Pareto sobre "a circulação das elites" aparecem como uma primeira referência na maioria dos trabalhos sobre o tema. Ele distinguiu três tipos de elites, como as "elites militares", as "elites políticas" e os "rendeiros" e "empreendedores". Os rendeiros seriam aqueles indivíduos que viveriam, essencialmente, de rendimentos fixos e os empreendedores procurariam o proveito, o lucro. Pareto pode ter estimulado diversas reflexões sobre o tema em seu *Tratado de Sociologia Geral*, de 1916, mas ele o colocou de forma, ainda, bastante generalizada, para se desenvolver um estudo histórico. Repensando a ideia de elite colocada por Pareto, que juntou ao termo "elite" características intelectuais e psicológicas, além dos fundamentos econô-

---

cialmente (por exemplo: raça, o sangue, etc.) ou de qualidades adquiridas (cultura, méritos, aptidões, etc). O termo pode designar tanto o conjunto, o meio onde se origina a elite, quanto os indivíduos que a compõem ou, ainda, a área na qual ela manifesta sua preeminência. No plural, a palavra 'elites' qualifica todos aqueles que compõem o grupo minoritário que ocupa a parte superior da hierarquia social e que arrogam, em virtude de sua origem, de seus méritos, de sua cultura ou de sua riqueza, o direito de dirigir e de negociar as questões de interesse da coletividade" (Heinz, Flávio. *Por uma Outra História das elites*. Rio de Janeiro: Editora da FGV, 2006, p. 7).

micos que, normalmente, seriam suficientes para definir o que é "elite", C. Wright Mills[146] relançou o estudo sobre esses sujeitos.

Mills estudou as hierarquias políticas, militares e de negócios nos Estados Unidos na época da Guerra da Coreia e sublinhou suas "imbricações", definindo esta elite como um grupo "poderoso e coerente" ao ponto de dominar a América, onde homens de negócios e generais pesavam sobre decisões políticas fundamentais, o que teria tido consequências desatrosas. Mills muito explanou sobre o modo de vida e as atitudes da elite.

Entretanto, segundo Robert Dahl, há controvérsias nesse modelo, pois Mills teria defendido, neste estudo sobre a *elite do poder*, que a elite formava um grupo coerente. No entanto, segundo Dahl, ele teria tido dificuldades para mostrar, empiricamente, a sua afirmativa. Dahl definiu *a elite de poder* ou *elite dirigente* como uma minoria, cujas posições predominam sempre em caso de desacordos sobre os problemas políticos essenciais. Em síntese, Robert Dahl defendeu a ideia de que uma elite se define por uma minoria bem circunscrita e arraigada aos conflitos[147]. A crítica de Dahl deixa entender que as pesquisas sobre as elites podem ser mais bem sucedidas se focarem antes os estudos em uma cidade do que em uma nação.

No nosso trabalho, visualizamos duas vilas localizadas na Província de Pernambuco, sertão do Brasil, no século XIX, e constatamos um grupo coeso de coproprietários no sentido de os indivíduos estarem ligados por fortes elementos materiais e sociais, como laços de família tradicionais, matrimoniais, pela copropriedade de terras, pelo cossenhorio de escravos, mas,

---

146. Mills, C. Wright. *A Elite do Poder*. Rio de Janeiro: Zahar, 1962.
147. Para resolver o problema metodológico que ele levantou, Dahl fez um estudo sobre uma única cidade, New Haven, onde constatou que, de 1784 a 1872, o prestígio social, a educação, a fortuna e a influência política estavam reunidas nas mãos dos mesmos homens, definidos como "os patrícios", recrutados nas famílias bem estabelecidas de New Haven e no exercício de profissões jurídicas. Na segunda metade do século XIX, período favorável aos empreendedores, "os patrícios" teriam sido substituídos por industriais que ganharam em poder econômico, mas não em um status social elevado.

nem por isso, formavam uma categoria coerente, no sentido harmonioso do termo.

Dados sociais, políticos e econômicos sobre esse grupo permitem apontar os coproprietários de terras de Tacaratú e de Floresta como indivíduos pertencentes a uma *"elite de poder"* ou *"elite dirigente"*, no sentido em que C. Wright Mills[148] aponta a *"elite do poder"* composta de homens, cuja posição lhes permite transcender o ambiente comum dos homens comuns, e tomar decisões de grandes consequências. Segundo Mills, se tomam ou não tais decisões é menos importante do que o fato de ocuparem postos tão fundamentais: se deixam de agir, de decidir, isso em si constitui, frequentemente, um ato de maior consequência do que as decisões que tomam, pois comandam as principais hierarquias e organizações da sociedade moderna.

Na análise desse autor, esta elite ocupa os postos de comando estratégicos da estrutura social, nos quais se centralizam os meios efetivos do poder e de riqueza. Nessa análise, a "elite" é definida segundo três critérios: como grupos beneficiados por um status social elevado, um poder importante e uma riqueza considerável. Os indivíduos, objetos do nosso estudo, aproximam-se do conceito da elite em Mills, na medida em que a condição de proprietários e de coproprietários de terras, ligados a famílias de prestígio, permitia-lhes obter posições sociais de destaque e tomar decisões de consequências importantes. Os mais abastados exerceram diversas funções e desempenharam destacado papel na região. O grupo como um todo transcendeu o ambiente comum dos homens comuns, ou dos *"homens não proprietários"* ou *"coproprietários de terras"*, pelo pertencimento às famílias proprietárias renomadas. Nestes casos, a posse de terras, a posição política e os diversos laços de parentescos foram elementos relevantes da elite de poder que se formou em Floresta e em Tacaratú, uma condição que resultou da estruturação do poder ao longo das linhas genealógicas. Todavia, há

---
148. Mills, C. Wright. *A Elite do Poder*. Rio de Janeiro: Zahar, 1962, p. 14.

outras características, que a afastam desse conceito de Mills, exatamente quando ele conceitua elite como sendo um grupo coerente e se aproxima do conceito de Dahl, ao conceituar elite como uma minoria circunscrita e arraigada aos conflitos, pois, as relações de poder em Floresta e Tacaratú eram bastante conflituosas. Os coproprietários aparecem em situações de oposição no campo das disputas políticas, familiares, dos conflitos por limites de terrenos, de currais e de autoridade.

A história dos coproprietários de terras pode se basear em cada um dos dois estudiosos das elites citados e, ainda, em outros que utilizaram diferentes focos em estudos recentes, como os que abordaremos no suceder desse texto. A apropriação da noção de elite pelos historiadores pode permitir narrar, através da microanálise de grupos sociais, a diversidade das relações e das trajetórias do mundo social. Esse procedimento metodológico não difere muito daqueles de outras ciências sociais contemporâneas: trata-se de compreender, através da análise mais "fina" dos atores situados no topo da sociedade, a complexidade de suas relações e de seus laços objetivos com o conjunto ou com setores da sociedade.

Os estudos sobre elites tiveram, durante muito tempo, uma má impressão em razão de seu teor extremamente material.[149] No entanto, os livros e os documentos que trazem essa abordagem não são totalmente desprovidos de conhecimentos sobre as diversas realidades em que se pode definir uma elite. A cada momento histórico, corresponde uma abordagem da elite. É, então, necessário se observar essa dimensão, para trabalhar com uma noção que poderia parecer, num primeiro momento, muito evidente. Definir a noção de elite, para disso fazer um conceito histórico, necessita de algumas precauções metodológicas[150]. Isto

---

149. Chaussinad-Nogaret, Guy. *Une histoire des élites (1700-1848)*. Paris : La Haye, Mouton, 1975, p. 9.
150. Leferme-Falguieres, F.; Van Renterghem, V. Le concept d'élites. Approches historiographiques et méthodologiques. *Hypothèses*, p. 55-67, 2000/1.

supõe estabelecer critérios de definição confiáveis para dispor elites e, sobretudo, distinguir os critérios do historiador daqueles que utilizam os seus contemporâneos.

Para Leferme-Falguières, uma elite se constrói tanto pelo alto como pelo baixo e encontra uma legitimação de seu papel social em seu reconhecimento por autoridades locais. Essa instância legitimante pode ser religiosa, política ou intelectual; ela constitui a autoridade indispensável que confere a um grupo seu status de elite. Esta legitimação supõe, para uma elite, uma colaboração, mais ou menos estreita, com a instância que a estabeleceu e que mantém as suas prerrogativas. Por outro lado, é indispensável a um grupo social dominante se organizar para defender o seu status e os seus interesses, decidir as modalidades de admissão ou de exclusão de novos membros.

A institucionalização e a instrumentalização de um grupo social como elite constituem, assim, índices preciosos para dispor os contornos e os modos de funcionamento internos. Uma elite constrói, frequentemente, os seus critérios de seleção e de admissão, que lhe permitem excluir aqueles considerados indignos de entrar no grupo. Este tipo de seleção induz um outro tipo de reconhecimento: o de seus pares. Pertencer a uma elite é matizar os códigos de comportamento, a linguagem, as relações que estruturam os modos de sociabilidade.

O historiador que estuda elites pretende estudar os processos históricos onde elas se inserem, enfatizando as suas características e busca conhecer as propriedades sociais mais requisitadas nos grupos, sua valorização ou desvalorização através do tempo; conhecer a composição dos capitais ou atributos culturais, econômicos ou sociais e sua inserção nas trajetórias individuais; e conhecer as estratégias utilizadas pelos membros de uma elite socialmente próspera ou as estratégias para impedir a decadência ou uma reclassificação social inesperada.

Para Leferme-Falguières, pertencer a uma elite é ter domínio de competências particulares e dominar um saber. Nesse contexto, a transformação dos valores e dos critérios de apreciação de uma sociedade colocaria em questão a permanência das elites. Ela provoca, frequentemente, conflitos e divisões. Pode-se dizer que uma elite não: é uniforme, ela é entendida no plural e, também, é atravessada por oposições, com diferentes critérios de definição. O primeiro nível de oposição é interno. O pertencimento a uma elite supõe a aceitação de estratégias de promoção e, consequentemente, de competição, que estruram subgrupos, muitas vezes, de interesses contraditórios. As elites pertencem a domínios de competências que, às vezes, se complementam, mas são suscetíveis de se colocarem como concorrentes.

O problema maior da aplicação do termo elite na pesquisa histórica está na dificuldade em definir clara e definitivamente as elites como objeto histórico. Segundo Giovanni Busino[151],

> a análise histórica mostra claramente que este conceito não se aplica a alguma realidade histórica precisa e que, ao mesmo tempo, ele pode se referir a forças sociais extremamente diferentes e frequentemente contraditórias;

nem a renda, a riqueza, a profissão, a posição ocupada em uma hierarquia institucional ou o estilo de vida permitem, em efeito, individualizar ou localizar uma elite. "Na falta de características de identificação precisa, para o historiador, a teoria das elites permanece vaga"[152]. Trata-se, com efeito, de um termo empregado em sentido muito amplo e descritivo, que faz referências a categorias ou grupos que parecem ocupar o "topo" de "estruturas de autoridade ou de distribuição de recursos"[153].

O conceito de elite, pouco evidente e, frequentemente, alvo de críticas, justamente por esta imprecisão, refere-se, sobretudo, à percepção social que os diversos sujeitos têm sobre as desigualdades no cumprimento de seus papéis sociais e políticos.

---

151. Busino, G. Élites et élitisme, chapitre VII: recherches historiques sur les élites. In: Le ferme-Falguières, F.; Van Renterghem, V. Op. cit.
152. Ibidem.
153. Heinz, Flávio. *Por outra história das elites*. Rio de Janeiro: Editora da FGV, 1996.

Condominium: Práticas de sociabilidade e propriedade de terra –
Vale do São Francisco – Império do Brasil

A imprecisão do termo foi vista como um embaraço por sociólogos e historiadores preocupados com a "coerência científica", foi esta mesma imprecisão que tornou confortável e, de certo modo, instrumental o estudo dos grupos detentores de posições estratégicas em uma sociedade, ligando poderes e privilégios não permitidos aos outros.

Para Flávio Heinz[154], as elites são definidas pela detenção de um certo poder ou então como produto de uma seleção social ou intelectual. Neste contexto, o estudo das elites seria um meio para determinar quais são os espaços e os mecanismos do poder nos diferentes tipos de sociedade ou os princípios empregados para o acesso a posições dominantes.

No Brasil, as elites tinham uma tendência a se identificar, primeiro, no período colonial, com os grupos de prestígio social, e, depois desse período, com os grupos de prestígio social, o que já implicava poder econômico e político. No século XIX, o grupo estudado combinava, na maioria das vezes, prestígio social, poder político e econômico. Nos dois municípios, destacavam-se as relações políticas e familiares. Os fundamentos sociais, políticos e econômicos e o modo de vida dessas duas populações se desenvolveram paralelamente e semelhantemente no curso dos anos estudados.

A elite de Floresta era constituída de descendentes de famílias tradicionais de colonizadores criadores, coproprietários de terras, cossenhores de escravos e políticos, e essas atribuições, muitas vezes, estavam reunidas em uma mesma pessoa. A elite de Tacaratú também tinha um perfil semelhante. A diferença é quantitativa, pois o município de Floresta apresentava uma população total três vezes maior do que a de Tacaratú. Outras diferenças dizem respeito à composição do quadro profissional, mencionado no censo de 1872. Com um número menor de habitantes, Tacaratú tinha uma quantidade maior de profissionais artesanais do que Floresta, como as costureiras, as quais somavam

---

154. Op. cit., p. 8.

um total de duzentas e onze mulheres livres. Este é um dado que aponta uma predominância da produção artesanal em tecelagem desenvolvida em Tacaratú, como a confecção de redes.

Os dados dos inventários fortalecem os indícios desse potencial produtivo, ao indicarem a presença de teares, entre os bens declarados. Nos dias de hoje, este município é um dos principais produtores e exportadores de redes do Nordeste. Tacaratú também empregava um número maior de operários. No setor de fabricação de tecidos, trabalhavam oitenta e sete mulheres livres, sessenta e quatro escravas e um homem, também livre.

No setor de vestuário, trabalhavam oito homens livres e, em calçados, eram dez. Floresta contava com um homem livre trabalhando na produção de tecidos e tinha trinta e cinco costureiras. Os comerciantes somavam um número semelhante nos dois municípios, Floresta contava com vinte e seis homens livres no exercício da profissão e, Tacaratú, com uma ligeira diferença, apresentava um total de vinte e oito pessoas, sendo duas mulheres livres e vinte e seis homens na mesma condição.

Nas profissões liberais de peso econômico, Floresta se sobressaiu, pois contava com dezenove capitalistas proprietários e Tacaratú com apenas três. No setor da saúde, Floresta contava com o trabalho de um médico e Tacaratú com um farmacêutico e duas parteiras. No setor da educação, em Tacaratú, trabalhavam uma professora e três homens de letras e em Floresta, uma professora. Em Floresta, cento e trinta e oito pessoas exerciam o trabalho assalariado e em Tacaratú, apenas duas. Nas profissões domésticas, Tacaratú se destacava com mil e um trabalhadores, somando a maioria, um total de setecentos e setenta e oito mulheres livres; já Floresta contava com bem menos, trezentos domésticos, mas, como em Tacaratú, também com uma maioria de mulheres livres, num total de cento e nove trabalhadores.

De um ângulo de observação amplo, podemos dizer que os dados estatíscos apontam um certo "equilíbrio" entre essses dois municípios porque a ausência de determinadas profissões, em um, poderia ser "compensada" pela presença no outro. De um ângulo de análise mais específico da dinâmica social, constatamos uma grande precariedade, sobretudo, nos setores da saúde pública e da educação. Os dados revelam uma elite que viveu em meio a uma sociedade de maioria analfabeta, pois, somente 10,8% dos tacaratuenses e 11,7% dos florestanos sabiam ler e escrever. Se observarmos os dados financeiros, podemos considerar que a elite de Floresta era um pouco mais abastada do que a de Tacaratú, na medida em que contava com mais comerciantes, proprietários capitalistas, com mais pessoas assalariadas e com menos domésticos, mesmo tendo uma população consideravelmente maior. No entanto, Tacaratú se sobressaía na produção artesanal em tecidos, o que pode ter lhe rendido bons recursos econômicos.

Capítulo 3
Nos espaços e no tempo...

Floresta e Tacaratú, duas vilas no Nordeste do Brasil do século XIX, estão situadas no Vale Médio do São Francisco, na região submédio da bacia hidrográfica do rio São Francisco, pela sua margem esquerda, área pertencente ao sertão da Província de Pernambuco.

A palavra *sertão*, genericamente, começou a ser empregada no Brasil no século XVI, com a colonização. Ao se afastarem da região da Zona da Mata, onde houve a concentração da colonização nos primeiros séculos, e ao se interiorizarem, portugueses se depararam com uma grande diferença climática e vegetacional entre o litoral e os sertões, distantes, quentes e secos. Pela sua localização, na zona litorânea de Pernambuco predomina o clima tropical e uma vegetação exuberante da floresta.

Neste período inicial, os sertões eram descritos como grandes espaços de terras, ainda pouco explorados ou inexplorados pelos colonizadores. Mas, nem por isso, desabitados. Segundo Bartira Barbosa[155], tratando de povoamentos nativos do século XVI ao XVIII, os *Kariri* formavam o grupo mais forte dos povos indígenas do *sertão* da capitania de Pernambuco. Eles dominavam as áreas mais férteis dos sertões nordestinos. Ao mesmo tempo em que eram um "gigante inexplorado", sinônimo de perigo e de medo, as terras dos sertões se tornaram atraentes, pelo desejo do colonizador de ali encontrar ouro e outras riquezas. Portanto, podemos dizer que, no contexto dos primeiros séculos de domínio europeu no Brasil, *sertão* significava um grande espaço de aspecto desértico, localizado no interior do território, habitado por nativos prontos para defenderem o seu habitat, e muito distante das áreas, até então, povoadas e cultivadas por colonizadores europeus, na Zona da Mata.

---

155. Barbosa, Bartira; Ferraz, Socorro. *Sertão, Um Espaço Construído*. Espanha: Universidad de Salamanca – Centro de Estudios Brasileños, 2005, p. 15.

Geograficamente, segundo Manoel Correa de Andrade[156], o sertão é uma sub-região do Nordeste, que abrange nove estados da federação[157], com extensão total de aproximadamente 912.208 km². O clima, de acordo com a maior ou menor quantidade de chuvas, é classificado como *"tropical com chuvas de verão-outono e clima seco, estépico, quente com chuvas de verão"*[158]. O solo da região é antigo e, em geral, pouco profundo. A maior parte da região do sertão nordestino tem solo de embasamento cristalino, com baixa capacidade de infiltração, mas, em outros locais, nas bacias sedimentares, os solos são mais profundos, permitindo uma maior infiltração e um melhor suprimento d'água. A vegetação característica é a caatinga, onde se destacam o umbuzeiro, o xique-xique, o mandacarú e a palma, plantas resistentes ao solo seco.

Segundo Socorro Ferraz[159], os mandacarus, os xiques-xiques e os cabeças de frade caracterizam a flora da região sertaneja pernambucana. Ela também refere que as árvores com as quais o homem dessa região se identifica e tem uma relação profunda são o juazeiro, o umbuzeiro e a jurema.

> *O umbuzeiro é uma árvore sagrada para os sertanejos, produz um fruto saboroso, que alimenta e mitiga a sua sede e a jurema é um vegetal usado em práticas religiosas dos caboclos e rituais indígenas, em forma de bebida euforizante.*[160]

---

156. Andrade, Manoel Correia de. *A Terra e o Homem no Nordeste: Contribuição ao estudo da questão agrária no Nordeste*. Recife: Editora Universitária da UFPE, 1998.
157. Oito estados nordestinos (Piauí, Ceará, Rio Grande do Norte, Paraíba, Pernambuco, Alagoas, Sergipe e Bahia), além de Minas Gerais.
158. Bernardes, Lígia; Guerra, Inês (geógrafas). In: Barbosa, Bartira; Ferraz, Socorro. Op. cit., p. 31.
159. Barbosa, Bartira; Ferraz, Socorro. Op. cit.
160. Ibidem, p. 32.

A densidade e os aspectos desses vegetais variam conforme as condições do clima e do solo[161]. Na maior parte dos sertões, as secas periódicas estão entre as características atmosféricas de maior relevância. A temperatura média é de 25 °C, as chuvas são irregulares, concentradas e, geralmente, ocorrem entre os meses de dezembro e abril. Esses fenômenos geográficos juntaram-se a elementos com os quais se construiu uma paisagem esteriotipada, quase única e mítica dos sertões, que se propagou no imaginário social como referência de um cenário de *"uma sensaboria de céu azul, solo raso e pedregoso, folhas secas... e de gente desprovida"*.

O sertão, tomado em sentido restrito, político, administrativo e como espaço físico natural, foi, durante muito tempo, objeto da literatura. Atualmente, o seu significado foi ampliado e a região se constitui objeto comum a geógrafos, sociólogos, antropólogos, historiadores e economistas, dentre outros estudiosos. Cada um, com o olhar que lhe é peculiar e partindo dos interesses e preocupações específicos a cada domínio do conhecimento, define e analisa o que considera uma região.

Euclides da Cunha, em seu livro *Os Sertões*, publicado em 1902, um misto de literatura e história, aponta os contrastes entre o Brasil que *"vive parasitariamente à beira do Atlântico"* e aquele outro Brasil, dos *"extraordinários patrícios"* do sertão nordestino. Ao falar sobre o homem do *sertão*, entretanto, Euclides da Cunha criou um verdadeiro bordão: *"O sertanejo é, antes de tudo, um forte"*, como alguém forjado nas adversidades, marcado por uma longa convivência com as tragédias naturais, apto a resistir às oscilações do clima, da falta de água, do clima agreste. Esta definição "clássica" está quase sempre associada a uma outra, a da sociedade que ali se desenvolveu. Deste modo, quando se menciona o sertão, alguns chavões, como aquele, estão quase que automaticamente presentes.

---

161. Andrade, Manoel Correia de. *A Terra e o Homem no Nordeste: Contribuição ao estudo da questão agrária no Nordeste*. 6. ed. Recife: Editora Universitária da UFPE, 1998.

Na literatura da década de 1930, cujo enfoque era, sobretudo, regionalista, aparecem alguns romances que tratam com agudeza as desigualdades sociais, frutos da concentração do poder político e dos meios de produção nas mãos de poucos. Em *Pedra Bonita*, livro de José Lins do Rego, vemos os sertanejos reduzidos entre a miséria e os desmandos da política e dos cangaceiros. Estão sempre a apanhar, sob a acusação de estarem coninventes uns com os outros. Em *Vidas Secas*, de Graciliano Ramos, o homem vai aparecer na fronteira da animalização, subjugado por uma estrutura que parece sonegar-lhe a própria condição humana.

Segundo Durval Albuquerque Muniz, em *A Invenção do Nordeste*[162], uma região pode ser construída a partir de discursos literários e imagéticos elaborados, sendo estes discursos capazes de traçar características e construir uma identidade para a região, em caso específico.

Guimarães Rosa, no livro *Grande Sertão: Veredas*[163], publicação datada de 1956, aborda o sertão de uma forma diferente, que, segundo Antônio Cândido[164], é um mergulho profundo na realidade essencial de *"certo Brasil arcaico e, ao mesmo tempo, no vasto mundo de todos os homens"*. No regionalismo brasileiro, predominaram, inicialmente, o pitoresco e, não raro, o anedótico, numa espécie de exotismo interno, deixando uma imagem negativa dos sertões e de seus habitantes. Guimarães Rosa elabora o regional de forma diferenciada, por meio de um experimentalismo que o aproxima do projeto das vanguardas[165]. Para Antônio Cândido, do ponto de vista da crítica literária, em Guimarães Rosa não há pitoresco ornamental, nem realismo imitativo, nem consciência social e, sobretudo, a dimensão

---

162. Albuquerque Junior, Durval Muniz. *A Invenção do Nordeste e outras artes*. Recife: FJN/Massangana; São Paulo: Cortez, 1999.
163. Rosa, Guimarães. *Grande Sertão: Veredas*. Rio de Janeiro: José Olympio, 1963.
164. Candido, João. Entrevista com João Candido sobre Guimarães Rosa. Disponível em: <https://goo.gl/S1nUkK>. Acesso em: 10 jul. 2011.
165. Ibidem.

temática é menos importante do que a dimensão linguística, que parece criar uma outra realidade, porque a palavra ganha uma espécie de transcendência, como se valesse por si mesma. Quer dizer que Guimarães Rosa não apenas sugere o real de um modo nada realista, mas elabora estruturas verbais autônomas. Por isso, *Grande Sertão: Veredas* transforma o particular da região num universo sem limites, que exprime não apenas o sertanejo, mas o "homem humano".

Continuando, Antônio Cândido afirma que Guimarães Rosa é um caso supremo de certas tendências da ficção latino-americana de vanguarda, que o crítico uruguaio Angel Rama definiu muito bem, ao mostrar que elas realizaram um extraordinário paradoxo: fundir o regionalismo, conservador por natureza, porque ligado ao mundo arcaico, com as linguagens modernistas, plantadas no presente e voltadas para o futuro. Quiçá um dos maiores emblemas da literatura do século XX, *Grande Sertão: Veredas* foca o sertão em mais do que uma realidade geográfica, social e política. Diferentemente da maior parte das obras consideradas regionalistas, em *Grande Sertão: Veredas*, o sertão é o mundo e as questões abordadas na obra são, ao mesmo tempo, locais e universais, pois inerentes a todo ser humano, como o bem e o mal, o amor e a violência.

Em Ariano Suassuna, um outro marco da literatura e um dos autores mais contemporâneos, a representação do espaço regional passa pela valorização da cultura popular, vista como definidora de uma autêntica cultura nacional. O Movimento Armorial de Ariano se diferenciou do chamado romance de 30, por buscar a criação de uma arte erudita nacional, a partir da cultura popular nordestina. No entanto, o sertão, em Ariano, é um mundo mágico, reinterpretado sob um ângulo mítico, e, desta maneira, transforma o universo rude e pobre num mundo fidalgo e nobre das novelas de cavalaria: *"o Sertão é bruto, despojado e pobre, mas, para mim, é exatamente isso o que faz dele Reino!"*[166].

Da literatura, o sertão passou a ser objeto dos canteiros da história. Entre estudiosos do tema, tem-se Capistrano de

---

166. Maupeou, Emanuele Carvalheira de. Op. cit.

Abreu[167], um dos pioneiros no interesse por este tema. Capistrano destacava-se pela "segurança da investigação, vasteza da informação, profundidade do saber e inteligência do assunto"[168]. Ele procurou explicar a formação da nacionalidade brasileira por meio das fontes oriundas de uma *cultura popular* identificada com um espaço específico – o sertão – e com um legado: o das tradições indígenas. Considerando a literatura como "fato social", o autor chegou a afirmar que os contos populares – que têm como "herói eterno o caboclo e o marinheiro" – são "os documentos mais importantes para a nossa história"[169]. Seu livro, *Capítulos de história colonial*, é considerado como "a síntese mais completa que poderíamos desejar da nossa evolução histórica"[170], pois que é uma síntese de aproximadamente trinta anos de estudos históricos sobre o Brasil. Seu grande mérito teria sido a capacidade crítica, empregada na análise de documentos e na crítica dos estudos anteriores. Ele é, sobretudo, um crítico histórico ou um historiador crítico, mas crítico com capacidades construtivas. Com este autor, as pessoas do sertão, região onde predominava a atividade econômica pecuarista e se utilizava o couro na fabricação de vários utensílios domésticos, ficaram conhecidas como uma *"civilização do couro"*.

Os diversos ângulos pelos quais o sertão foi estudado, principalmente na literatura e, também, por historiadores, geógrafos e sociólogos, acabaram se vulgarizando no decorrer do século XX e, nem sempre, de maneira sincrônica. Muitas concepções duvidosas se tornaram, no entanto, corriqueiras quando o tema é o sertão, como a imagem de precariedades, isolamento, ferocidade de cangaceiros, hermo, sem falar da noção de uma religiosidade

---

167. Abreu, Capistrano de. *Capítulo da História Colonial*. Rio de Janeiro: Liv. Briguiet, 1954 e *Caminhos Antigos e Povoamento do Brasil*. Rio de Janeiro: Liv. Brigiet, 1960.
168. *Revista Brasileira de História*, São Paulo, v. 30, n. 59, jun. 2010. Disponível em: <https://goo.gl/bn9RxG>. Acesso em: 10 jul. 2011.
169. Ibidem.
170. Ibidem.

predominantemente ligada ao misticismo, messianismo e fanatismo e de um terrível código de honra, que causa brigas e mortes. À predominância dos laços familiares e o sentido de honra se misturariam a uma violência cotidiana e intensas lutas pelo poder.

Além disto, ele também já foi considerado "um outro Nordeste", com todo o preconceito e determinismo geográfico com que o termo pode ser empregado em oposição ao litoral úmido da cana-de-açúcar. Criou-se uma imagem de que o tempo nesta região pareceu não avançar. Enfim, propagou-se um ideário da geografia da zona de caatinga e dos seus fenômenos climáticos como um fator de "premissa inevitável" para a severidade, a paisagem monótona e rude que teriam obrigado o homem a se adaptar a esta região infeliz. Por esse ângulo, as secas, motivo principal de tantas dificuldades, teriam mudado não só a paisagem, mas, sobretudo, os homens que povoaram o lugar.

Entre os pesquisadores com trabalhos mais recentes sobre o sertão, apontamos Bartira Barbosa e Socorro Ferraz, professoras da Universidade Federal de Pernambuco, que empreendem estudos voltados para uma abordagem do sertão, tal qual o entendemos hoje, como um espaço construído[171]. Bartira Barbosa aborda a época colonial entre os séculos XVI e XVIII, por duas óticas difrentes: a das povoações indígenas ribeirinhas do rio São Francisco e a da política indigenista, levada a cabo pelo governo português e espanhol durante o período filipino.

Baseada em documentos primários que registraram dados sobre os antigos territórios indígenas existentes quando da implantação da capitania de Pernambuco, Bartira Barbosa faz uma análise crítica da política indigenista, como contraponto à imagem estereotipada dos nativos, criada pelos cronistas coloniais, que descreviam as sociedades nativas como selvagens, mesmo quando aliadas aos portugueses ou aos franceses. Os registros mencionados pela professora indicam várias populações étni-

---

171. Barbosa, Bartira; Ferraz, Socorro. *Sertão, Um Espaço Construído.* Op. cit.

cas, com línguas e culturas próprias, organizadas e fazendo uso de políticas de aproximação, de afastamento e até de separação e rivalidades entre elas. Esses dados revelam atitudes muito diferentes das que tomariam "animais seválticos", termo pelo qual os indígenas foram descritos por Manuel Ayres de Casal, na sua *Corografia Brazilica* ou *Relação Histórico-Geográfica do Reino do Brasil*, em trecho reservado à zoologia.

Socorro Ferraz estuda o sertão como uma região integrada à colonização portuguesa por homens que buscavam terras para a criação de gados[172]. A sua abordagem é feita com vistas para o conhecimento histórico da formação social do Médio São Francisco, como a sua ocupação e o seu desenvolvimento socioeconômico durante os séculos XVII, XVIII e XIX, traçando os caminhos e quem os teria percorrido. Segundo esta autora, partindo do litoral pernambucano, homens colonizadores tomaram antigas trilhas dos indígenas, pelas quais foram seguindo até atingir o sertão. Por outro lado, Socorro Ferraz afirma que a história regional tem privilegiado a economia e a sociedade da Zona da Mata, no que diz respeito às forças produtivas, acumulação da economia açucareira, comercilaização, relações sociais e, até, movimentos rebeldes da história política, que se estenderam por esta região.

Sobre o sertão, poucos estudos foram publicados, comparativamente ao número de obras que se ocuparam da região litoral-mata. "As pesquisas existentes sobre o Sertão são limitadas quanto à utilização de fontes primárias, advindo, como consequência, as generalizações"[173]. Tomando por base fontes primárias, esta historiadora faz uma narrativa do sertão e de sua gente, de forma desprendida do olhar mítico dos literatos e dos estereótipos, com os quais foram comumente assimilados. Portanto, busca uma narrativa mais humana. Para Socorro Ferraz, "sertão é uma palavra definidora de muitos conceitos, tem origem latina no verbo ser/sero", que quer dizer "ligar com fio,

---

172. Ibidem, p. 32.
173. Ibidem.

tecer, juntar, atar, engajar, encadear"[174]. Desta palavra latina, derivam-se outras, como *desero, deserni, desertum*, que traduzem, na língua portuguesa, *destacar-se, soltar-se, desatar*. Neste contexto, Socorro Ferraz diz que é sintomático que a palavra, na sua origem, tenha um conceito e, na sua evolução, tenha tomado um outro e, pelo que se observa, oposto: atar e soltar, juntar e destacar, encadear e desertar. Então, para ela,

> *o sertão é*, dialéticamente, os dois lados de uma mesma moeda, pois que é uma região de fronteira entre clima, *entre homens, entre tradições, entre a colonização portuguesa e a holandesa, entre o sistema de trabalho escravo organizado e os quilombos.*[175]

Poderíamos continuar dizendo: que, embora com violências e relativamente fechada, talvez, pela predominância do poder patriarcal, esta sociedade enfrentou muitos desafios, como as intempéries, secas periódicas, a distância da capital, descaso das autoridades e, em muitas vezes, os superou, com o emprego de estratégias próprias, como se desatasse nós, para tecer uma sociedade baseada em características peculiares.

O sertão se define, também, como uma sociedade rural e tradicional. Porém, não tratamos o rural como sinônimo de inércia, pois, como em toda e qualquer sociedade, no sertão, tem-se a capacidade de integrar elementos novos, mesmo que conservando antigos. Neste contexto, buscamos trabalhar indivíduos proprietários coletivamente, tentando evitar, assim, generalizações ou imprimir estereótipos.

Com a possibilidade de estudar as dinâmicas social, política, econômica e cultural, nos encaminhamos às pesquisas de uma elite do poder no século XIX. Revisitamos parte de uma região do sertão de Pernambuco, Floresta e Tacaratú, que nos ofereceu seus "rastos", famílias, estratégias de casamentos, modos

---

174. Ibidem, p. 41.
175. Ibidem, p. 41.

de concentração de riquezas, como as copropriedades de terras e os cossenhorios de escravos e maneiras características de se mover nos espaços locais. Observamos certas lógicas que permearam elites rurais dos sertões, porém, as estratégias locais sugerem novas perguntas e também novas respostas.

O Sertão do Médio São Francisco no espaço pernambucano

As terras do sertão não foram facilmente incorporadas ao espaço da colonização portuguesa, os habitantes nativos criaram fortes resistências ao projeto colonizador português de ocupação econômica e tomada de suas terras. As investidas às margens do rio São Francisco datam do século XVI[176]. Segundo Socorro Ferraz[177], a colonização holandesa também foi responsável pelo adentramento de proprietários portugueses e seus descendentes, os quais procuraram locais mais seguros para começar uma nova atividade – as fazendas de gado – e passaram a ter relações comerciais em Salvador. O rio São Francisco passou a ser o limite entre os territórios holandês e ibérico e entre atividades econômicas diferenciadas, a agricultura canavieira e a atividade criatória, conforme oficializou a Coroa portuguesa, em Carta Régia de 1701. A intenção era resolver a questão do abastecimento interno, com o fornecimento de carnes, evitar novos conflitos com invasores estrangeiros e impor uma "ordenada" distribuição de terras.

Para os colonizadores, o problema era porque, à medida que eles adentravam, passavam a enfrentar a resistência das populações nativas. Começou, então, uma série de combates armados que durou mais de meio século e ficou conhecida como *Guerra dos Bárbaros*. Essa guerra dizimou tribos e promoveu a

---

176. Lins, Wilson. *O Médio São Francisco, uma sociedade de pastores guerreiros*. Brasiliana, v. 377. São Paulo: Companhia Editora Nacional, 1983.
177. Barbosa, Bartira; Ferraz, Socorro. Op. cit., p. 37.

ocupação pelos "homens brancos" e por seus gados nos sertões do Nordeste.

No sertão do Vale do Pajeú, depois de vários embates, os nativos foram, também, "pacificados", ficando a região livre para o estabelecimento dos colonizadores e de seus latifúndios. Segundo Wilson Lins[178], a penetração do Vale foi realizada por pessoas vindas das capitanias de Pernambuco, Bahia e São Vicente. A Casa da Ponte[179] e a Casa da Torre, rivais entre si e localizadas à margem direita do rio São Francisco, território baiano, dirigiram a fase mais ativa das conquistas e do povoamento do Vale do São Francisco.

Antônio Guedes de Brito, da Casa da Ponte, embora mais demoradamente do que Garcia D'Avila, da Casa da Torre, na sua expansão, iniciada antes da expulsão dos holandeses, já adentrava os sertões desde 1652, rumo ao rio São Francisco, construindo currais. Garcia D'Avila, desde 1573, segundo crônicas da época, já acrescentava sesmarias aos seus domínios, estendendo-os às duas margens do rio São Francisco. Ele e os seus descendentes, embora não desdenhassem as possibilidades de riquezas minerais, deram maior importância à pecuária e, desde o governo de Tomé de Souza, trataram de conseguir doações de sesmarias, que, cada vez mais, penetrassem os sertões, subindo o Itapicuro e o rio Real, para alcançarem o rio São Francisco. Segundo Manuel Correia de Andrade,[180] através de seus vaqueiros e prepostos, a famíla da Casa da Torre ocupou grande parte dos sertões do Piauí e de Pernambuco, estabelecendo currais às margens do rio São Francisco e foi construindo os maiores latifúndios do Brasil, naquela época. Manuel Correia afirma que, em 1710, Garcia D'Ávila já possuía mais de 310 léguas de terras às margens do São Francisco e de seus afluentes.

---

178. Ibidem, p. 27.
179. A casa da Ponte buscava as terras férteis de Minas Gerais.
180. Andrade, Manoel Correia de. *A terra e o homem no Nordeste*. São Paulo: Ciências Humanas, 1980, p. 161.

Em Pernambuco, segundo Socorro Ferraz[181], a conquista de terras para o interior se iniciou pelo litoral, partindo do Cabo de Santo Agostinho, até o rio São Francisco. Nessas entradas, os nativos foram sendo dizimados ou apresados na condição de escravos. As iniciativas dos portugueses para aumentarem os domínios da Capitania de Pernambuco, na Região do Médio São Francisco, chocavam-se com os interesses dos Garcia D'Ávila, que promoveram a conquista de grande parte do território baiano e nordestino, na guerra entre os colonos de origem portuguesa, os indígenas e outros europeus.

Em meados do século XVII, o capitão português Garcia D'Ávila, seus filhos Catarina Fogassa e Francisco Dias D'Ávila, o seu tio e padre Antonio Pereira, além de Bernardo Pereira receberam de André Vidal de Negreiros[182], governador de Pernambuco, sesmarias[183] pelo rio São Francisco[184] acima, acompanhando a extensão do seu comprimento, dão qual se iniciava na área habitada até atingir os aldeamentos Moipiras. As datas de terras se estendiam pelas margens norte e sul do São Francisco, sertões adentro das capitanias de Pernambuco e da Bahia. Ao Norte, as terras atingiam a Serra do Araripe, e, seguindo pelo sul do rio São Francisco, faziam as fronteiras do rio Salitre, seu afluente pela margem direita.

No período colonial, governadores podiam outorgar sesmarias a grupos de pessoas e, também, individualmente, em repetidas vezes, contemplavam um mesmo colono, com sucessivas sesmarias, em épocas e lugares diferentes. Algumas terras, primeiramente adquiridas por sesmarias, foram readquiridas

---

181. Barbosa, Bartira; Ferraz, Socorro. Op. cit., p. 35.
182. Governador de Pernambuco por duas vezes: de 1657 a 1661 e em 1667.
183. "As Sesmarias foram o primeiro ordenamento jurídico sobre distribuição do solo em território da colônia portuguesa no século XVI." (Vainfas, Ronaldo. Op. cit.).
184. O Rio São Francisco nasce em Minas Gerais, medindo 2.700 km de comprimento, 640.000 km de área de bacia. O seu curso se estende pelos estados da Bahia, de Pernambuco, de Alagoas e de Sergipe, desaguando no Oceano Atlântico.

de diferentes formas, como em dotes, por arrendamentos, foro ou por meio de vendas a particulares[185], aumentando, assim, o povoado. Nessa região, as transferências de terras entre famílias poderiam ocorrer pelos casamentos e pelos vínculos de parentescos e amizades, conforme ocorreu durante muito tempo mantendo-se grandes áreas sob o comando de grupos de senhores mais poderosos, como Domingos Afonso Sertão e o seu irmão Julião, Cosme de Brito, Jerônimo Serrão de Paiva e Paulo Viveiros Afonso[186].

Com o decorrer do tempo, a terra se tornou objeto de transações entre sesmeiros, geralmente, pessoas de boas relações com a Coroa ou com seus intermediários. Quando não eram detentores diretos de concessões reais, mostraram-se como indivíduos de considerável poder econômico para investir em atividades lucrativas.

No interesse de não despender recursos financeiros para a ocupação territorial,[187] o Estado português repassou a tarefa a particulares. A ordem do Estado português era a doação de terras aos homens de largos cabedais, conhecidos como sesmeiros. Por esse ângulo, a sesmaria foi o instrumento jurídico que abriu caminhos para o estabelecimento de grandes propriedades e de grandes proprietários de terras, estes, como formadores do corpo social que passou a ser dominante no Brasil.

Regidas pelas Ordenações Filipinas, as normas de concessões das sesmarias no período colonial não deixavam claros os limites das áreas, a legislação lhes condicionava o tama-

---

185. Conforme Costa Porto, em *Estudo Sobre O Sistema Sesmarial*, se compravam e se vendiam terras recebidas de sesmarias ou herdadas, fazendo-se do sesmarialismo quase um negócio lucrativo (Porto, Costa. Op. cit., p. 63).
186. Lins, Wilson. *O Médio São Francisco, uma sociedade de Pastores Guerreiros*. São Paulo: Editora Brasiliana, v. 377, 1983, p. 28.
187. Para dar continuidade à empresa colonizadora, tecida com a experiência tradicional, seriam necessários recursos que o rei não possuía e o reino não lograria congregar, senão penosamente, retraídos os financiamentos diante do fomento de produtos, no momento, poucos rentáveis (Faoro, Raymundo. Op. cit., p. 115).

nho às possibilidades de produção de quem as recebessem.[188] Nos sertões, solicitavam-se grandes partes de terras, visto que a atividade pecuarista demandava vastos espaços, devido ao sistema extensivo utilizado na implantação dessa atividade na região. No Vale do São Francisco, não foi diferente. A extensão das terras concedidas aos D'Ávila era tão grande que foi comparada ao tamanho de reinos europeus. Apenas uma fração do todo sesmarial que pertencia à Casa da Torre é, hoje, o município de Floresta.[189]

---

188. "E serão avisados os Sesmeiros que não dêem maiores terras a uma pessoa, que os que razoadamente parecer que no dito tempo (cinco anos) poderão aproveitar." (Ibidem, p. 123).
189. Município cuja extensão territorial mede de N. a S. 84 km e de L. a O. 180 km. A distribuição de terras no Brasil colonial foi uma transposição da norma reguladora do processo de distribuição de terras em Portugal no século XIV, que visava resolver o problema do abastecimento, frente à crise alimentar. Porém, uma diferença fundamental sobressai na análise do sesmarialismo colonial, comparado com sua prática no Reino. Enquanto em Portugal a distribuição de terras de sesmarias gerou, em regra, a pequena propriedade, no Brasil foi a causa principal do latifúndio. Em si mesmo, sem dúvida, o sesmarialismo mostrava-se "polivalente", tanto podendo levar à pequena, à média ou à grande propriedade, porque não havia, na lei, nenhuma fixação objetiva das extensões das áreas a distribuir, tudo reduzido às vagas condições do aproveitamento. Em primeiro lugar, a repartição importava o fracionamento do todo primitivo. Encontrando-se herdades (em Portugal, grandes propriedades rurais) inaproveitadas, depois de intimarem-se os senhorios a explorá-las, procedia-se, se inatendido, ao confisco, efetuando-se, em seguida, a redistribuição entre os lavradores sem terra, apenas levando-se em conta as possibilidades de exploração. Deste modo, o que pertencera a um, quase sempre se quinhoava a vários, e tanto maior fosse o divisor, tanto menores seriam os quocientes, em regra mofinos, pois a maioria dos lavradores se constituía de gente pobre, tão pobre que não conseguia, sequer, comprar glebas onde trabalhar. No Reino, de área territorial diminuta, quando surgia uma herdade inaproveitada, enxameavam lavradores que não tinham onde trabalhar, donde a repartição fazer-se em courelas modestas, a fim de contemplar o maior número de necessitados; no início do Brasil colonial, sobrando terras e quase ninguém que as pedisse ou as ocupasse, não havia razões para restringir datas, para ser severo nas concessões.

Condominium: Práticas de sociabilidade e propriedade de terra –
Vale do São Francisco – Império do Brasil

A Vila de Floresta do Navio

Segundo Socorro Ferraz, as vilas conhecidas como Floresta do Navio, Itacuruba, Belém do São Francisco, Cabrobó e seus Termos[190], atualmente municípios pertencentes ao estado de Pernambuco, estavam integradas aos domínios da família Ávila. No caso de Floresta, as referências apontam que ela passou ao domínio pernambucano por meio de um dote[191].

Num espaço de aquisições de terras por prestígio, relações de parentescos, laços de amizades e arrendamentos, encontra-se uma das possibilidades do início do povoamento da vila de Floresta. Segundo Leonardo Ferraz Gominho[192], terras pertencentes à família Garcia D'Avila passaram às mãos de Antonio Pereira Falcão, fundador do sítio Fazenda Grande, atual Floresta. Esta terra foi doada em dote, por ocasião de um casamento, realizado no ano de 1679. A sede de Fazenda Grande ficava na margem direita do rio Pajeú, em média, a quarenta quilômetros de sua foz, no rio São Francisco.

No ano de 1679, Francisco Dias D'Ávila, sesmeiro[193] filho do capitão português Garcia D'Ávila, da Casa da Torre, casou-se com a jovem sobrinha Leonor Pereira Marinho, filha da sua irmã Cata-

---

190. Termo ou município era a menor divisão administrativa da Colônia, onde se encontravam os Juízes Ordinários, eleitos pela Câmara Municipal.
191. "Fiel à boa tradição romana – quiritária, em que o 'dote' acompanhava, quase invariavelmente, o casamento – à moça sem dote Plauto chamará 'inlocabilis virgo' – o direito colonial, de certo como imposição dos costumes, tornara-lhe a constituição cousa rotineira, freqüentes, nos antigos documentos, alusões ao dote em favor de filhas casadeiras". In: Porto, Costa. Op. cit., p. 64.
192. Gominho, Leonardo Ferraz. Op. cit., p. 232-238.
193. O termo "sesmeiro" foi empregado originalmente em Portugal para designar aquele magistrado do povo encarregado de repartir o solo entre os moradores, fracionando as áreas dos terrenos das cidades em pequenos tratos, "as sesmarias". Na Colônia, mantém-se de início a mesma linguagem: sesmaria é aquela repartida pelos sesmeiros de el-Rei, mas, aos poucos, se foi modificando o sentido, passando SESMEIRO a designar aquele que recebia a sesmaria e não quem distribuía (Porto, Costa. Op. cit., p. 40).

rina Fogassa. Por este enlace, Catarina Fogassa e a sua mãe, Leonor Pereira, viúva do capitão português e sesmeiro Garcia D'Ávila, deram em dote da filha e da neta, Leonor Pereira Marinho,

> terras que possuíam por sesmaria ao sul do rio de São Francisco, começando da barra do rio Verde pelo rio abaixo até o Penedo, e ainda mais lhe derão à outra margem do rio toda a terra que tem o lado do norte da Serra do Orobó pelo rio abaixo até a volta de Casamatá, entrando nessa terra toda a que havia pelo riacho do Pajeú com todas suas cabeceiras.[194]

Os D'Ávila arrendavam sesmarias e desenvolveram um sistema de ocupação territorial, no qual encontramos indícios do processo de povoamento do sertão da Província de Pernambuco, particularmente nas terras compreendidas na ribeira do Pajeú, no Vale do São Francisco.[195] Na primeira metade do século XVIII, Antonio Pereira Falcão e a sua mulher Maria Gomes Maciel chegaram ao sertão pernambucano devido ao parentesco com Inácia de Araújo Pereira, casada com Garcia D'Ávila Pereira, senhor da Casa da Torre nos primeiros anos do século XVIII, filho de Francisco Dias D'Ávila e de Leonor Pereira Marinho e teriam adquirido terras na ribeira do Pajeú, onde construíram o sítio denominado Fazenda Grande.[196] Neste momento, a relação de parentesco já se distanciava dos primeiros membros da família D'Ávila, a quem a sesmaria foi doada. Com os novos enlaces, trilhou-se o caminho para a construção de proprietários fundiários em Floresta.

Primeiramente, as terras foram concedidas aos D'Ávila, por sesmarias, em meados do século XVII e, posteriormente, doadas a Leonor Pereira Marinho em dote, oficialmente aprovado

---

194. Gominho, Leonardo Ferraz. Op. cit., p. 232-238.
195. Maior que França e Portugal juntos, em suas terras está Penedo, a cidade mais antiga do Vale e o maior rio genuinamente nacional, o São Francisco, que tem um volume d'água superior ao do rio Nilo.
196. Gominho, Leonardo Ferraz. Op. cit., p. 232-238.

pelo rei dois anos depois, em 1681. Por falecimento do casal Antonio Pereira Falcão e Maria Gomes Maciel, a posse de Fazenda Grande foi dividida entre os filhos: o capitão José Pereira Maciel e o alferes Antônio Pereira Falcão.

No ano de 1777, segundo Sebastião de Vasconcellos Galvão,[197] o capitão José Pereira Maciel e a sua mulher, Joanna de Souza da Silveira, construíram, na sua legítima metade de terra, um oratório particular, sob a invocação do Senhor Bom Jesus dos Aflitos. Um capelão era pago pelo capitão José Pereira Maciel para celebrar missas e os demais atos sagrados. Em uma larga planície à margem direita do rio Pajeú, com o maior curso de água da região cortando toda a cidade, estava situada Fazenda Grande, no sertão do Submédio São Francisco, a 438 km da capital pernambucana. Além do Pajeú, a região é banhada por mais três afluentes do rio São Francisco: o riacho do Ambrósio, o riacho dos Mandantes e o riacho do Navio.

Ao construir o seu patrimônio em Fazenda Grande, o capitão José Pereira Maciel não teve a oportunidade de usufruí-lo por muito tempo. Por falecimento seu e de sua mulher, a sua propriedade passaria às mãos do seu irmão, o alferes Antônio Pereira Falcão. Solteiro e nascido em São João, Recôncavo da Bahia, onde morava, o alferes Antônio Pereira Falcão vendeu a fazenda ao padre Gonçalo Coelho de Lemos, morador da Fazenda Grande.[198] Um ano depois, o capitão-mor Gonçalo Pinto da Silva decidiu comprar Fazenda Grande do padre Gonçalo Coelho de Lemos. Casado com Claudiana Maria do Espírito Santo, o capitão-mor Gonçalo Pinto da Silva era um dos seis filhos do português Manuel Lopes Diniz[199] e de Maria de Barros da Silveira, e, provavelmente, primo legítimo de dona Joanna de

---

197. Galvão, Sebastião de Vasconcellos. *Diccionário Chorográfico, Histórico e Estatístico de Pernambuco*. Imprensa Nacional, 1908, v. 1 (A-O).
198. Gominho, Leonardo Ferraz. Op. cit., p. 232-238.
199. Inventário de Manoel Lopes Diniz, encontrado no Instituto Arqueológico, Histórico e Geográfico de Pernambuco, no Arquivo Orlando Cavalcanti, caixa 146.

Souza da Silveira, mulher do capitão José Pereira Maciel, filho do fundador de Fazenda Grande. Segundo Pereira da Costa[200],

> uma das filhas desse casal, casou-se com o capitão Francisco Alves de Carvalho, proprietário de duas fazendas de plantação e criação, denominadas São Pedro e Malhada Vermelha, distantes duas léguas, uma da outra, ficando a capela, casa de vivenda e outras dependências da Fazenda Grande, entre uma e outra daquelas propriedades.

Francisco Alves construiu sua casa de residência próxima à capela, pois que a sua sogra ocupava a da fazenda. Pessoas de sua família e de outras também vieram construir casas nos arredores. Com o passar dos anos, os seus habitantes requereram, ao bispo diocesano, um cura para a capela, criada em 1792, derivando, daí, a criação da paróquia do Senhor Bom Jesus dos Aflitos da Fazenda Grande. O seu primeiro vigário foi o padre Serafim de Souza Ferraz, que esteve à frente desta paróquia até 1828, quando foi sucedido pelo padre João José da Cruz.[201]

Por falecimento de Claudiana, viúva de Gonçalo Pinto da Silva, os seus filhos e genros se instalaram na posse da fazenda. O capitão Francisco Alves era um dos herdeiros e foi também procurador dos outros. Como um empreendedor, por sua iniciativa, foram sendo construídas outras casas ao redor da capela e, também, um cemitério público, cujas despesas teriam sido tomadas pelos cossenhores da propriedade.[202]

Certamente, a vida não era fácil nesse começo de povoamento, no entanto, tinha seus bons aspectos, pelo menos aos olhos daqueles que se aproximaram da região. Lá, estavam agregados três importantes elementos impulsionadores de po-

---

200. In: Ferraz, Carlos Antônio de Souza. *Floresta do Navio, capítulo da história sertaneja*. Biblioteca Pernambucana de História Municipal, v. 26. Recife, 1992, p. 66.
201. Ferraz, Carlos Antônio de Souza. Op. cit., p. 67.
202. Ibidem.

voamentos: uma privilegiada localização geográfica, devido aos rios, a grande propriedade e uma capela.

Com o crescimento populacional no sertão, fazendas de gados e sítios de plantar foram sendo instalados em Fazenda Grande e arredores, criando-se, então, pequenos núcleos populacionais. Em 1840, segundo Carlos Ferraz, Fazenda Grande contava novecentos e onze *fógos* e quatro mil setecentos e trinta e quatro habitantes.

Durante quase meio século, Fazenda Grande não teve autonomia administrativa, fazia parte da freguesia de Tacaratú até 1846,[203] quando, por Lei Provincial nº 153, de 31 de março, foi elevada à condição de vila, com a denominação de Floresta do Navio. Segundo Maria Lêda Oliveira[204], o termo "do Navio" é uma adjetivação popular, amplamente conhecida, que faz referência ao riacho que passa pela vila e no qual se encontra uma pedra, cuja forma se assemelha a um navio: o riacho do Navio. No mesmo ano em que foi elevada à categoria de vila, a elite de Floresta inaugurou a Câmara Municipal da Vila, o que promoveu uma maior autonomia em relação a Tacaratú.

Pela necessidade de abastecimento, foram criadas rotas, que funcionaram como estradas para as boiadas do sertão do São Francisco suprirem, principalmente de carnes, o litoral. No ano de 1802, abriu-se a estrada das boiadas, baseadas num antigo roteiro do rio Ipojuca. O povoamento do Vale do Riacho do Navio, a partir de sua foz, já se estendia em diração às cabeceiras e o prolongamento da linha subiu o riacho do Navio, atravessando a bacia do rio Moxotó, para atingir o roteiro do Vale do Ipojuca, na direção litorânea[205]. Enquanto que, na Zona da Mata, os engenhos produziam, predominantemente, cana-de-açúcar para exportação, no sertão, o gado era o maior produto, sendo a car-

---

203. Galvão, Sebastião de Vasconcellos. Op. cit.
204. Silva, Maria Lêda Oliveira Alves da. *Floresta do Navio, uma cidade pernambucana do gado: 1850-1888*. Recife: UFPE, 1997, p. 12. (Dissertação de Mestrado em História).
205. Ferraz, Carlos Antônio de Souza. Op. cit., p. 68.

ne negociada para consumo da província, no litoral, e o couro mais localmente, como, também, exportado para o Reino. Havia uma diversidade de gados, embora predominasse o bovino. Os rebanhos das fazendas eram compostos de bois, vacas, bezerros, bodes, carneiros, cabras, ovelhas, muares de carga e cavalos. Esses animais eram criados soltos, nos pastos das fazendas. Do gado bovino, prendiam-se as vacas leiteiras em currais, a fim de se oferecer uma alimentação adequada a esses animais, para se obter uma produção de qualidade, para leite, queijo e coalhada.

Em 1808, com a instalação da Corte portuguesa no Rio de Janeiro, várias medidas governamentais foram implementadas no Brasil, como a criação de vilas nas províncias, que funcionavam como sedes municipais. Na Província de Pernambuco, por alvará com força de lei, em 1810, criou-se a Vila de Pajeú de Flores, onde foi sediada a Comarca do Sertão de Pernambuco, formada pelos termos de Cimbres, Garanhuns e Tacaratú, à qual pertencia Fazenda Grande.

Nas formas de povoamento, de aquisições e de partilhas de propriedades de terras, estabeleceu-se uma rede de relações que articulou elementos internos e externos. As solidariedades familiares se conjugaram às solidariedades políticas para definir os mecanismos das relações sociais nas vilas de Tacaratú e Floresta.

A vila de Tacaratú

Em terras vizinhas à Fazenda Nova, no mesmo período, por processo de deslocamento semelhante, outro povoamento tinha início. O português Antônio da Costa Soares instalou-se no Brasil e veio a fixar residência em Tacaratú. Nasceu na cidade do Porto no ano de 1755 e faleceu aos 90 anos naquela povoação, na fazenda Varze (ou Várzea) Redondo, Província de Pernambuco, no ano de 1845. Recém-chegado, casou-se com Ponciana Maria de Jesus, nascida na Freguesia de Nossa Senhora da Saúde, em Tacaratú. Viveram, aproximadamente, durante sessenta anos naquela freguesia, onde tiveram nove filhos, dois homens e sete mulheres. Na data do falecimento de Antonio, só existiam cinco filhos vivos, para os quais deixou, em testamento escrito pelo senhor Manoel do Nascimento Araújo, a metade dos seus bens.[206]

A antiga povoação de Tacaratú, hoje município do estado de Pernambuco, situado à margem esquerda do rio São Francisco, a 453 quilômetros da capital e primitivamente habitado por índios da tribo pancararus, teve início desde o século XVIII. Segundo Leornado Gominho, data de 8 de setembro de 1761 a provisão do bispo D. Francisco Xavier Aranha criando um Curato[207] na povoação de Tacaratú, depois de reiteradas representações dos seus habitantes pedindo a criação de uma freguesia na localidade. Segundo Pereira da Costa[208], a capela de Nossa Senhora da Saúde, já existente desde 1752 e situada na fazenda do tenente João Teixeira Pinho da Silva, também localizada na povoação, foi designada para servir de matriz.

No mesmo tempo da criação do Curato, tudo indica que a povoação teve foro de julgado[209], pois, em 1773, consta da provisão de nomeação de um tabelião público para a mesma povoação, lavrada a 2 de setembro pelo governador Manuel da Cunha Menezes e de um documento oficial de 1774 que a povoação de Pajeú de Flores fazia parte do julgado de Tacaratú.[210] No ano de 1781, Tacaratú tinha um capitão-mor dos forasteiros, na pessoa de Gonçalo Pinto da Silva, filho de Manoel Lopes Diniz, um coronel das entradas e um sargento-mor das conquistas.[211] Lentamente, o Curato foi se firmando, pois, em 1809, teve o

---

206. Testamento de Antônio da Costa Soares, 1845, Tacaratú, disponível no Laboratório e Pesquisa e Ensino de História da UFPE.
207. "Curato" é um termo religioso derivado de cura ou padre, que era usado para designar aldeias e povoados com as condições necessárias para se tornar uma paróquia.
208. Gominho, Leonardo Ferraz. *A Rebelião da Serra Negra: A Praeira do Sertão*. Recife, 1993, p. 73.
209. Povoação com justiça e juiz próprio e com alçada limitada.
210. Gominho, Leonardo Ferraz. Op. cit., p. 73.
211. Ibidem.

predicamento de paróquia ou freguesia[212]. Em 1854, foi elevado à categoria de Comarca[213] e, com a ligação ferroviária Piranhas--Jatobá, se constituiu, nas margens do rio São Francisco, uma povoação, que em muito se desenvolveu e passou a ser a sede do governo municipal. A atividade econômica predominante era a agropecuária, com destaques para os rebanhos caprinos.

O censo demográfico do Império do Brazil, de 1872, registrou, em Tacaratú, uma população mais de duas vezes menor do que a de Floresta, com 1941 casas habitadas, 1491 *fógos*, somando um total de 5.490 habitantes, entre livres e escravos. Essa freguesia não contava com advogados, médicos e juristas. Seus profissionais liberais, como já foi referido, eram um farmacêutico, dois parteiros, quatro professores, três empregados públicos, um artista, dezesseis militares e três capitalistas. Os profissionais trabalhavam com metais, madeira, tecidos, edificações, couro e pele, vestuário e calçados.

Durante o começo de século XIX, os atuais municípios de Floresta e de Tacaratú estiveram interligados por relações administrativas e, certamente, por diversos tipos de relações entre seus habitantes, o que permitiu construírem as suas histórias muito perto um do outro. Na construção da sociedade de coproprietários dessas vilas vizinhas, havia relações familiares de estreitas amizades e de fortes laços políticos.

O Termo de Floresta abrangia as freguesias de Fazenda Grande e Tacaratú e, além da área do atual município, cobria as freguesias de Petrolândia, Itacuruba e parte de Betânia[214]. Até a

---

212. Freguesia é o nome que tem em Portugal e no antigo Império Português a menor divisão administrativa, correspondente à paróquia civil.
213. Uma comarca, do latim *commarca* ou *comarcha*, por sua vez derivado do termo de origem germânica *Mark*, "confim", "limite", "marca", é um termo, originalmente, empregado para definir um território limítrofe ou região fronteiriça. Por extensão de sentido, tornou-se uma divisão frequente na Península Ibérica. Também pode receber os nomes de distrito ou bisbarra. Historicamente, as comarcas estavam conformadas por freguesias ou paróquias.
214. Ferraz, Carlos Antônio de Souza. *Floresta do Navio, capítulo da história sertaneja*. Biblioteca Pernambucana de História Municipal, v. 26. Recife, 1992, p. 83.

criação da vila, em 1846, quando passou a pertencer à Comarca de Pajeú de Flores, com o nome "Floresta", cinco fatores contribuíram para o desenvolvimento de Fazenda Grande: o humano, constituído de grupos familiares; o territorial, devido ao patrimônio canônico, instituído em 1778, base física para a concentração urbana; o espiritual, que congregou fiéis, sob a invocação do Bom Jesus dos Aflitos; o político, sob a predominância de ideias liberais; e o econômico, devido à atividade principal: a criatória.

Desde o século XVIII, dados referentes à Província de Pernambuco a definiam como um espaço de grande desenvolvimento econômico da Colônia. No litoral, a economia da agricultura prosperava, devido aos inúmeros engenhos, que se estendiam por uma imensidão de terras de plantar cana-de-açúcar para a exportação em larga escala. No Sertão, a economia da pecuária começa a aparecer e a se desenvolver com o mesmo peso que o açúcar tinha na Zona da Mata. Floresta e Tacaratú estavam inseridas nessa realidade.

O gado era a produção hegemônica local. Ter um rebanho grande também indicava poder econômico e uma boa relação com a política municipal.

> A produção do gado e de seus derivados, em sua maioria, servia tanto para o abastecimento tanto da zona açucareira como dos núcleos urbanos, onde estavam situadas as unidades produtivas, daí a produção criatória estar diretamente relacionada com o comércio de longa distância, o que já a diferenciava das *plantations*.[215]

Pernambuco entra na segunda metade do século XIX com as suas bases econômicas assentadas no tripé monocultura, latifúndios e escravidão. As mudanças econômicas promovidas pela substituição do açúcar pelo café, como primeiro produto

---

215. Silva, Maria Lêda Oliveira da. *Floresta do Navio: uma cidade pernambucana do gado (1850-1888)*. Recife: UFPE, 1997, p. 20. (Dissertação de Mestrado em História).

nas exportações brasileiras, durante toda a segunda metade deste século, não modificaram a estrutura econômica da província. O açúcar não perdeu a grandeza, continuava com supremacia entre os produtos exportáveis e era um dos temas mais importantes nas discussões políticas locais.

Para Maria Lêda Oliveira, apesar de um alto grau de especialização de produtos em Pernambuco, como também em âmbito nacional, a produção econômica da província não se limitou à agroexportação açucareira. Recife e Olinda poderiam importar produtos básicos e os núcleos mais afastados desses centros tenderam a se autoabastecer com produtos locais, como é o caso de Floresta e Tacaratú.

No espaço das fazendas: Tacaratú e Floresta

Em Floresta e em Tacaratú, os antepassados dos 154 coproprietários estudados, que chegaram em meados do século XVIII, adquiriram seus terrenos por arrendamentos a terceiros e não por concessões de sesmarias diretamente da Coroa. Os dados indicam que estabeleceram fazendas de gados em terras arrendadas a "intermediários", os baianos da Casa da Torre. Como foi dito, desde os anos finais do século XVII, fazendas de gados se multiplicavam na região, entre vales, serrotes e pequenas elevações, não propriamente montanhosas.

No Brasil, a fazenda, como propriedade, foi constituída no século XVI, quando da implantação do sistema sesmarial. Inicialmente, o termo fazenda significava propriedade pecuarista. Somente depois passou a designar propriedades destinadas a atividades agrícolas em geral. A quase totalidade das posses registradas nos inventários *post-mortem* e nos registros de terras públicas configurou-se como fazendas, ou propriedades fundiárias que se estendiam por grandes áreas, onde se empregava o trabalho escravo e o livre e praticava-se a atividade pecuarista, com criação de gados diversos, a agricultura de subsistência e a do algodão. Essas terras podiam ser vendidas e/ou compradas.

Elas funcionavam como um sistema de habitação de "posses em comum" ou como "condomínios".

Os condomínios foram elementos distintivos do processo de ocupação nas vilas estudadas. Neles, estavam reunidos não somente os aspectos econômicos essenciais da produção, como os citamos nas últimas linhas do parágrafo acima, mas, também, práticas sociais, que apontam uma rede de sociabilidade. A partilha igualitária apresentou um viés tecidual porque entrelaçou as pessoas herdeiras, não somente em torno dos bens patrimoniais, que lhes serviam de sustentação econômica, mas, em torno de relações políticas, sociais de casamentos, de compadrios, de amizades, de conflitos diversos. Nesse contexto, fica difícil compreender que essa categoria não se empenhasse em assegurar, também pelas relações pessoais, a reprodução do patrimônio territorial, um dos elementos de poder na região.

Se os documentos consultados não informam o tamanho das fazendas em medidas agrárias, nem tampouco as distâncias entre elas, o que deveria ser de três léguas, segundo demandava a legislação, eles indicam que se tratava de grandes domínios. Quanto ao tamanho das fazendas, que constata a tendência latifundiarista, pode, também, ser visto pela importância que uma vasta extensão tinha naquele local para a dinâmica da pecuária extensiva, que exigia grandes áreas, devido ao baixo nível técnico da exploração das pastagens nos períodos secos[216].

No tocante ao espaço de três léguas, os dados apontam que ele não existia entre as fazendas estudadas. Pelos dados dos registrantes nos registros de terras públicas e em alguns inventários, essas fazendas eram contíguas e não ficaram evidentes as terras devolutas entre elas. Pela descrição das fronteiras dos terrenos, podemos visualizar a extensão e a contiguidade: Manoel Victurianno de Sá, 1858, Floresta, registrou seis posses, todas se limitando com outras fazendas: as confrontações eram as seguintes:

---

216. Cabral, Maria do Socorro Coelho. *Caminhos do Gado: conquista e ocupação do Sul do Maranhão.* São Luís: SECMA, 1992, p. 147.

Senhor e possuidor de uma posse foreira, adquirida por herança legítima dos sogros, na fazenda Tacuruba, a qual confronta, ao Poente, com a Fazenda do Jatinam, ao Nascente, com Fazenda Barra do Pajeú, ao Norte, com a Fazenda de São José e, ao Sul, com o rio de São Francisco.

Senhor e possuidor de uma posse foreira, adquirida por herança legítima do pai, na Fazenda do Roque, a qual confronta ao Poente com a Fazenda Barra do Pajeú, ao Nascente com o rio de são Francisco, ao Norte com a Fazenda Gravatá de São José e ao Sul com a Fazenda do Curral Novo.

Senhor e possuidor de uma posse na Fazenda São José, adquirida por herança legítima dos sogros, a qual confronta ao Poente com a Fazenda Jatinam, ao Nascente com a Fazenda Ambrósio, ao Norte com a Fazenda campo Grande e ao Sul coma Fazenda Passo Grande

Senhor e possuidor de uma posse na Fazenda Campo Grande, adquirida por herança legítima dos sogros, a qual confronta ao Poente com a Capim Grosso, ao Nascente com a Fazenda Gravatá, ao Norte com a Fazenda Paus Pretos e ao Sul com a Fazenda São José

Senhor e possuidor de uma posse na Fazenda do Riacho, adquirida por herança legítima dos sogros, a qual confronta ao Poente com a Fazenda São José, ao Nascente com a Fazenda Papagaio, ao Norte com a Fazenda Curralinho e ao Sul com o rio de São Francisco.[217]

Esses registros dão, também, uma noção de como as famílias dessas fazendas se interligavam geograficamente umas com as outras: os seus terrenos eram juntos, o gado era criado solto, o usufruto de recursos naturais era em comum, como as pastagens, os rios e riachos, e, também em comum, uma concentração fundiária. Era comum proprietários serem donos de muitas terras em fazendas ou sítios, na vila onde habitavam ou em outras. O difícil é determinar o limite das necessidades de terras de cada fazendei-

---

217. Registros de Terras Públicas n. 14, disponível no Arquivo Público Estadual de Pernambuco Jordão Emerenciano.

ro. Nesse contexto, torna-se importante considerar o dinamismo conjuntural da atividade criatória, para equacionar o fato de indivíduos registrarem várias posses de terras em diferentes locais.

Os Sá Araújo, os Lopes Diniz, os Gomes de Sá e os Souza Ferraz, proprietários mais ricos, eram donos de vários terrenos, localizados em Tacaratú e em Floresta. Lourenço de Sá Araújo, fazendeiro criador, domiciliado em Tacaratú, falecido no ano de 1861, deixou para os seus co-herdeiros uma considerável riqueza. O seu montante total, em bens patrimoniais, foi o mais alto entre os inventariados pesquisados de Tacaratú. Ele somava vinte e quatro contos, seiscentos e noventa e um mil, cento e oitenta e quatro réis. A inventariante, sua viúva e meeira, Claudiana Maria do Espírito Santo, declarou vinte posses de terras localizadas em diferentes fazendas, nas Províncias de Pernambuco e da Bahia, das quais, em oito delas, possuía, espalhadas, o total de mil e cinquenta e sete cabeças de gados, entre *vacum*, *cavalar*, *cabrum* e *ovelhum*; era também dono de mais vinte e um escravos. Outro fator importante é que era comum proprietários criarem gados em suas fazendas e em fazendas de outros.

As fazendas de gados situadas em Floresta e em Tacaratú possuíam instalações rústicas. Os mais afortunados possuíam casas de vivenda, feitas de tijolos, com até quatro vãos. Os proprietários de menos posses, casas de taipa e telhas, com até três vãos e com currais nas dependências do terreno. Os preços eram variáveis, havia referências a uma casa de taipa que custava o valor de trezentos mil réis e casas de tijolos, com dois vãos, por cento e setenta mil rés.

A mão de obra utilizada era mista: a livre e a escrava, a quantidade de cativos por família dependia do valor do montante total de cada uma. Os mais ricos pareciam utilizar o escravo no trabalho com o gado. Manoel Lopes Diniz, Tacaratú, 1861, possuía trezentos e desesseis cabeças de gado *vacum*, duzentos de gado *cabrum*, quarenta e dois *cavalar* e onze escravos. Serafim de Souza Ferraz, Floresta, 1868, quinhentas e sessenta e três cabeças de gado *vacum*, cento e sessenta de gado *cabrum*, vinte e sete *cavalar* e vinte e quatro escravos.

Quanto ao absenteísmo dos coproprietários, não tivemos indícios de sua ocorrência em Floresta, nem em Tacaratú, as fontes demonstram que os fazendeiros dessas freguesias residiam nas suas fazendas, possuíam casas na vila, perto da igreja matriz e estavam à frente da administração, juntamente com filhos e netos.

Além da produção pecuarista, as fazendas tinham potencial para desenvolver a autossuficiência. Produziam, praticamente, tudo o que se consumia: alimentação, vestuário, alguns utensílios domésticos, em couro, por exemplo, e para o manuseio do gado. As lavouras de subsistência eram comuns na quase totalidade dos inventários. Os instrumentos de trabalho mais comuns eram os cavadores, as foices, os facões, os machados, as enxadas, variando em quantidades, conforme o poder aquisitivo. As ferramentas de carpintaria também eram comuns: enxós, serrotes e compassos. Os cercados, os chiqueiros, as casas de farinha, os engenhos de fiar e as canoas compunham a economia doméstica complementar.

Nos ofícios da Câmara Municipal de Floresta, ano de 1865, há registros da existência de um mercado local de legumes, suínos, *cabrum*, *ovelhum* e *vacum*. A limitação desse mercado foi acusada devido à imprecisão das medidas utilizadas para secos e molhados. No ofício enviado à Câmara, o governador ordenava a remessa dos padrões das medidas, o que não pôde ser cumprido devido à utilização de um padrão naquele mercado, que não tinha como proceder às diferenças com outros, utilizados em municípios distintos. Também foi referida uma feira dominical, localizada no centro da área urbana. Em Floresta, existiam vinte e seis comerciantes. Em Tacaratú, vinte e três brasileiros e cinco estrangeiros dedicavam-se ao comércio.

No século XIX, as fazendas estudadas neste trabalho não eram mais tão extensas como no início da colonização da região, no século XVIII. Entretanto, os dados indicam que as propriedades partilhadas, resultantes do processo de aumento demográfico e crescimento das famílias dos proprietários, não se apresentaram com grandes diferenças socioeconômicas em relação à grande propriedade dos primeiros séculos, quando o quadro demográfico era menor e as propriedades menos partilhadas entre familiares.

Constatamos que as fazendas dos coproprietários eram as mesmas do século XVIII, constituídas pelos seus ancestrais, e que eram tão grandes quanto próximas geograficamente umas das outras. Terrenos assim tão grandes foram o cenário de uma configuração territorial baseada num parcelamento de terras entre herdeiros e co-herdeiros, permitindo às gerações dos descendentes dos colonizadores aí se estabelecerem com suas moradias, numa interconexão social quase sem fim.

Na realidade, as gerações foram dando continuidade a um processo de coapropriação. A ruptura foi com o tamanho das posses, elemento que souberam administrar positivamente em favor do grupo e de cada indivíduo, na medida em que seus membros permaneceram se reproduzindo na localidade, fazendo circular títulos de posses. Por esse recorte do funcionamento de fazendas de gados nas terras de Floresta e de Tacaratú, buscamos trabalhar um outro sentido do termo fazenda. Mais do que um espaço de produção de bens, ela foi, também, um espaço de relações humanas decisivas.

Os documentos de que dispomos indicam o comportamento institucionalmente reconhecido daqueles sujeitos, sobre os seus atos tabelionais e de propriedades e, além da partilha, formalizada nos processos, também indicam elementos importantes das práticas cotidianas de uso da terra, herdada ou comprada. Ao partilhar a terra por herança, reproduziam-se as *"posses em comum"* e surgiam novos proprietários, ou, *"coproprietários"*. Possuir terras foi o que primeiro distinguiu os indivíduos nesta sociedade. No contexto da análise social que nos propomos a fazer, o processo de inventário *post-mortem* é apontado como um documento de indicador social. Conforme Sheila de Castro Faria,[218] o inventário *post-mortem*, na época, era um processo

---
218. Faria, Sheila de Castro. *A Colônia em Movimento*. Rio de Janeiro: Nova Fronteira, 1998, p. 227.

jurídico realizado por indivíduos afortunados, por pessoas que tinham bens e herdeiros menores.

Os estudos dos atos institucionais paralelos aos estudos dos costumes da categoria permitem compreender que há uma relação entre os espaços onde ambos se situam. No espaço micro, manifestam-se os costumes, o dia a dia das pessoas, os atos informais (não desconectados do macro); no espaço macro, são criados os atos das esferas política e socioeconômica. No entanto, as ações cotidianas não estão desconectadas dos atos institucionais. Os atos cotidianos, que, em muitas vezes, são compreendidos como estratégias de sobrevivência e adaptação, estão ligados a valores e não são apenas ditados por uma lei de reprodução simples. Mostram as ambiguidades deixadas pelos sistemas de dominação e de controle.

As leituras das fontes, paralelamente e superpostas, no tempo e no espaço, mostram o caráter substancialmente social dos atos daquela categoria. Embora não permita a observação de um momento da vida material das pessoas, o estudo de um grupo específico de processos de inventários *post-mortem* traz vestígios sobre a trajetória de vidas na sociedade. Dificilmente, as dinâmicas ou mudanças podem ser percebidas em termos individuais.

Paragens, Fazenda Grande, Tacaratú e suas imagens

Um roteiro datado de 1738 indica caminhos que os colonizadores percorreram para atingir o sertão do Vale do Rio São Francisco[219], onde fundaram fazendas, mais especificamente, a partir dos vales dos rios São Francisco, Pajeú, Moxotó e dos seus afluentes. Nesse roteiro, só existiam as paragens de Crauatá e Barra; no mapa da Estrada Real, já figuravam as fazendas Crauatá, Ambrósio, Sabiucá, Barra e Tacurubá. No roteiro das boiadas, sessenta e quatro anos depois, em 1802, figuravam as

---

219. Mello, José Antonio Gonsalves de. *Três roteiros de penetração do território pernambucano (1738 e 1802)*. Recife: UFPE, 1966.

mesmas fazendas: Gravatá, Ambrósio, Barra e Tacuruba, com as grafias já atualizadas.[220]

Cento e quarenta e dois anos depois, nos inventários *post-mortem* e nos registros de terras, figuravam as mesmas fazendas mais outras, como as fazendas Pedra, Arapuá, Panela d'Água, Jatinan, Navio, Misericórdia e Curralinho que, situadas nos trechos médios do Pajéu, do riacho do Navio, do São Francisco, no afluente do riacho Campim Grosso e na Serra do Arapuá, eram as principais fontes de produção agropecuária e onde se concentravam, também, as fazendas condomínios. Entre os rios Pajeú e o Moxotó, no vale do São Francisco, interiorizou-se o povoamento, concentrado nas fazendas Ambrósio, Gravatá, Riacho, Taquatiara, Sobrado, Atalho, Boa Vista e Quixabá.

Além das que visualizamos no mapa, encontramos nos inventários menção às seguintes outras fazendas: Curral do Roque, Tapera, Caiçara, Navio, Quebra-unha, Pedra Vermelha, São Pedro, Várzea Cumprida, Varze Redondo, Curral Novo e Mulungú. O povoado de Fazenda Grande se situa a menos de uma légua[221] acima do desaguadouro do riacho do Navio, no rio Pajeú. O riacho do Navio, pelas facilidades da água, dos pastos e dos currais, constituiu o caminho das boiadas que saíam do sertão para o litoral.

---

220. Ibidem.
221. A légua é uma medida itinerária antiga, cujo valor é variável segundo as épocas e os países, geralmente com valores entre 4 e 7 km. Légua métrica: medida itinerária portuguesa equivalente a 5 km.

Roteiro do Rio São Francisco 1738

Representação gráfica da localização das fazendas-condomínios

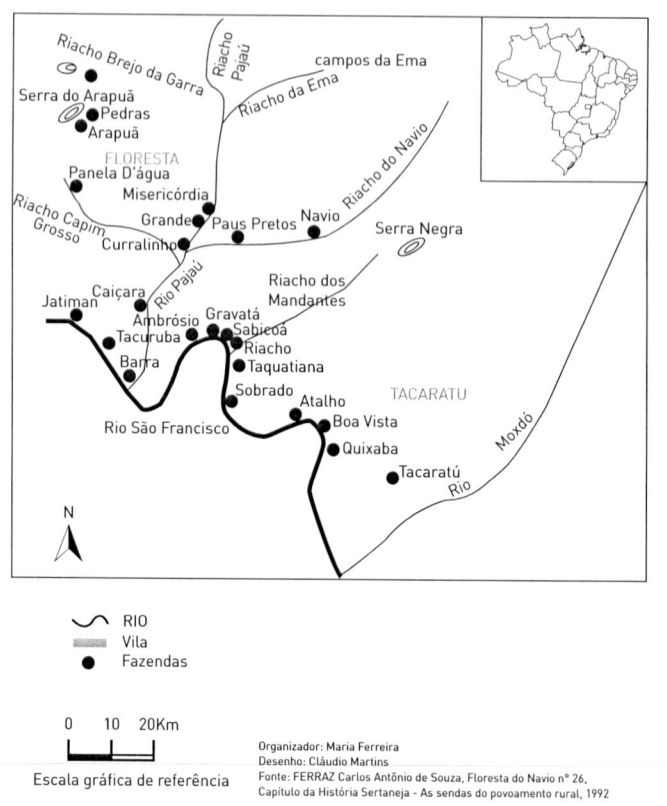

Roteiro do Rio São Francisco

Fonte: Ferraz, Carlos Antônio de Souza. *Floresta do Navio*: capítulos da história sertaneja. Biblioteca Pernambucana de História Municipal. Volume 26. Recife, 1992, p. 57.

As fazendas citadas no roteiro acima foram obras de empreendedores do século XVIII, como Antonio Pereira, do Sítio Fazenda Grande, já mencionado, responsável pela criação do povoamento de Fazenda Grande[222]. Um outro foi o capitão Jerônimo de Souza Ferraz, criador da fazenda Barra do Pajeú e de

---

222. Ferraz, Carlos Antônio de Souza. *Floresta do Navio: capítulos da história sertaneja*. Biblioteca Pernambucana de História Municipal, v. 26. Recife, 1992, p. 57.

parte das fazendas Caiçara e Riacho do Navio, no Vale do Pajeú. A Curralinho foi fundada por um dos membros da família Silva Leal; a Misericórdia, por um Novaes.

No vale do riacho Capim Grosso, os Diniz primeiro arrendaram a fazenda Panela d'Água e no século XIX a compraram. No Vale do Pajeú, na Serra do Arapuá e nas regiões circunvizinhas, fixaram residência os Torres, os Gonçalves e os Carvalho. No vale Riacho do Navio, instalaram-se também os Ferraz e os Gomes de Sá. No vale do Riacho dos Mandantes, os Ferraz também criaram as fazendas Parnaso, Poço Novo, Mata dos Angicos, Mandacaru, Poço da Pedra e outras.

Essas fazendas eram contemporâneas e próximas umas às outras, como indica o roteiro do São Francisco. Proximidades e contemporaneidade foram elementos que movimentaram simultaneamente as relações, aparentemente espontâneas, que se constituíam e conectavam o grupo social, as práticas e o território, configurando, assim, a rede de sociabilidade. Dizemos *"aparentemente espontâneas"* porque, segundo Alain Degenne[223], práticas de sociabilidades não são espontâneas, como podemos pensar nesse primeiro momento, analisando-as apenas pelo ângulo da geografia do território ou das proximidades. A sociabilidade respeita, sempre, normas e não pode jamais ser qualificada de "espontânea"[224]. Desde o começo da colonização, nos casos de Floresta e Tacaratú, já era visível uma relativa organização da sociabilidade, para além de uma simples rede de proximidades pessoais entre amigos, parentes e famílias, que interferia no funcionamento da sociedade local. As redes se constituíam numa associação pelos interesses. À parte as relações de casamentos, outras relações como a de vizinhança estavam previstas no segundo livro das Ordenações Filipinas, título LVI, que ordenavam o seguinte:

---

223. Degenne, Alain. *Les Réseaux Sociaux: une analyse structurale en Sociologie*. Armand Colin Editeur, Paris, 1994.
224. Degenne, Alain. Op. cit., p. 39.

Em que tempo se faz alguém vizinho, para gozar dos privilégios de vizinho:

Vizinho se entende em cada uma cidade, vila ou lugar, aquele que dela, ou de seu termo for natural ou em ela tiver alguma dignidade ou officio, nosso ou da Rainha, ou, de algum senhor de terra ou do Conselho dessa vila ou lugar e seja officio tal per que razoadamente possa viver e do feito viva e more no dito lugar ou seu termo e se em a dita vila ou lugar alguém for feito livre da servidão em que antes era posto ou for perfilhado em ela por algum hi morador e o perfilhamento confirmado por nós porque em cada um destes casos é por Direito havido por vizinho.

Seja também, qualquer natural ou não de nossos Reinos, havidos por vizinhos da villa, ou lugar em que casar com mulher da terra e onde tiver maior parte de seus bens, com tensão e vontade de la morar. E, se dai se partir, e for morar em outra parte com sua mulher, casa e fazenda, com tensão de mudar o domicílio, e depois tornar a morar no dito lugar, onde assim casou, não sera havido por vizinho, salvo hi morando per quatro anos continuadamente com sua mulher, filhos e fazenda, os quais acabados, queremos que seja havido por vizinho.

E se algum se mudar com sua mulher, com toda a sua fazenda ou a maior parte dela, do lugar onde era vizinho, para outro lugar, não será havido por vizinho do lugar para onde novamente for viver, até nele morar com sua mulher e toda sua fazenda ou maior parte dela continuadamente outros quatro anos, os quais acabados, será havido por vizinho e de alguma outra maneira fora os declarados nesta lei. Nenhum podera ser havido por vizinho nem gozar da liberdade e dos privilégios de vizinho, quanto a ser exempto de pagar os Direitos Reaes que per bem de alguns forais e privilégios dados a alguns lugares, os vizinhos são exemptos.

E tudo o que dito he, se guardará para serem por vizinhos as pessoas sobreditas: salvo se per foral de terra for ordenado o contrário, porque, então, se guardará o conteúdo no tal foral.

> Porém, não é nossa tenção que por esta lei sejam em alguma parte tiradas as usanças antigas das cidades, vilas e lugares de nossos Reinos e senhorios per que os moradores delas são havidos por visinho para suportar os encargos e servidões dos Conselhos, onde são moradores. Porque, quanto ao que toca a esta parte, mandamos que se guardem suas usanças de que sempre antigamente usaram, sem outra alguma inovação, sem embargo desta lei.[225]

Um conjunto de relações tomou forças à medida que os papéis sociais foram sendo constituídos e que o território ganhava formas e fronteiras, onde as pessoas se relacionavam de diversas formas. A forma de se relacionar dos proprietários politizava o uso dos bens, como a terra e os escravos. Para ser reconhecido como vizinho perante os forais e gozar do privilégio da isenção dos direitos reais, deveria-se fixar residência no local por, pelo menos, quatro anos ininterruptos, ser natural da terra, casar com mulher da terra e ter oficio reconhecido.

Na segunda metade do século XIX, a relação de vizinhança, prevista nas Ordenações Filipinas, foi estabelecida como um pré-requisito para registros de terras. Para que o terreno fosse registrado em nome da pessoa que se dirigisse às paróquias responsáveis para realizar tal procedimento, a Lei de Terras de 1850 exigia que essa pessoa fosse reconhecida, pelos vizinhos imediatos, como vizinho, para, então, reconhecer e legalizar a propriedade. As relações familiares, de parentesco, de vizinhança, de condomínio e de cossenhorio estão intrinsecamente associadas, alimentando a dinâmica política, nos interesses e nos conflitos.

---

225. Segundo livro das Ordenações Filipinas, título LVI: em que modo e tempo se faz alguém vizinho, para gozar dos privilégios de vizinho. Disponível em: <https://goo.gl/bsTkBw>.

Capítulo 4
Condominium: Uma rede de Sociabilidade familiar, patrimonial e administrativa

Em busca do que ligava os proprietários entre eles e do que possibilitava manter a propriedade fundiária no seio do grupo, após um século de colonização da região, vivenciada num sistema de partilhas igualitárias dos bens patrimoniais, cuja tendência parecia ser o desaparecimento dos latifúndios, tentamos traçar um perfil do grupo. Os dados das pesquisas apontaram que seus membros estavam ligados em redes.

Analisar os tipos de ligações existentes entre os proprietários apenas pelo ângulo dos vários cargos públicos que eles ocuparam, como se somente dessa forma se articulassem entre si, ou, por outro lado, pelo ângulo de suas práticas de sociabilidade, são duas das quatro possibilidades de abordagem que buscamos para identificar e analisar o papel desempenhado por esses proprietários na estrutura das redes que formaram e como a elas se conectavam. Os dados indicaram que práticas de sociabilidade foram muito importantes para se reproduzirem como uma categoria social e para que mantivessem a propriedade privada da terra. Esses indivíduos formaram um corpo de homens políticos, de coproprietários de terras e de cossenhores de escravos. Durante gerações, eles ocuparam vários cargos públicos e tiveram posses de terras.

Analisar as diversas relações sociais entre os proprietários de fazendas, como sendo elas características de um grupo profissional, bem como os elos da conexão, foi a terceira possibilidade de abordar o problema. Segundo Maria Yeda Linhares, no tempo da Corte instalada no Rio de Janeiro, fazendeiros pertenciam à categoria socioprofissional dos patrões, como os negociantes, comerciantes e capitalistas, todos ligados ao setor financeiro[226]. No cotidiano das vilas de Floresta e Tacaratú, os dados de nossas pesquisas indicam que a maioria dos proprietários de terras e de gados pode constar nessa classificação, utilizada para a Corte, pois eles não executavam a atividade pecuarista nem a atividade agrícola. Eles as delegavam aos vaqueiros, aos escravos e aos agregados. Os vaqueiros exerciam, também, a função de administradores das fazendas. Segundo o recenseamento nominal, realizado pela Polícia Civil[227], em 1859, os escravos representavam 19,9% da freguesia de Fazenda Grande e a maioria deles pertencia aos plantéis das fazendas. Dos 195 criadores mencionados, 59% possuíam escravos.

Considerar as ligações como características dos cargos que exerceram na administração pública e da categoria socioprofissional de patrão, abrigadas pelos laços de família – uma quarta possibilidade de abordar o problema –, poderia induzir à omissão de uma realidade mais complexa, pois, na estrutura das redes, essas ligações se entrelaçaram umas nas outras, para definir as relações de poder entre eles, em todos os espaços: político, familiar e profissional. Entendemos, então, que, analisar as relações que existiam entre as formas de sociabilidade, como o condomínio e o cossenhorio, seria a forma mais coerente de tentar responder a questão.

Estamos tratando de uma análise micro-histórica, com base em práticas de sociabilidade. No entanto, os problemas e contradições que ocorreram em Tacaratú e Floresta também ocorreram em outras partes, à mesma época, como, também, em vilas de outras províncias ou podiam ocorrer em qualquer outro lugar. No contexto das vilas de Floresta e de Tacaratú, filhos da elite se conectaram continuamente e de modo semelhante ao

---

226. Coelho, Edmundo Campos. *As profissões Imperiais*. Medicina, engenharia e advocacia no Rio de Janeiro, 1822-1930. Rio de Janeiro; São Paulo: Editora Record, 1999, p. 78.
227. Estatística da População de Fazenda Grande. Arquivo Estadual de Pernambuco, Recife, Coleção Polícia Civil, v. 59.

poder político local, seja conservador ou liberal, nas diversas instâncias administrativas, judicial, policial e militar.

Uma leitura "construtivista" do termo sociabilidade permite dizer que ele exprime, em primeiro lugar, a riqueza da vida social cotidiana. Neste sentido, trabalhamos as relações de sociabilidade desenvolvidas entre os coproprietários. As relações que os conectavam não eram unicamente políticas: elas eram indissociavelmente políticas, familiares, profissionais, econômicas, amigáveis e conflituosas. Nesta perspectiva, também caracterizamos as práticas sociais e o papel que elas exprimiram na rede de sociabilidade.

Ter propriedade de terras, de escravos e de gados, muitas vezes, autorizou o papel que certos indivíduos vieram a ocupar nesta sociedade. Num espaço onde as relações podiam dar sustentação à condição social, colonizadores recém-chegados, que se instalaram na condição de fazendeiros, donos de escravos e criadores de gado *vacum*, logo, passaram à condição de altos funcionários da administração da Coroa no Brasil, como oficiais das Ordenanças e, depois, no exercício de cargos públicos eletivos. Eles foram investidos de autoridade e de autonomia. As suas práticas exprimiam estratégias que reforçavam essa autonomia social, política e economicamente indissociável. A releitura da vida política desses proprietários pelo ângulo das práticas de sociabilidade apontou que a politização desse grupo foi inseparável das condições de vida e trabalho que constituíram e, por conseguinte, do espaço onde habitavam. A sociabilidade como uma categoria de análise de grupos sociais é um convite para percorrer as relações que tecem a organização social e as suas práticas.

A análise dos dados aponta que o modo como os proprietários se firmaram e se apropriaram de bens patrimoniais, com o passar das gerações, tenha-se devido ao aumento desigual da riqueza de cada um. Algumas famílias ou ramos delas prosperaram, o que não aconteceu com outras. No entanto, fossem mais ricas ou menos ricas, elas exibiam características de pertencimento a um grupo social que transitava nos lugares de poder.

As relações sociais reuniam, em posições diferentes, os cento e cinquenta e quatro indivíduos inventariados mais os seus inventariantes e herdeiros, todos membros da elite. Essas ligações admitiam uma solidariedade análoga à de uma família. O conjunto das relações permitiu ter resultados interessantes, senão direta e simultaneamente para a totalidade do grupo, ao menos, para uma parte dele. As relações, geralmente, organizaram-se de elementos dinâmicos e centrais da rede, como o matrimônio, o patrimônio e a política, que impulsionaram as conexões. Ao mesmo tempo, a intensidade ou a estreiteza das relações podiam variar de acordo com a intensidade das ligações mantidas entre os membros da rede de sociabilidade.

A sociabilidade, em Floresta e em Tacaratú, baseou-se em relações sociais que se complementavam. As primeiras foram constituídas dentro das famílias, pelos nomes, pelo lugar de origem comum, mesmo que distante, como os casos de terras adquiridas por parentesco distante no século XVIII. As segundas, em torno de bens patrimoniais. As terceiras, em torno da política. No seio das famílias, as relações se desenvolveram lateralmente, pelo recurso das alianças matrimoniais, não exclusivamente endogâmicas e, colateralmente, por relações de copropriedades. Essas relações, complementares e coerentes, movimentaram várias ligações.

Outros tipos, diferentemente das relações familiares, patrimoniais e políticas, conectavam indivíduos, porém, pelo viés de relações de dependências, no entanto, não eram menos importantes para o funcionamento do sistema. Eram elas as relações de autoridade e de subordinação entre os cossenhores e os seus escravos, entre proprietários e agregados, que, muitas vezes, foram recrutados por eles para compor a sua guarda pessoal.

As redes de alianças e os conectores

Uma vez constituídas as alianças, apareceram, entre 1840 e 1880, três redes maiores de alianças ligando entre eles a maior parte dos proprietários de Floresta e Tacaratú. Cada uma dessas redes tinha suas características particulares, e os lugares que nelas ocupavam os proprietários não eram os mesmos, mas, às vezes, se confundiam. Então, é interessante analisar o sistema que elas revelam. Todas as genealogias que mencionamos aqui repousam sobre a possibilidade de ligar, entre eles, proprietários, por intermédio de alianças matrimoniais, patrimoniais e políticas.

Rede A – Matrimônios: conectores da rede família

Na rede de poder que se estabeleceu em Floresta e Tacaratú existem dois personagens que, se desaparecessem, poderiam ter modificado completamente as relações entre a maioria dos membros das famílias aqui mencionadas. Trata-se dos portugueses Manuel Lopes Diniz e Manoel Alves de Carvalho. Segundo Leonardo Gominho,[228] os Carvalho, de Floresta, vindos da Bahia, eram filhos nascidos de casamentos entre filhos e netos de Manuel Lopes Diniz. O mesmo genealogista[229] afirma que foram estas duas famílias o tronco de outras famílias de destaque da região, como Alves de Barros, Torres Barbosa, Nogueira de Barros, Valgueiro Barros, Torres Carvalho, Carvalho Barros, Lopes Barros, Diniz Carvalho e outras. Os Lopes Diniz também eram conectados com membros da família Souza Ferraz, por laços de famíla, de amizade e de compadrio. Manuel Lopes Diniz foi compadre do capitão Dâmaso de Souza Ferraz, por batizar uma de suas filhas. A mulher de Manuel Lopes Diniz era tia do capitão Dâmaso. A quinta filha de Manoel Lopes Diniz, Rosa Maria do Nascimento, casou-se com Francisco Gomes de Sá, um dos proprietários da fazenda Mandantes e um dos juízes ordinários de Fazenda Grande. Manoel Lopes Diniz e José Lopes Diniz foram grandes financistas, emprestando di-

---

228. Gominho, Leonardo Ferraz. *Floresta, uma terra, um povo*. Coleção Tempo Municipal, v. 14. Fiam, Centro de Estudos de História Municipal, Prefeitura Municipal de Floresta, 1996, p. 56.
229. Ibidem.

nheiro a juros aos fazendeiros das vilas de Tacaratú e Floresta, como de outras mais próximas da região: Cabrobó, Itabaiana, Penedo e Serra Talhada.

Membros da família Carvalho chegaram ao sertão de Pernambuco na segunda metade do século XVIII e se instalaram, primeiramente, na fazenda Campo Grande e, depois, na Panela D'Água, dos Lopes Diniz, e em mais quatorze outras, como a Mãe D'Água, Jardim, Tabuleiro Comprido, Curralinho, Cachoeira, Misericórdia, Paus Pretos, Serra do Arapuá, Silêncio, São João, Melancia, Pedra Branca, Belo Horizonte e Malhada Branca, dentre as quais encontramos referências a sete delas, como propriedades de inventariados e inventariantes estudados.

Inácia Maria da Conceição foi uma das mulheres da famíla Lopes Diniz a conectá-la definitivamente à família Carvalho. Os casamentos foram um importante fio conector das redes de relações dessa elite. Filha de Manuel Lopes Diniz, Maria da Conceição foi a segunda mulher do português Manoel de Carvalho Alves, que já havia desposado uma prima, também, da prole Diniz. Deste casal, nasceram treze filhos, entre eles, Francisco Alves de Carvalho, pessoa que viria a ocupar um importante papel de mando na política e na rede de funcionários da administração judicial de Fazenda Grande. Igualmente ao pai, ele também desposou duas primas da família Diniz e, na trajetória política, foi conector de parentes na estrutura da administração judicial.

Os ancestrais dos proprietários que estamos estudando entre as décadas de 1840 e 1880 eram, na maioria, descendentes de portugueses. Há indícios de que grande parte já havia nascido no Brasil e habitava em outras freguesias, antes de vir colonizar as terras do sertão de Pernambuco, em meados do século XVIII. Entre os que teriam vindo direto de Portugal para essas paragens, estão os Lopes Diniz, os Gomes de Sá e os Novaes. No entanto, há divergências entre os genealogistas quanto à informação[230]. Quanto à nacionalidade estrangeira, o censo

---

230. Gominho, Leonardo Ferraz. Op. cit.

Condominium: Práticas de sociabilidade e propriedade de terra –
Vale do São Francisco – Império do Brasil

de 1872 menciona apenas dois indivíduos em Fazenda Grande, sendo eles do sexo masculino, um de origem italiana e outro de origem portuguesa. Em Tacaratú, quatro franceses, dois espanhóis e oito portugueses, sendo todos do sexo masculino, dois eram solteiros e doze eram casados.

Quanto à nacionalidade brasileira, de uma população total de cinco mil quatrocentos e quarenta e oito pessoas em Tacaratú, cinco mil duzentas e dezesseis eram pernambucanas, sete piauienses, trinta e quatro cearenses, dezoito norte-rio-grandenses, duas paraibanas, cento e dez alagoanas, três sergipanas, cinquenta e oito baianas. Em Floresta, de uma população total de quinze mil cento e trinta e oito pessoas, quinze mil e quarenta e duas eram pernambucanas, onze cearenses, oito norte-rio-grandenses, cinco paraibanas, trinta e nove alagoanas, uma sergipana, trinta e sete baianas. A concentração de estrangeiros, principalmente portugueses, era nas Parochias do Santíssimo Sacramento de Santo Antonio, da Boa Vista e de São José do Recife, polos urbanos da província de Pernambuco.

Os proprietários de Floresta e Tacaratú, das décadas de 1840 a 1880, compõem-se, predominantemente, de membros da geração de bisnetos dos colonizadores do século XVIII. Na família Ferraz[231], são bisnetos de Jerônimo de Souza Ferraz, o primeiro a chegar. As notícias indicam que Jerônimo era originário de Sergipe e teria chegado ao sertão de Pernambuco em meados do século XVIII, onde fixou residência na fazenda conhecida por Riacho do Navio. Manuel Lopes Diniz, outro grande fazendeiro da região, arrendou terras de sesmarias à Casa da Torre[232], na Bahia. Logo depois, em meados do século XVIII, ele arrendou a fazenda Panela d'Água, localizada na altura do afluente do riacho do Capim Grosso, afluente do rio Pajeú, local onde fixou residência definitiva e onde se constituiu o povoado Fazenda Grande, atual de Floresta.

---

231. Ibidem.
232. Ibidem, p. 57.

Quanto aos Gomes de Sá, de Floresta, provavelmente,[233] eles eram descendentes dos irmãos pernambucanos Francisco Gomes de Sá, José Gomes de Sá, Anacleto Gomes de Sá, Cypriano Gomes de Sá e Alexandre Gomes de Sá, que teriam dado origem a uma das maiores famílias do sertão pernambucano, particularmente em Floresta, onde, também, influenciaram na política local.[234] Os Novaes descendiam de Antônio Francisco de Novaes, já residente no sertão pernambucano. A estrutura do grupo, como foi visualizada nos documentos, mais de cem anos depois, resultou, essencialmente, do encontro desses grupos e da mescla de interações e antagonismos resultantes dele.

Seria impossível explicar a configuração social que os proprietários criaram em Floresta e Tacaratú sem fazer referências à genealogia, à geografia, sem dizer de onde vieram ou sem tentar expor o modo como eles foram ali se inserindo e formaram as redes, desde os primeiros proprietários, que, afinal, nem eram tão estrangeiros assim, nem estranhos entre si. Existiam relações criadas anteriormente em outras vizinhanças, como na Bahia, com os proprietários da Casa da Torre, entre os quais há possibilidades de relações de parentescos[235]. Outro fato é que, à época, os arrendamentos de terras eram comuns entre eles.

De trinta e dois nomes de famílias mencionados no conjunto das fontes pesquisadas[236], dezenove são reconhecidos como desmembramentos dos primeiros grupos de colonizadores da região[237] do Submédio São Francisco, a partir do século XVIII. Na tabela abaixo, ilustramos que, juntamente com os descen-

---

233. Ibidem, p. 85.
234. Ibidem, p. 86.
235. Ferraz, Carlos Antônio de Souza. *Floresta do Navio*. Capítulo da História Sertaneja. Biblioteca Pernambucana de História Municipal, v. 26. Centro de Estudos de História Municipal, Recife, 1992, p. 57.
236. Inventários *post-mortem*, cadastro de terras, atos de compra e venda de terrenos, ofícios da Câmara Municipail de Floresta.
237. Ferraz, Tatiana Valença. *A Formação da Sociedade no Sertão de Pernambuco: trajetória de formação de núcleos familiares*. Recife: UFPE, 2004, p. 40. (Dissertação de Mestrado em História).

dentes dos Lopes Diniz e Carvalho, aparecem outros entrelaçamentos familiares:

Lopes Diniz	Carvalho
Araújo	Melo
Barros	Novaes
Barreto Marimbondo	Rodrigues Novaes
Teles de Menezes	Pereira Da Silva
Cavalcanti	Pires Ribeiro
Correia de Brito	Ramos Nogueira
Correia Maurício	Rodrigues Lima
Coelho da Silva	Pereira
Costa Soares	Gonçalves Torres e Silva
Gomes de Sá	Ferraz
Gomes de Menezes	Souza Ferraz
Gomes de Barros	Souza
Gomes de Sá e Silva	Souza e Silva
Silva Sá	Souza da Silveira
Lima	

Tabela 15: Nomes de Famílias que Compuseram a Elite de Floresta e Tacaratú
Fonte: Autoria própria.

Esses *"nomes de família"* indicam uma parte importante da genealogia dos sujeitos que compôs a elite, eles são recorrentes nos inventários *post-mortem* e nos documentos concernentes a cargos e funções nas diversas esferas do poder local, como os Souza Ferraz, Novaes, Lopes Diniz e Gomes de Sá. Nesse tempo, o tecido social já estava consolidado.

Rede B – Conectores patrimoniais

1- *Coproprietários*

Com base nas tentativas do Império do Brasil para implantar mudanças na política de terras[238], buscamos analisar o que teria efetivamente mudado, entre a geração dos anos 1840 e 1880 e a de meados do século XVIII, quanto à questão fundiária dos cento e cinquenta e quatro proprietários de Floresta e Tacaratú e de seus herdeiros. Como resposta, constatamos que, em matéria de direito, nada havia sido alterado, pois os proprietários desse período do Império, tanto como os seus antepassados, do período colonial, ainda não podiam ser considerados "proprietários de terras", pois não possuíam um título legítimo de domínio[239].

A extinção de concessões de sesmarias, em 1822, não extiguiu a vigência dos decretos, leis, alvarás e avisos referentes à terra, do período colonial. Segundo Lígia Osório, o direito à propriedade não era absoluto, mesmo para os sesmeiros que haviam cumprido as condições da doação, pois a condicionalidade estipulada nas Ordenações nunca foi revogada.[240] Entretanto, utilizamos o termo proprietário[241], pela força do uso, designando, com essa expressão, todos os que ocuparam terras, independente da situação jurídica. A Lei de Terras de 1850 continuava a enfrentar problemas para fazer todos os proprietários registrarem suas terras

Nesse contexto, tornou-se interessante buscar e explicar as lógicas com as quais eles mantiveram as propriedades e as transferiram aos seus. A cada morte de um chefe de família ou do seu cônjuge, as fazendas foram sendo divididas entre os

---

238. A extinção do Sistema de Sesmarias, em 1822, e a execução da Lei de Terras, de 1850.
239. Silva, Lígia Osório. *Terras Devolutas e Latifúndio, efeitos da Lei de 1850*. São Paulo: Editora da Unicamp, 1996, p. 80.
240. Ibidem.
241. No caso do Brasil, segundo Alice Canabrava, o termo propriedade, na época em questão, não podia assumir conotação jurídica precisa. In: Silva, Lígia Osório. Op. cit., 1996, p. 93.

herdeiros legítimos, em partes iguais. Dependendo do tamanho da prole do inventariado ou inventariada, a partilha da fazenda poderia ser grande ou pequena, mas, com as repetições, a cada nova geração, partilhar ia se tornando inevitável. Geralmente, as partilhas eram realizadas entre um número tão grande de herdeiros que toda posse de terra, por menor que fosse, tornava-se importante para aquele que a obtivesse.

Nesse contexto, um dos elementos recorrentes na composição dos bens patrimoniais eram as posses de terras em comum. Esse fato se repetiu, não somente entre herdeiros de uma mesma família, mas, entre os herdeiros da maioria das famílias que estudamos. Por esse sistema de partilhas, emergiu a figura do coproprietário de terras e um sistema condominial de propriedades.

Os condomínios eram de dois tipos:

1- Mistos: constituídos por indivíduos pertencentes a várias famílias
2- Familiares: constituídos por indivíduos de uma mesma família

Representação gráfica de condomínios por nomes das famílias coproprietárias das fazendas:

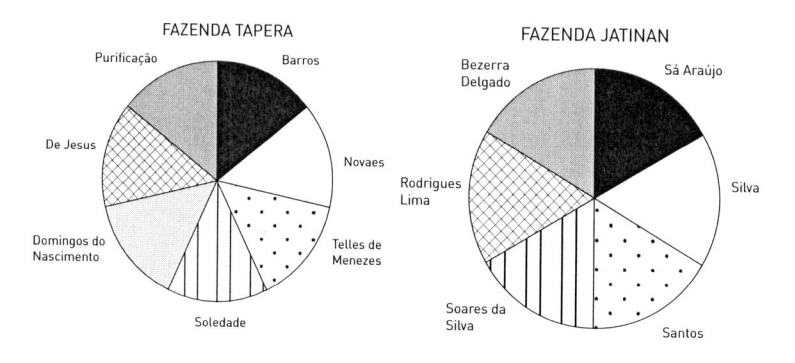

FAZENDA TAPERA

- Purificação
- Barros
- De Jesus
- Novaes
- Domingos do Nascimento
- Telles de Menezes
- Soledade

FAZENDA JATINAN

- Bezerra Delgado
- Sá Araújo
- Rodrigues Lima
- Silva
- Soares da Silva
- Santos

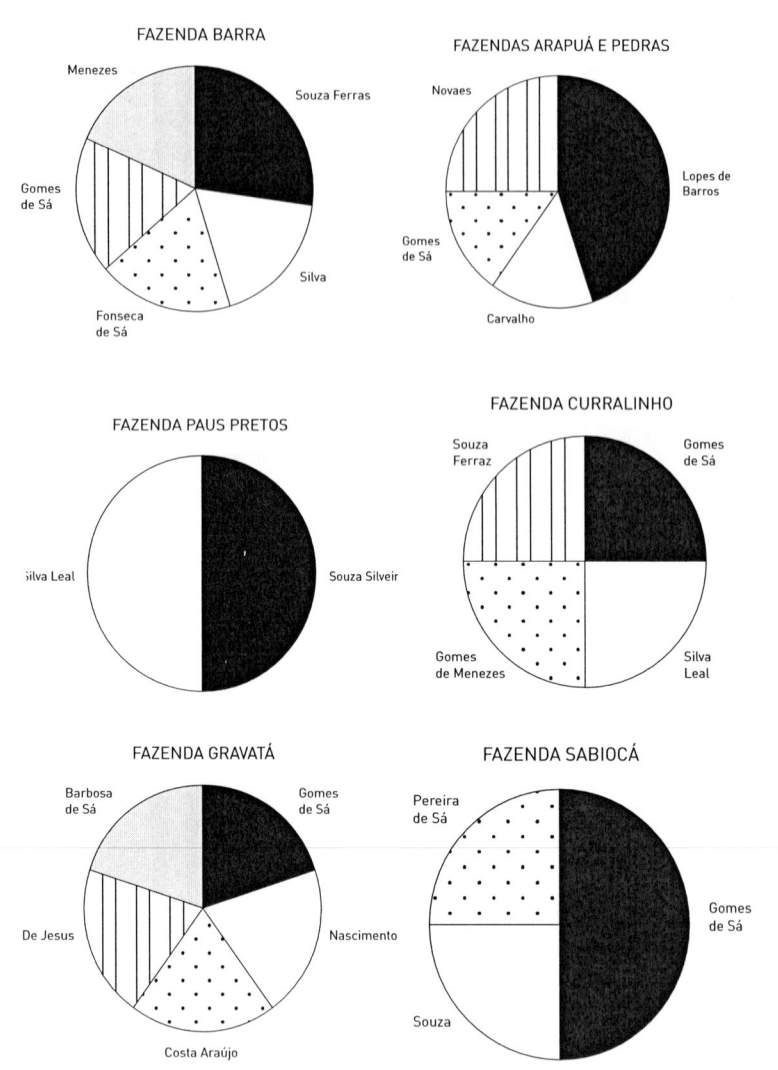

Gráficos 1 a 8: Condomínios Tipo Misto
Fonte: Autoria própria.

Condominium: Práticas de sociabilidade e propriedade de terra –
Vale do São Francisco – Império do Brasil

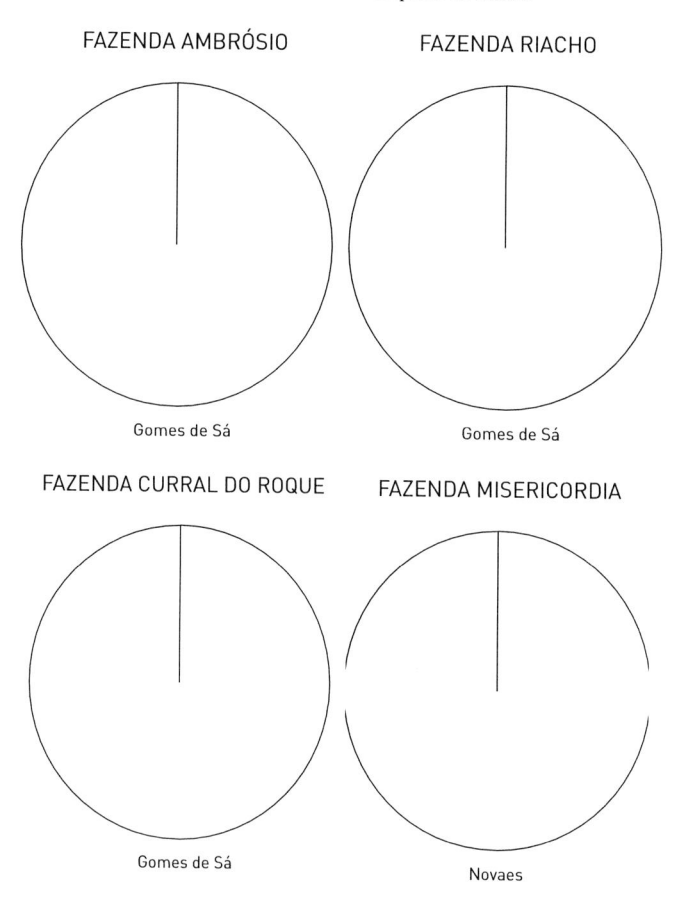

FAZENDA AMBRÓSIO

Gomes de Sá

FAZENDA RIACHO

Gomes de Sá

FAZENDA CURRAL DO ROQUE

Gomes de Sá

FAZENDA MISERICORDIA

Novaes

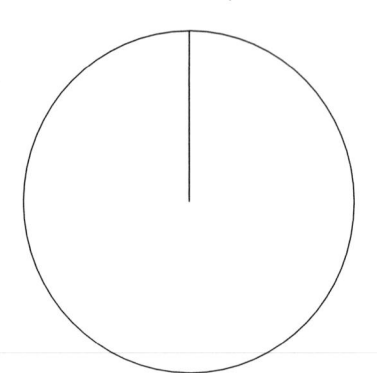

FAZENDA PANELA D'ÁGUA

FAZENDA NAVIO

Lopes Diniz

Souza Ferras

FAZENDA CAIÇARA

Souza Ferras

Gráficos 9 a 15: Condomínios Tipo Familiar
Fonte: Autoria própria.

O condomínio tipo misto tinha uma configuração heterogênea, não somente quanto à composição genealógica, mas, também, quanto ao quesito financeiro, visto que neles havia proprietários classificados como ricos, devido ao montante total de seus bens e de sua posição social e proprietários classificados como empobrecidos, vistos pelos mesmos critérios econômicos e sociais, que eram para menos.

Cada um dos novos proprietários ou coproprietários das fazendas tinha o domínio de sua posse, parte do todo patrimonial. As vastas extensões das fazendas sofreram divisões sucessivas entre co-herdeiros, mas não deixaram de funcionar como grande propriedade. Seus domínios, mesmo apropriados em comum, guardaram-nas do desaparecimento. Os homens e mulheres, coproprietários dos bens patrimoniais, mantiveram nessas terras elementos que caracterizavam o sistema de dominação nos moldes latifundiários da região, o trabalho escravo e a produção pecuarista.

O número de coproprietários se multiplicava sucessivamente, configurando uma rede baseada em relações sociais, a exemplo de casamentos entre parentes colaterais, como primos, tios e sobrinhas, ex-cunhados e, também, entre membros de famílias vizinhas da região. As relações familiares, de amizades, de compadrios e de vizinhanças entre os primeiros colonos foram fios desse tipo de configuração social que se prolongou na localidade.

Os terrenos adquiridos e transmitidos sob o sistema de condomínio, como estamos tratando aqui, foram foi um caso isolado nas vilas de Tacaratú e Floresta. Segundo Tânia Maria Pires Brandão[242], esse tipo de copropriedade também foi encontrado no Piauí, província vizinha, situada a leste da província de Pernambuco. O sistema teria ocorrido pelas atitudes de alguns indivíduos de prestígio da época da colonização, como o capitão Domingos Afonso Mafrense, que solicitou e recebeu o título de propriedade de Sesmarias. Tânia Brandão encontrou o condomínio entre famílias e/ou amigos, mesmo durante o período após a conquista do território. Como na província de Pernambuco, o condomínio, na província do Piauí, ultrapassou o simples propósito de colonização. Em termos práticos, era uma maneira de ampliar o patrimônio e reproduzir a propriedade familiar na região.

Na Comarca de Flores, província de Pernambuco, na fazenda Paus Pretos, uma das mais antigas do Vale do Pajeú[243], criada

---

242. Brandão, Tânia Maria Pires. *A Elite Colonial Piauiense: família e poder*. Teresina: Fundação Cultural Monsenhor Chaves, 1995.
243. O Vale do Pajeú é uma microrregião do estado de Pernambuco a 420 km de Recife.

por um membro da família Silva Leal, funcionou um condomínio com quatro coproprietários. O primeiro perfil é o de uma mulher solteira: Francisca Maria de Jesus[244]. Suas oitenta braças[245] de terras foram avaliadas, para efeito do inventário *post-mortem*, em cento e oitenta mil réis. Os seus herdeiros legítimos eram os seus oito irmãos que, por sua morte, tornaram-se os coproprietários desse pequeno terreno e do seu único escravo. Francisca deixou um patrimônio muito modesto, o que surpreenderia, à primeira vista, porque nossa pesquisa trata de uma categoria social de elite, da qual se esperaria uma abundância de bens materiais ou, ao menos, referências de uma atividade econômica que gerasse lucro. Entre os bens que pertenceram a Francisca, estão descritos um engenho de fiar, um tamborete, um banco, três chapéus de sol, quinze vacas, uma besta, um poldro e o escravo Benedito, de 31 anos. Tudo somou um total de oitocentos e trinta e oito mil setecentos e vinte réis. O quantitativo dos bens de Francisca Maria de Jesus era compatível com um patrimônio empobrecido, remanescente de uma herança.

À segunda vista, este patrimônio talvez não alcance o conceito de "riqueza" aos olhos de hoje[246] ou, por comparação com proprietários da zona canavieira da província de Pernambuco ou da zona cafeeira da Região Centro-Sul do Brasil, não surpreenda tanto. Quando o analisamos de acordo com a realidade do sertão, à época, encontramos que Francisca possuía dois bens que foram os elementos concretos e essenciais de riqueza no Brasil durante os três primeiros séculos da colonização, mesmo que as pessoas não os possuíssem em abundância e não gerassem lucros financeiros. As oitenta braças de terras a colocaram na condição de coproprietária do direito de posse e a propriedade do escravo lhe poupava da realização dos trabalhos

---

244. Inventário *post-mortem* de Francisca Maria de Jesus, 1862.
245. Equivalente a 176 m².
246. Ou como a combinação de materiais, trabalho terra e tecnologia de forma a obter "lucro" (Conceito capitalista de riqueza, segundo Adam Smith).

domésticos, deixando-a numa condição social privilegiada, por comparação a uma população de despossuídos à margem do sistema. Ela possuía um cativo ao seu dispor.

Oitenta braças de terras são insuficientes para praticar a criação de gados num cenário onde se desenvolve a pecuária intensiva, mas não nesta realidade, onde a pecuária era extensiva e precária, tecnicamente falando. Os gados pastavam a céu aberto em terras das matas ou mesmo em terras dos vizinhos. Os proprietários indicavam aos vizinhos a propriedade dos animais imprimindo-lhes, sobre o couro, as iniciais dos seus nomes. No caso de Francisca, provavelmente, quinze vacas não produziam carne, leite e derivados suficientes para realizar um comércio no mercado regional, mas permitiam que ela produzisse os meios de subsistência com a aplicação do trabalho escravo e livre, realizado pelos oito irmãos.

O engenho de fiar significa que Francisca possuía uma pequena lavoura de algodão ou que trabalhava na produção de tecidos ou de linhas para costuras ou, ainda, que fosse uma costureira, profissão muito comum entre as mulheres sertanejas da época. A besta e o poldro indicam que possuía animais de pequeno porte para transporte. Na realidade, o patrimônio de Francisca indica que ela se diferenciava dos despossuídos na medida em que tinha terras, um criado, animais e, provavelmente, uma profissão. Essa realidade revela as duas faces do conceito de elite do sertão de Pernambuco.

Em relação aos outros membros da categoria, como aqueles integrantes das famílias que possuíam um patrimônio abundante, casos como o de Francisca ilustram um empobrecimento devido às sucessões hereditárias entre numerosos herdeiros. Isto é visualizado pela pequena extensão do terreno, pela posse de um escravo e de poucos gados. Em relação à sociedade como um todo, composta por diversas categorias sociais completamente despossuídas, como escravos, agregados, indígenas e mestiços, Francisca ilustra exemplos em que os conceitos de elite e de riqueza estão associados não somente à abundância ou ao lucro, mas a uma realidade social definida pela posição hierárquica dos grupos sociais. Obviamente, Francisca não era rica no sentido moderno do termo, mas tinha bens que lhe proporcionavam os meios de subsistência e certo poder econômico devido à posse do escravo, bem de maior preço. Isso já lhe dava distinção. Fora o peso econômico relativo desse bem, não podemos deixar de considerar o peso do imaginário social criado em torno dessas famílias. Ser senhor de terras e de escravos, independente do quantitativo desses bens, já produzia e reproduzia toda uma imagem idealizada entre os despossuídos e entre os próprios senhores, quer dizer, como cada um dentre eles se percebia.

O imaginário social é composto por um conjunto de relações imagéticas que atuam como memória afetivo-social de uma cultura, um substrato ideológico mantido pela comunidade. Acrescentamos que se trata de uma produção coletiva, já que é o depositário da memória que as pessoas e os grupos recolhem de seus contatos com o cotidiano. Nessa dimensão, identificamos as diferentes percepções dos atores em relação a si mesmos e de uns em relação aos outros, ou seja, como eles se visualizavam como partes de uma coletividade.

O segundo integrante desse condomínio misto foi outra mulher, a coproprietária Maria de Souza da Silveira[247], viúva de Francisco de Souza Leal. Após a viuvez, tornou-se a "cabeça" da família e passou a administrar os bens dos noves filhos herdeiros, três homens e seis mulheres, até que eles atingissem a maioridade ou casassem. Descendente da tradicional família Souza Ferraz, era uma mulher muito respeitada na região e conhecida pelo apelido de "Mãe Grande dos Paus Pretos"[248].

No começo do século XIX, nesta fazenda Paus Pretos, funcionou um cartório de notas da povoação de Fazenda Grande, sob a orientação de Manoel da Silva Leal, filho do casal Maria

---

247. Lapeh/UFPE – Inventário de Maria de Souza da Silveira, 1861. Este documento faz parte da coleção de inventários *post-mortem* do Sertão do Médio São Francisco, século XIX.
248. Genealogia pernambucana. Disponível em: <https://goo.gl/jZg1kK>.

de Souza da Silveira e Francisco de Souza Leal[249]. As filhas casaram com homens de destaque na região. A sua terceira filha, Margarida de Souza e Silva, casou-se com o tenente coronel Serafim de Souza Ferraz. A sexta filha, Antonia Maria da Purificação, casou-se com Narciso Gomes de Sá. A sétima, Joaquina Maria da Purificação, com Pedro de Souza Ferraz. Todos os maridos eram membros de famílias tradicionais e enriquecidas. Maria de Souza da Silveira possuiu 392 braças[250] de terras, avaliadas ao preço de setecentos e oitenta e quatro mil réis. Entre os outros bens, foram mencionadas uma casa de quatro vãos, uma casa de um vão, contígua à primeira e uma outra localizada na povoação de Fazenda Grande.

O mobiliário mencionado era constituído por uma cama e por um estrado. É possível que não possuísse somente estes bens móveis. No entanto, no inventário não se informa o motivo da ausência de outros. Foi dona de uma criação de vinte e sete cabeças de gados *vacuns*, seis cabeças de cavalos e trinta e cinco *cabruns*, cuidados pelo trabalho de doze escravos, sendo sete adultos e cinco crianças. Todos os bens juntos somaram um montante total de oito contos e quarenta mil réis, valor dez vezes maior do que o da sua vizinha Francisca. Esse montante colocava a família de Maria de Souza da Silveira entre as mais ricas da região.

Num nível intermediário de riqueza, entre Francisca e Maria de Souza da Silveira, Manuel de Souza Leal[251] foi o terceiro coproprietário. Ele tinha um monte de cinco contos duzentos e vinte e nove mil trezentos e sessenta réis. Manuel possuía oitenta e oito braças,[252] avaliadas por oitenta e oito mil réis, mais quarenta e seis cabeças de gados diversos e sete escravos.

---

249. Ibidem.
250. Equivalente a 862,4 m².
251. Lapeh/UFPE – Inventário de Manoel de Souza Leal. Este documento faz parte da coleção de inventários *post-mortem* do Sertão do Médio São Francisco, século XIX, em microfilmes e em papel.
252. Equivalente a 99 m².

Manoel Barbosa de Sá[253] e Quitéria Maria de Jesus[254] foram os quartos coproprietários. Tiveram nove filhos e possuíram um terreno no valor de noventa mil réis, quarenta e seis cabeças de gados e sete escravos. Todos esses bens somaram um montante total de cinco contos duzentos e vinte e nove mil réis. Esses quatro coproprietários possuíam, juntos, mais de seiscentas braças de terras adquiridas por heranças, na fazenda Paus Pretos. Esta fazenda era uma das mais antigas da região.

Numa segunda fazenda, que trazemos como ilustração do sistema, a fazenda Gravatá, encontramos cinco outras famílias coproprietárias. Vistos pelos sobrenomes, os três primeiros casais pertenciam a uma mesma família consanguínea: Anacleto Gomes de Sá, casado com Maria Joaquina de Sá; David Gomes de Sá, casado com Bernardina Maria de Sena; Alexandre Gomes de Sá, casado com Antonia Lina de Jesus; Manoel Barbosa de Sá, casado com Quitéria Maria de Jesus; e Antonio da Costa Araújo, casado com Anna de Souza Ferraz. À exceção de David Gomes de Sá, as demais famílias não residiam na fazenda Gravatá. Eles possuíam o direito de copropriedade e faziam parte do grupo de latifundiários que possuíam vários terrenos em diversas fazendas na região.

Quanto ao nível de riqueza, esse grupo apresentou um perfil mais definido. Todos os coproprietários possuíam terras descontínuas e em melhores condições, devido às benfeitorias, inexistentes nas terras dos seus vizinhos da fazenda Paus Pretos, a primeira fazenda-condomínio mista que apresentamos. Eles possuíam também um maior plantel de escravos. Destacavam-se pela diversidade de animais, predominando a criação de gado *vacum*. As cinco famílias possuíam vinte e três escravos,

---

253. Lapeh/UFPE – Inventário de Manoel Barbosa de Sá, 1887. Este documento faz parte da coleção de inventários *post-mortem* do Sertão do Médio São Francisco, em microfilmes e em papel.
254. Lapeh/UFPE – Inventário de Quitéria Maria de Jesus, 1859. Este documento faz parte da coleção de inventários *post-mortem* do Sertão do Médio São Francisco, século XIX, em microfilmes e em papel.

quatrocentos e quarenta e nove cabeças de gados e trezentos e setenta e sete braças de terras na Fazenda Gravatá.

Em outra fazenda-condomínio mista, denominada Mulungú, um outro grupo, formado por nove coproprietários, registrou posses adquiridas por herança e por compra. Gonçalo Theodório de Oliveira, Antonio dos Anjos de Farias e Barnabé de Souza herdaram suas glebas dos pais, Theodorio de Oliveira e Inácia Maria. Antonio Fillipe Nere herdou da sua sogra, Anastácia Maria. Vicente José de Araújo herdou da sogra, Inácia Maria. Porém, José Domingues de Farias comprou de Anna Fillipa e Victorino da Silva Barros comprou duas posses, uma de Anna Gomes de Oliveira e outra de Ângelo Pele da Costa. Essas relações estavam baseadas nos costumes e na estrutura social e econômica da região. Um dos aspectos dessa economia era a escassez de dinheiro em espécie e o uso do sistema de créditos para pagamentos. Escravos, joias, terras e animais funcionavam como moedas de pagamentos, em algumas situações, inclusive para pagar os custos dos inventários *post-mortem.*

Nesse contexto, a partilha hereditária, ao contrário de promover a separação dos herdeiros, os tornou coproprietários e contribuiu para o fortalecimento do sistema condominial de propriedade privada, fornecendo elementos para a constituição de uma rede de sociabilidade, que teve como papel maior a sustentação das copropriedades latifundiárias nas mãos do grupo.

As fazendas de criar das vilas de Tacaratú e de Floresta, espaços de atividades econômicas, foram, então, lugares de uma diversidade de relações sociais convenientes. Certamente, as redes, conectadas por três tipos de ligações maiores, foram elementos que promoveram a reprodução do patrimônio fundiário. Quer se tratassem de relações formais ou informais, elas estavam sempre presentes no cotidiano dessa sociedade elitista. Entretanto, apesar da importância de cada um dos três tipos de ligação, isoladamente, não podem ser considerados como elemento de coesão do grupo.

2- Cossenhores de escravos

Segundo Emanuele Carvalheira de Maupeou[255], no sertão do Submédio São Francisco, a escravidão persistiu, mesmo por entre aqueles que não tinham mais os meios de manter seus cativos. O contexto de empobrecimento e de crise levou, através de partilhas sucessivas de bens entre descendentes das antigas famílias de colonos, à fragmentação do patrimônio familiar. Estas pessoas que, em momentos de dificuldade, veem-se na impossibilidade de manter intactas as riquezas familiares acabam utilizando estratégias de preservação, se não do patrimônio familiar inteiro, pelo menos de uma posição social que as identifique com a camada de proprietários de gado, terras e escravos. É dentro desta lógica que algumas práticas, como a de copropriedade da terra, desenvolveram-se com o objetivo de evitar um real desmembramento da grande propriedade.

A análise da partilha de bens indica que a mesma estratégia adotada para evitar o desaparecimento de grandes propriedades rurais de Floresta e de Tacaratú foi, também, adotada para evitar que a família fosse obrigada a se desfazer de seus cativos no momento de morte de um parente. O grande número de herdeiros impedia que cada um herdasse pelo menos um cativo, principalmente se considerado o alto preço do escravo em comparação aos demais bens declarados nos inventários. Além disto, numa sociedade onde as transações comerciais não se baseavam essencialmente no dinheiro em espécie, nem sempre era vantajoso vender um cativo, mão de obra que poderia servir a toda uma família. Em tal contexto, tornou-se comum, que, no momento da realização de um inventário *post-mortem*, um mesmo escravo fosse destinado a vários herdeiros. Entretanto, em muitos casos, os cativos não eram vendidos, mas "divididos" entre várias pessoas em um sistema chamado de *cossenhorio*[256]. Esta prática pode ser percebida no inventário de Custódia Gomes de Sá[257].

---
255. Maupeou, Emanuele Carvalheira de. Op. cit.
256. Lapeh/UFPE – O termo é utilizado em um documento do período, uma *Ação de Liberdade da Escrava Marcela, Floresta, 1886*.
257. Lapeh/UFPE – *Inventário de bens de Custódia Gomes de Sá, 1886, Floresta*.

Quando faleceu em 1886, Custódia deixou, entre outros bens, cinco escravos para serem divididos entre o viúvo capitão Antônio Gonçalves Torres da Silva e os oito filhos maiores do casal. Assim, na partilha, o escravo Saturnino, de 25 anos, avaliado em duzentos mil réis, e Rita, 47 anos, avaliada em cem mil réis, couberam ao meeiro. Entretanto, os outros três cativos declarados no inventário foram divididos em partes desiguais, de modo que todos os filhos do casal herdaram partes em escravos.

Desta maneira, no escravo José, de 18 anos, avaliado em quatrocentos mil réis, o viúvo herdou uma parte, no valor de duzentos e cinquenta mil réis; o segundo filho do casal, uma parte, no valor de cinquenta mil réis; e o filho mais novo, uma parte, no valor de cem mil réis. Da mesma forma, na escrava Joanna, de 29 anos, avaliada em trezentos mil réis, coube, na partilha, à filha mais velha uma parte, no valor de cento e vinte mil réis; à terceira filha, uma parte no valor de cem mil réis; e ao sétimo filho, uma parte no valor de oitenta mil réis.

Finalmente, uma última escrava, de 16 anos e avaliada em trezentos e cinquenta mil réis, foi dividida entre a segunda filha, que herdou uma parte no valor de cinquenta mil réis; o quarto, o quinto e o sexto filho do casal, que herdaram uma parte no valor de cem mil réis cada um. Percebe-se, assim, que todos os filhos do casal receberam partes em escravos de valores semelhantes ou aproximados, tornando-se cossenhores de escravos, conectados na rede patrimonial, tal como a de coproprietários.

Em uma primeira análise, uma divisão tão complicada dos cativos parece indicar que estes seriam vendidos e o valor em dinheiro dividido entre os herdeiros. Entretanto, outros casos mais complexos, em que partes de escravos herdadas eram redivididas em heranças sucessivas, comprovam que a copropriedade de escravos não era apenas um artifício jurídico, mas uma prática comum na região e um dos meios pelos quais os herdeiros continuavam ligados, após as partilhas sucessivas. Não é incomum encontrar inventários de pessoas que falecem e deixam como herança não escravos, mas partes nestes. Isto é o que ocorre com Nicácia Teles de Menezes[258].

---

258. Lapeh/UFPE – *Inventário de bens de Nicácia Teles de Menezes, 1859*.

A inventariada, ao morrer, deixou como herança aos seus cinco filhos uma casa, dezesseis braças de terra de baixo valor, além de três partes de distintos valores em três escravos anteriormente herdados pela falecida. Ou seja, uma parte no escravo Antônio no valor de setenta e cinco mil réis, reavaliada no inventário por cem mil réis; uma parte na escrava Cecília, de vinte e três mil trezentos e trinta e três réis, reavaliada por cem mil réis; e uma parte na escrava Gertrudes, no valor de cem mil quatrocentos e trinta réis e reavaliada por cento e sessenta mil seiscentos e oitenta réis. As ditas partes são, consequentemente, redivididas entre os cinco filhos de Nicácia.

Na maioria dos casos, "dividir" um escravo não significava vendê-lo e partilhar o dinheiro da venda entre os herdeiros, mas continuar os laços familiares pela copropriedade do escravo, que ficava ao serviço da família. Na prática cotidiana, esta divisão se traduzia pela utilização de um mesmo cativo por vários herdeiros, senhores ou senhoras, de acordo com as necessidades de cada um e com o valor da parte que cabia a cada um deles. Vale lembrar que muitos herdeiros moravam não muito longe uns dos outros, nas terras dos antigos latifúndios, num sistema de condômino. Deste modo, era possível para o indivíduo, escravo de vários senhores, circular por entre a propriedade e servir a todos.

A análise de outras fontes comprova esta prática de cossenhorio. Tanto nas cartas de alforria quanto nos registros de compra e venda de cativos, é comum a comercialização ou liberação de partes em escravos. Vários exemplos podem ser citados, como o da escrava Archanja, de 30 anos, solteira, de cor preta, matriculada sob o número trinta e seis da matrícula geral de escravos de Tacaratú e dois da relação. Em 1878, José Gomes de Sá Camillo era dono de uma parte na dita escrava e comprou as outras duas de Maria Evangelista de Sá, capitão José Moraes de Sá e Juvenal Gomes de Souza Rocha. Os três vendedores, assim como o comprador, haviam herdado as partes na escrava por falecimento do capitão Pedro Gomes de Sá[259].

---

259. Lapeh/UFPE – *Registro de compra e venda da escrava Archanja. Livro de Notas de Tabelião de Tacaratu, 1878.*

Do mesmo modo, algumas cartas de liberdade alforriam apenas partes em um escravo. Este é o caso de Antônio, que comprou de José Manoel da Silva e Maria José da Glória parte de sua liberdade. Nesta carta de liberdade, os dois cossenhores, que decidiram vender a alforria a Antônio, afirmam:

> que entre os mais bens que possuimos de mança e pacifica posse livre e desembargados e bem assim uma **parte** de cento e cinquenta mil reis que possuimos no escravo Antonio, cuja parte nos havemos por herança do inventario que se procedio por fallecimento de nosso pai i sogro Manoel Pedro da Silva e por compra aos nossos irmãos e cunhados Pedro Alves Feitosa e José Joaquim Machado, como consta dos documentos que temos nos nosso puder, **de cuja parte nos passamos liberdade ao dito escravo** pelo preço i quantia certa de cento e cinquenta mil reis, que recebemos ao passar desta em moeda corrente e pudera o dito escravo **ficar com liberdade desta parte** e mandou lançar no livro de notas a todo tempo que lhe convir, e em qualquer tempo que se apresentar alguma duvida sobre esta carta de liberdade nos somos obrigados a fasella firme i valiosa pois nos apaçamos de nossa libre vontade sem constrangimento de pessoa alguma, não pudesse os nossos herdeiros em tempo algum se opor a dita carta de liberdade e pudera o dito escravo **ficar fôrro e liberto da parte** que nos tinhamos nelle de hoje para sempre.[260]

Segundo Emanuele Carvalheira, o exemplo de Antônio indica que a prática do cossenhorio era uma estratégia utilizada pelos senhores, no sertão de Pernambuco, de manutenção da escravidão frente ao contexto de crise da região. Mas, além disto, indica uma das relações que os mantinha e que também tornava mais longo o caminho a ser percorrido pelo escravo na busca de sua liberdade. Na prática cotidiana, o que significava ser em parte livre e em

---

260. Lapeh/UFPE – *Carta de liberdade do escravo Antônio. Livro de Notas de Tabelião de Tacaratu, 1880.* Citado por Emanuele Carvalheira de Maupeou.

parte escravo? O estatuto de *meio-livre* não existe, entretanto, é possível que os escravos com partes alforriadas não tivessem obrigações todos os dias para com os seus senhores. Ainda assim, esta maior liberdade variava muito de senhor para senhor.

O cossenhorio tornava muito mais complexas as relações jurídicas de posse de escravos. Por isto, quando uma escrava de vários cossenhores tinha filhos, estes deveriam pertencer, em partes proporcionais às herdadas, aos cossenhores de sua mãe. Antônia Mariana de Sá[261] deixou, ao falecer, três escravos que foram partilhados entre o viúvo e os quatro filhos menores do casal. Uma escrava chamada Eugênia coube como herança aos três últimos filhos do casal, que receberam partes com valores distintos na dita escrava. Entretanto, alguns anos mais tarde, em 1859, Eugênia era mãe de quatro crianças. Desta maneira, o agora genro da falecida inventariada escreve uma petição solicitando a realização de uma subpartilha dos quatro filhos remanescentes da dita escrava, nascidos após a realização do inventário. Assim, as quatro crianças com idades de seis meses a oito anos são proporcionalmente destinados aos três filhos do casal, que tinham partes na cativa Eugênia.

Casos como estes e todos os outros citados indicam que o cossenhorio, ao multiplicar o número de senhores, multiplicava a complexidade das relações escravistas. Na prática cotidiana, esta exigência jurídica se traduzia por uma exploração conjunta de um mesmo escravo. Entretanto, do ponto de vista dos senhores, esta complexidade permitiu que a posse de escravos continuasse pulverizada no Médio São Francisco e eles se mantivessem coesos como uma elite de poder. Ou seja, frente às dificuldades internas e externas da segunda metade do século XIX, os senhores evitaram que a posse de escravos se tornasse um privilégio de poucos. De fato, os descendentes das antigas famílias da região adaptaram *a prática escravista à realidade*

---

261. Lapeh/UFPE – *Inventário de bens da esposa de José Vitoriano de Sá (Antônia Mariana de Sá), 1852.* Citado por Emanuele Carvalheira de Maupeou.

de crise, explorando em copropriedade a mão de obra cativa de acordo com as possibilidades existentes.

Rede C – Conectores da administração pública

As ligações entre funcionários da administração local envolveram, frequentemente, uma ou duas pessoas que tinham parentes em sua trilha política. Um só membro em cada uma das famílias Novaes, Souza Ferraz, Lopes Diniz e Gomes de Sá e oitenta e oito pessoas ligadas por laços de parentesco estavam conectadas somando quarenta e nove pessoas ao exercício de funções e cargos na política, na organização militar e na judicial. Assim, formava-se parte da rede de funcionários da administração pública das vilas de Floresta e Tacaratú, ao longo de um século, aproximadamente. Acreditamos que o total de membros dessas famílias na administração tenha sido maior do que as nossas fontes permitiram visualizar, entretanto, tomamos conhecimento de nomes de pessoas que ocuparam posições-"chave" na política e na administração, como também em cargos centrais.

Na jurisdição do sertão do Pajeú e, especificamente, na Vila de Floresta, vinte e cinco membros da família Lopes Diniz ocuparam posições de poder e autonomia na administração judicial e militar. Para Graça Salgado, a noção de justiça, no período colonial, tinha um sentido bem mais amplo do que atualmente. Além da relação com o aparelho judicial, era, igualmente, sinônimo de legislação, lei e direito[262]. Com isso, a Coroa concedia poderes imensos e autonomia aos investidos nos cargos da administração. Segundo Victor Nunes Leal[263], a justiça eletiva, com atuação nos municípios, constituía importante instrumento de dominação do senhoriato rural, cuja influência elegia juízes, vereadores e outros funcionários subordinados às câmaras. O

---

262. Salgado, Graça. *Fiscais e Meirinhos: administração no Brasil Colonial*. Rio de Janeiro: Nova Fronteira, 1895, p. 73.
263. Leal, Victor Nunes. *Coronelismo, enxada e voto. O município e o Regime Representativo no Brasil*. São Paulo: Alfa-Omega, 1975, p. 186.

primeiro filho de Manuel Lopes Diniz, o coronel Manoel Lopes Diniz, foi o primeiro membro da família a entrar para a administração judicial. Não podemos ignorar que a sua passagem na administração tenha influenciado como um dos conectores dos demais familiares, que viriam a compor a rede administartiva nas gerações futuras. Em 1802, quando o juiz ordinário deveria ser eleito pelas câmaras municipais, Manoel Lopes Diniz, por mérito pessoal, foi nomeado para exercer, durante um ano, a serventia do ofício de juiz ordinário do Julgado do *Certão* do Pajeú[264]. O papel da Justiça Real era diverso, absorvendo atividades políticas e administrativas, ao mesmo tempo em que coexistia com outras instituições judiciais, como a justiça eclesiástica e a Inquisição.

O cargo de juiz ordinário foi criado no ano de 1532 e, segundo Graça Salgado[265], era eletivo pela Câmara Municipal, com alçada sobre as demandas ali acontecidas. Os ocupantes do cargo não tinham formação jurídica, obrigatoriamente. Nessa época, o analfabetismo era altíssimo, sendo normal que, entre os juízes ordinários, houvesse homens de pouquíssima instrução escolar, pois a única condição exigida para ocupar o cargo era a mesma dos demais membros da Câmara: que fossem "homens bons" ou pessoas influentes na comunidade, por sua riqueza.

As atribuições de um juiz ordinário eram amplas. A pluralidade de atribuições que ele tinha tornava-o, em geral, responsável por aspectos administrativos e fiscais, além dos especificamente judiciais. Além disso, em conjunto com os demais oficiais da Câmara – os vereadores e o procurador –, também elaborava a legislação local. Possuía, igualmente, atribuições do ministério

---

264. Livro Registro de Provisões 1/8, na folha 79, Arquivo Público do Estado de Pernambuco Jordão Emereciano. Ele foi nomeado e provido no cargo por Dom José Joaquim da Cunha de Azeredo Coutinho, do Conselho de S.A.R., Bispo de Pernambuco, Pedro Sheverim, chefe de esquadra e intendente da Marinha, desembargador José Joaquim Nabuco de Araújo, ouvidor geral desta Comarca, governadores interinos da capitanial geral de Pernambuco.
265. Salgado, Graça. *Fiscais e Meirinhos: administração no Brasil Colonial*. Rio de Janeiro: Nova Fronteira, 1895, p. 75.

público, como as de representar a Câmara contra as ações particulares que prejudicassem o interesse comum.

Floresta só conheceu a sua primeira Câmara de Vereadores na década de 1840, quando foi elevada à categoria de vila. Em 1846, a pedido do Presidente da Província, a Câmara de Floresta foi empossada pelo juiz de paz do Distrito de Fazenda Grande e major da Guarda Nacional, Francisco de Barros do Nascimento, neto de Manuel Lopes Diniz e o responsável financeiro de todos os negócios da família. Ele era primo e herdeiro político do seu sogro, o capitão Francisco Alves de Carvalho, primeiro juiz de paz de Fazenda Grande, provido no ano de 1830. Conectados por laços familiares bem próximos, também se conectaram por ligações políticas, acumularam cargos e sucederam-se um aos outro.

No ano de 1847, depois que Francisco de Barros do Nascimento cumpriu o seu mandato de um ano no cargo de juiz de paz, o seu sogro e primo volta ao cargo e, depois, em 1848, Francisco Barros do Nascimento toma posse, outra vez. Continuando na política, pelo partido conservador, nas eleições de 1847, ele se tornou um dos doze eleitores de senadores e deputados provinciais. Em 1864, Francisco Barros do Nascimento foi presidente da Câmara Municipal da Vila de Floresta, então restaurada. Num quadro como este, era muito comum que as autoridades se confundissem em suas atribuições de juiz, major da Guarda Nacional, eleitor e Presidente da Câmara, como foi o caso de Francisco Barros do Nascimento.

A primeira Câmara de Vereadores da vila de Floresta, empossada em 1846, já estava adequada às reformas da legislação eleitoral do Império. A Lei de 1º de outubro de 1828 determinava que *"As Câmaras das cidades se comporão de nove membros, e as das vilas de sete, e de um secretário"*. O vereador mais votado exercia a função de presidente, o que corresponderia, hoje, ao cargo de prefeito e as eleições eram realizadas de quatro em quatro anos. A Constituição do Império retirou a atribuição jurídica das Câmaras e eliminou a função de juiz ordinário, instituindo os cargos de juiz municipal ou de paz, promotor e juiz de órfãos.

As Câmaras, transformadas em corporações administrativas, também perderam parte de sua antiga autonomia, ao serem submetidas ao controle dos Conselhos Gerais e de Presidentes de Província. Mesmo tendo reduzidas suas atribuições, as Câmaras, em âmbito local, abrangiam amplos aspectos da vida cotidiana dos moradores, legislando e administrando as relações sociais, econômicas e políticas. Entre suas atribuições, destacavam-se: a elaboração e aprovação do Código de Posturas Municipais, em que se estabeleciam as normas para o funcionamento do comércio, da utilização/preservação do espaço urbano e dos recursos naturais da vila, além da regulamentação do comportamento e da convivência social. Os vereadores eram os responsáveis pela fiscalização dos funcionários, pela realização das eleições e, principalmente, pela vigilância, para que as "posturas"[266] fossem obedecidas com a aplicação e o recolhimento de multas aos infratores.

De acordo com o código aprovado, cabia à Câmara autorizar e cobrar pela utilização dos espaços públicos, que nas vilas indígenas incluíam o arrendamento das terras dos índios. Tais atribuições proporcionavam, aos vereadores, juízes e diretores, a possibilidade de controlar o espaço e os moradores, bem como acumular terras, rendas e outros benefícios pessoais. A Constituição de 1824 declarou independente o poder judiciário e, em consequência, perpétuos os juízes de direito, que só perderiam o cargo por sentença, entretanto, admitiu a sua suspensão pelo Imperador e confiou ao legislador ordinário a tarefa de regular a sua remoção de uns para outros lugares.

Uma das características marcantes da primeira Câmara de Floresta são as relações de parentesco e amizade entre os seus componentes, o que sugere, quando não consideramos somente elas, a trama de solidariedades diversas desses membros da elite. O vereador Norberto Gomes dos Santos era genro do juiz de paz Francisco Alves de Carvalho; já o vereador Manuel da Silva

---

266. Postura municipal era a ordem emanada das câmaras municipais, que obrigava ao cumprimento de certos deveres de ordem pública.

Leal era primo e cunhado do presidente da Câmara, Serafim de Souza Ferraz, além de amigo do vereador José Rodrigues de Moraes, ao ponto de entregar a este a presidência da Câmara, nas suas ausências.

A primeira Câmara de Vereadores de Floresta, devido a conflitos políticos da época, teve vida curta, durando de 1846 a 1849. Em 1849, por lei provincial, a sede do termo de Floresta foi transferida para a povoação de Tacaratú, que foi elevada à categoria de "villa". A Rebelião da Serra Negra, luta política envolvendo liberais e conservadores das vilas de Flores e de Floreta, teria sido o motivo, sobre o qual falaremos mais detalhadamente nas próximas páginas. Os vereadores que assumiram na Câmara Municipal de Tacaratú eram os mesmos de Floresta, mais Manoel da Silve Leal, pró-presidente: Gabriel Gomes de Sá Alecrim, Francisco Antônio Gomes de Novaes, Manoel Salvador da Cruz e Manoel Cavalcante de Albuquerque[267].

Nome	Função	Atividade/ Ocupação	Ano
José Rodrigues de Moraes	Pro-presidente	Criador	1846
Manuel Salvador da Cruz	Vereador	Criador	1846
Gabriel Gomes de Sá Alecrim	Vereador	Criador	1846
Manoel Gomes de Sá	Pro-presidente/ vereador	Criador	1846
Alexandre Rufino Gomes	Vereador	Criador	1846
Manuel da Silva Leal	Vereador	Criador	1846
Serafim de Souza Ferraz	Presidente	Criador	1849
Francisco Antônio Gomes de Novaes	Vereador	Criador	1849
José Rodrigues de Moraes	Vereador	Criador	1849

267. Ferraz, Carlos Antônio de Souza. *Floresta do Navio, capítulos da história sertaneja*. Biblioteca Pernambucana de História Municipal, v. 26. Recife, 1992, p. 99.

Norberto Gomes dos Santos	Vereador	Criador	1849
Francisco David de Sá	Vereador	Criador	1849
Manuel da Silva Leal	Vereador	Criador	1849
Manoel d'Andrade Pereira	Vereador	Padre	1849
Francisco José da Rocha	Secretário	Criador	1849
Francisco Alves de Carvalho	Juiz de Paz	Criador	1849
Francisco de Barros do Nascimento	Juiz de Paz	Criador	1849

Tabela 16: Composição da Câmara Municipal de Floresta (1846 a 1849)
Fontes: Correspondências da Câmara Municipal, inventários *post-mortem* e *Floresta do Navio, capítulos da história sertaneja*.[268]

Mesmo com a mudança da sede municipal, Serafim de Souza Ferraz e José Rodrigues de Moraes, pró-presidentes na Câmara em Floresta, continuaram na liderança política, em Tacaratú. Fazenda Grande tinha maior votação do que Tacaratú. Serafim de Souza Ferraz foi presidente da Câmara de Tacaratú do ano de 1849 até 1856. A partir do ano de 1857, José Rodrigues de Moraes assumiu a presidência por mais dez anos consecutivos. No ano de 1864, Floresta foi restaurada à categoria de município, empossando uma nova Câmara, com uma nova composição de nomes, agora, com a presença maciça dos Gomes de Sá e de ramos dessa famíla, como os Gomes de Menezes e Gomes de Novaes, somando nove membros de um total de doze eleitos.

Uma presença que se repetiu nas duas Câmaras, com um intervalo de dezesseis anos entre uma e outra legislatura, foi a do presidente, Francisco de Barros do Nascimento, figura de destaque na política, entre os descendentes da família Lopes Diniz e de outras, na região, ocupando posições-chave, tanto na Câmara como no judicial e na polícia. Ele foi delegado do termo

---

268. Lapeh/UFPE – Esta tabela foi com base numa comparação de dados encontrados nas séries de inventários *post-mortem*, disponíveis em correspondências da Câmara Municipal, no Arquivo Público de Pernambuco e no livro *Floresta do Navio, capítulos da história sertaneja*. Biblioteca Pernambucana de História Municipal, v. 26. Recife, 1992, p. 84.

de Floresta, primeiro suplente de juiz municipal e de órfãos, também, do termo de Floresta, procedeu o inventário do tenente coronel Serafim de Souza Ferraz, foi juiz de paz, suplente de vereador e vereador. Norberto Gomes dos Santos, bisneto de Manuel Lopes Diniz, foi mais um membro da rede, compondo o quadro da primeira Câmara de Vereadores.

Nome	Função	Atividade
Francisco de Barros do Nascimento	Presidente	Criador
Francisco Antonio Gomes de Novaes	Vereador	Criador
Manoel Ferraz de Souza	Vereador	Criador
João Gomes de Menezes	Vereador	Criador
José Alexandre Gomes de Sá	Vereador	Criador
Domingos Gomes de Sá	Vereador	Criador
Antônio Gomes de Sá	Vereador	Criador
Juvenal Gomes Novais	Secretário	Sem informação
Francisco Gomes de Menezes	Procurador	Criador
Valetim Telles de Menezes	Fiscal	Sem informação
Manoel do Nascimento Silva	Porteiro	Sem informação
Benedito Alves de Carvalho	Juiz de paz	Sem informação

Tabela 17: **Proprietários que Compuseram a Câmara Municipal de Floresta, Restaurada (1865 a 1869)**

Fontes: Correspondências da Câmara Municipal, inventários *post-mortem* e *Floresta do Navio, capítulos da história sertaneja*.[269]

---

269. Lapeh/UFPE – Esta tabela foi criada por mim, com base numa comparação de dados encontrados nas séries de inventários *post-mortem* do Sertão do Médio São Francisco, décadas de 1850 e 1860, Floresta. Correspondências da Câmara Municipal, CM 24, disponíveis no Arquivo Público de Pernambuco e no livro *Floresta do Navio, capítulos da história sertaneja*. Biblioteca Pernambucana de História Municipal, v. 26. Recife, 1992, p. 84.

As Câmaras de Floresta e de Tacaratú, como instituições, mostraram-se como lugares essenciais de articulações. Rapidamente, elas se constituíram em órgãos de defesa dos interesses dos fazendeiros coproprietários locais. Podemos utilizar, como um dos exemplos, um dos ofícios elaborados pelos seus integrantes e uma petição do presidente da Câmara.

Em 1866, a Câmara enviou um ofício ao presidente da província para que fizesse conhecer à Assembleia Provincial da existência de um Termo devoluto na Serra do Uman, chamado Serrote da Penha, com extensão de uma légua em outra légua. Segundo o ofício, essas terras haviam sido doadas pelo rei de Portugal a uma tribo de índios e que tal tribo desaparecera, estando o terreno ocupado por pessoas que não tinham direito algum sobre ele. Justificava que, por este motivo, pedia à Assembleia Provincial que autorizasse a Câmara a chamar as terras para o seu patrimônio.

Em janeiro de 1866, na condição de presidente, Francisco de Barros do Nascimento envia uma petição à Câmara requerendo licença para edificar uma casa para feira, no largo da rua de baixo, com frente de sessenta palmos, quarenta e oito de fundos e altura de doze. Ele requeria o direito de cobrar "certas imposições" sobre diversos gêneros de consumo, prometendo, em compensação, no fim de trinta anos, entregar a casa de feira ao poder da Câmara.

Segundo Carlos Antônio de Souza Ferraz[270], os vereadores discutiram o assunto e acabaram aprovando e expedindo a licença, observando as posturas municipais e que só podiam cobrar oitenta por carga, na forma do costume. Entretanto, Leonardo Gominho tem uma outra versão, ele diz que, provavelmente, a construção não tenha sido levada adiante, pois, em 1871, uma comissão concluiu que a casa que vinha servindo para a realização da feira não reunia condições sanitárias adequadas a um bom funcionamento, qual seja, abrigar as cargas e o povo, pois ela tinha somente dezenove palmos de largura[271].

---

270. Ibidem, p. 116.
271. Gominho, Leonardo Ferraz. *Floresta, uma terra, um povo.* Coleção Tempo Municipal, v. 14. Fiam, Centro de Estudos de História Municipal, Prefeitura Municipal de Floresta, 1996, p. 243.

Condominium: Práticas de sociabilidade e propriedade de terra –
Vale do São Francisco – Império do Brasil

O perfil dos componentes das Câmaras Municipais, desde a sua instituição, é caracterizado pela presença maciça de coproprietários de terras, cossenhores de escravos e criadores de gados. Acompanhando-se pelos nomes dos seus membros, alguns se revezando, pelas alianças estabelecidas, constatamos que estava presente todo o segmento de "homens bons" da localidade, pertencentes às famílias tradicionais. Dos dezoito vereadores, nas três legislaturas, a maioria tinha algum grau de parentesco ou amizade e/ou assumiu cargo na Câmara por mais de uma vez, potencializando, assim, a influência dos grandes proprietários e seus descendentes.

Além desses dados do perfil mais genealógico, fizemos um levantamento do perfil patrimonial pela localização geográfica das propriedades e do lugar da atuação cotidiana do conjunto dos vereadores empossados na Câmara, em 1865. Francisco de Barros do Nascimento, conservador, presidente da Câmara, era da tradicional fazenda Panela d'Água, neto de Manoel Lopes Diniz e o líder político de sua família, juiz de paz e delegado do Termo. José Alexandre Gomes de Sá era líder no Riacho Seco, Ribeira do Navio. Francisco Gomes Novaes era da fazenda Misericórdia; Manoel Ferraz de Souza, da fazenda Ilha Grande, na Ema, berço de um ramo da família Ferraz, filho de Serafim de Souza Ferraz, presidente da Câmara e chefe político da região; João Gomes de Menezes morava na Vila e era membro da tradicional família Menezes, da fazenda Riacho Grande, no Vale dos Mandantes; Domingos Gomes de Sá, da fazenda Tapuio; Antonio Gomes de Sá, da fazenda Riacho. Os Gomes de Sá tiveram presença maior nessa Câmara: dos sete integrantes, quatro eram membros dessa família.

Situação semelhante pode ser constatada com a relação dos nomes dos eleitores mais votados de Floresta e de Tacaratú. Esta lista é importante para se identificar não somente os indivíduos de mais alta renda das duas vilas, mas, também, para perceber a divisão dos votos entre os diversos grupos rivais locais, no jogo político do Império.

Nome	Cargo/patente	Votos	Nome	Cargo/patente	Votos
Francisco Alves de Carvalho	Juiz de paz	373	Francisco David de Sá	Vereador	148
José Francisco de Novaes	Tenente-coronel	271	José Francisco de Novaes Júnior	Capitão	143
Serafim de Souza Ferraz	Tenente-cel/ Presidente da Câmara	266	Damaso d'Assunção Pires	Reverendo Vigário	138
José Rodrigues de Moraes	Major/Vereador/ Presidente da Câmara	261	Pantaleão Gomes de Sá	Não informada	135
Manoel Gomes de Sá	Major/Presidente da Câmara	256	Vicente Gomes de Sá	Não informada	135
Alexandre Rufino Gomes	Tenente/ Vereador	249	Antonio Gomes de Sá	Capitão	125
Manoel Salvador da Cruz	Subdelagado	248	Manoel Gomes de Sá	Alferes	125
Manoel de Souza Ferraz	Padre	246	Joaquim Francisco de Novaes	Não informada	122
Francisco Antonio Gomes de Novaes	Não informada	244	Pedro José Soares	Não informada	116

Francisco de Barros do Nascimento	Major	234	Francisco David Gomes de Sá	Não informada	116
Antonio Florêncio C. Amethista	Professor	225			

Tabela 18: Proprietários Eleitores Paroquiais mais Votados para Elegerem Senador e Deputado Provincial, por Pernambuco – 1847 – Floresta – Comarca de Pajeú de Flores, em Ordem Decrescente de Votos
Fontes: Inventários *post-mortem* e *acta da apuração de votos para eleitores*.[272]

Para essa eleição, o presidente da assembleia paroquial foi Serafim de Souza Ferraz, terceiro mais votado; o secretário foi José Francisco de Novaes Júnior, filho do segundo mais votado; e os mesários foram Vicente Gomes de Sá Jurubeba, Francisco de Barros do Nascimento e José Joaquim de Sá, todos nomes já conhecidos de outros cargos. Apenas os doze mais votados foram qualificados para elegerem deputados e senadores.

Desses doze proprietários eleitores mais votados, cinco já tinham assumido cargos na Câmara Municipal. Apenas de um não obtivemos informações sobre a ocupação, mas, é possível afirmar que onze deles tinham um papel destacado. Inclusive, o mais votado foi o primeiro juiz de paz de Fazenda Grande, Francisco Alves de Carvalho, pessoa que exercia uma grande influência na Comarca, visto a trajetória e as alianças realizadas desde os seus ancestrais, como o avô, Manoel Lopes Diniz, o rico português arrendatário da Fazenda Panela d'Água e o tio, nomeado juiz ordinário do sertão do Pajeú. Este é mais um aspecto de como o poder se constituiu no âmbito local.

---

272. Lapeh/UFPE – Esta tabela foi criada por mim, com base na comparação de dados encontrados na coleção de inventários da década de 1840, Floresta, como os nomes de cada inventariado e na acta de apuração de votos para eleitores de 1847, da vila de Floresta, Comarca de Pajeú de Flores, disponível no Arquivo Público de Pernambuco, no livro das Câmaras Municipais, CM 24, fl. 202.

Nome	Cargo/patente	Votos
Luiz José Correia de Sá	Tenente-coronel	280
Gabriel Gomes de Sá	Alferes	247
Alexandre Gomes de Sá	Tenente	182
Miguel Archanjo Pimentel	Professor	120
José Francisco Souto	Desconhecida	118
Pedro Gomes de Sá	Capitão	117
Antonio Joaquim Freire	Desconhecida	90
Francisco Xavier de Paula	Desconhecida	86
João Batista de Souza	Desconhecida	80

Tabela 19: Proprietários Eleitores Paroquiais Votados para Elegerem Senador e Deputado provincial por Pernambuco – Parochia de Tacaratú – Termo da Comarca de Flores, em Ordem Descrescente de Votos (1847)
Fontes: Inventários *post-mortem* e *acta da apuração de votos para eleitores*.[273]

Pelos nomes que compuseram as atas de eleitores, observamos que membros das famílias Gomes de Sá ocuparam posição de influência nas duas vilas, seus nomes estão presentes em ambas, mas, pelo número de votos obtidos individualmente, eles eram mais fortes em Tacaratú, pois, lá, foram os três mais votados e somaram quatro, entre os nove eleitos.

O direito de votar era muito limitado no Império. Os escravos foram totalmente excluídos. As pessoas livres podiam votar conforme a renda e conforme alguns preceitos específicos. Segundo o previsto na Constituição de 1824, o sistema eleitoral era indireto ou em dois graus, dividindo a população que tinha direito ao voto em dois grupos: votantes e eleitores. Votantes eram obrigados a ter renda líquida anual de cem mil réis, provenientes de bens de raiz, indústria ou comércio e idade mínima

---

[273]. Lapeh/UFPE – Esta tabela foi criada por mim, com base na comparação de dados encontrados na coleção de inventários da década de 1840, Tacaratú, como os nomes de cada inventariado e na acta de apuração de votos para eleitores de 1847, da vila de Tacaratú, disponível no Arquivo Público de Pernambuco, no livro das Câmaras Municipais, CM 24, fl. 204.

de 25 anos. Eleitores deviam possuir renda de duzentos mil réis anual, ter folha corrida da polícia limpa e não terem sido alforriados. Para se candidatar a deputado, erao brigatório possuir uma renda anual de quatrocentos mil réis e para senador, oitocentos.

Mapeando lugares de poder que os coproprietários abastados ocuparam, os mais frequentes foram de comandantes e oficiais das Ordenanças das jurídições[274]. José Gomes de Sá esteve no comando da jurisdição da Varge da Ema, fazendas Quixabá e Varge Redonda, no Rio de São Francisco, onde embarcava e desembarcava todo o comércio desse rio. A sua jurisdição compreendia, também, três fazendas: Atalho, Papagaio e Riacho, na foz do riacho dos Comandantes, como se chamava anteriormente o riacho dos Mandantes, por separar as jurídições dos capitães comandantes José Gomes de Sá e do seu irmão Cypriano Gomes de Sá, cuja autoridade ali começava e se estendia pelas paragens que beiravam o rio São Francisco, abrangendo quatro fazendas: fazendas Crauatá, Ambrósio, Sabiucá e Barra, todas localizadas no município de Floresta. A jurisdição do comandante Inácio Gonçalves Torres compreendia cinco fazendas: Tacurubá, onde começam as ilhas do São Francisco e também as fazendas Jatinan, Pedra, Cana Braba e Alegra.

Entre os dois tipos de rede, a da administração e a das terras, existe, certamente, uma ligação. De modo geral, os Gomes de Sá se projetaram no rio São Francisco, no riacho dos Mandantes, em Fazenda Grande, em Tacaratú e no sertão, como um todo. Os Souza Ferraz e Rodrigues de Moraes destacaram-se no riacho do Navio. Alexandre Rufino Gomes foi líder da Barra do Pajeú. Os Sá e Silva e os Silva Leal lideravam na confluência do Pajeú. Os Novaes, no Pajeú.

O papel dos comandantes era executar e fazer cumprir a lei e determinações do capitão-general governador da província, inclusive, auxiliar na cobrança de impostos. Essa elite de poder, como vimos por amostragem dos lugares de atuação de seus membros, formou-se com relativa rapidez nas povoações em de-

---
274. Ferraz, Carlos. Op. cit., p. 39-40.

senvolvimento, Floresta e Tacaratú, e, sob condições favoráveis, já estava solidamente estabelecida nas primeiras décadas do século XIX. Não temos acesso a todas as posições ocupadas pelos membros dessa elite, mas, encontramos algumas das raízes do seu poder, o que aponta uma elite, primeiramente, recrutada por nomeação para as funções de comando e que, na segunda geração, já foi capaz de produzir a aristocracia local. A ocupação dos principais cargos era umas das características da rede e uma das fontes mais vigorosas de seu poder social, político e econômico.

Componentes de uma Rede: De Proprietários Fundiários, de Funcionários da Administração, Segundo a Ocupação de Cargos da Estrutura Judicial e da Organização Militar das Vilas de Floresta e Tacaratú (1756 a 1878)

Gerações	Membros	Nomes das propriedades: fazendas	Administração: patentes e cargos judiciais, políticos e policiais
Primeira	Manuel Lopes Diniz	Panela d'Água (arrendada em 1756); Campo Grande; Brejo do Gama	Arrendatário das fazendas. Não encontrei referência a cargos ocupados por ele. Os descendentes ocuparam vários cargos, como podemos ver abaixo
Segunda	Manoel Lopes Diniz	Panela d'Água	Coronel/Juiz Ordinário, do Sertão do Pajeú (1802)
	Vitorino Pinto da Silva	Panela d'Água	Capitão
	Gonçalo Pinto da Silva	Brejo do Gama	Capitão-mor
	José Lopes Diniz	Panela d'Água	Capitão-mor

Condominium: Práticas de sociabilidade e propriedade de terra – Vale do São Francisco – Império do Brasil

Terceira	José Vitorino da Silva Barros	Panela d'Água	Tenente-coronel
	José Lopes	Panela d'Água	Capitão
	Jerônimo Pires de Carvalho	São Pedro; MalhadaVermelha	Não encontrei referência a cargos
	Francisco Alves de Carvalho	Panela d'Água	1º juiz de paz (1830, 1834, 1847)
	Manoel Pires de Carvalho Belfort	Panela d'Água	Coronel
	Joaquim Lopes Diniz	Panela d'Água	Coronel
	Vitorino Lopes Barros	Panela d'Água	Major
	Francisco de Barros do Nascimento	Panela d'Água	Major, juiz de paz
	Manoel Lopes Diniz	Fazenda Roçado, Panela d'Água, Poço da Pedra, Cassimba Nova, Riaxo Verde	Major
Quarta	Manoel Salvador da Cruz	Roçado	Capitão, subdelegado de Fazenda Grande (1845 a 1847), compôs a primeira Câmara Municipal de Floresta
	Luiz Rodrigues da Cruz Barros	Poço da Pedra, panela d'Água, Riaxo Verde, Urubu, Cassimba Nova, Brejo da Gama	Capitão, Deputado provincial
	Antonio Lopes da Silva Barros	Roçado	Deputado provincial (1864 a 1866), advogado, juiz de Direito e desembargador no Ceará

Quarta	Levino Lopes de Barros e Silva	Roçado	Deputado provincial de 1861 a 1863, Juiz de Direito
	Antônio Valgueiro dos Santos Barros	Tapuio	Major
	João Rodrigues de Barros	Roçado	Major
	Primo Lopes Barros	Tapuio	Tenente
	Alexandre Gomes de Sá Leal	Roçado	Tenente Coronel
	Antônio Xavier de Moraes	Roçado	Coronel
	Norberto Gomes dos Santos	Roçado	Vereador

Tabela A: Família Lopes Diniz[275]

Gerações	Membros	Nomes das propriedades: fazendas	Administração: patentes e cargos judiciais, políticos e policiais
Primeira	Jerônimo de Souza Ferraz	Caiçara e Riacho do Navio	Capitão
Segunda	Bartolomeu de Souza Ferraz	Riacho do Navio	Comandante do Riacho do Navio e Pipipã
	Dâmaso de Souza Ferraz	Curralinho, Curral Novo	Capitão dos Forasteiros da Ribeira do Pajeú, tesoureiro da capela do Senhor Bom Jesus dos Aflitos, de Fazenda Grande
	Faustino de Souza Ferraz	Riacho do Navio	Capitão de Infantaria da Ordenança do Riacho do Navio

275. Lapeh/UFPE – Esta tabela foi criada pela autora, com base na comparação de dados encontrados na coleção de inventários da década de 1840, Tacaratú e na acta de apuração de votos para eleitores das vilas de Tacaratú e de Floresta, disponível no Arquivo Público de Pernambuco, no livro das Câmaras Municipais, CM 24, fl. 204 e na carta de patente, disponível no Arquivo Público de Pernambuco (Patentes e Provisões, 1708-84, folha 33; Registros e Provisões, 1/6 – f. 108 v).

Condominium: Práticas de sociabilidade e propriedade de terra –
Vale do São Francisco – Império do Brasil

Segunda	Antônio Manuel de Souza Ferraz	Riacho do Navio	Juiz Ordinário e de Órfãos do Julgado de Tacaratú
Terceira	Serafim de Souza Ferraz	Riacho do Navio	Tenente-Coronel, Chefe liberal, Primeiro presidente da Câmara Municipal de Floresta – 1846 Líder da emancipação política da vila de Floresta
Quarta	João Serafim de Souza Ferraz	Riacho do Navio, Maris, Poço do Fumo, Mulungú, Cana Brava, Retiro e Caldeirão	Tenente-coronel, da Guarda Nacional, líder da política da família e do Partido Liberal na Vila de Floresta
	Francisco Serafim de Souza Ferraz	Riacho do Navio, Maris, Poço do Fumo, Mulungú, Cana Brava, Retiro e Caldeirão	Deputado provincial, vereador, delegado de polícia, juiz, comandou o partido liberal, conselheiro municipal
	Manoel Ferraz de Souza	Riacho do Navio, Maris, Poço do Fumo, Mulungú, Cana Brava, Retiro e Caldeirão	Tenente-coronel e vice-presidente da CM de Floresta
	Antonio Serafim de Souza Ferraz	Serra Branca, Riacho do Navio, Maris, Poço do Fumo, Mulungú, Cana Brava, Retiro e Caldeirão	Tenente Coronel, Chefe do Estado Maior do Comando Superior da Guarda Nacional dos municípios de Tacaratú e Floresta
	Fausto Serafim de Souza Ferraz	Riacho do Navio, Maris, Poço do Fumo, Mulungú, Cana Brava, Retiro e Caldeirão	Tenente-coronel, primeiro prefeito do municipio de Floresta, de 1893 a 1895. Foi vereador e exerceu por longo tempo a chefia política da família. Por decreto do Imperador Dom Pedro II, de 19/04/1884, recebeu o título de Cavaleiro da Ordem da Rosa, cujo juramento se deu em 22 de setembro do mesmo ano
	João Antão de Souza	Riacho do Navio	Vereador da Câmara Municipal de Tacaratú

Quarta	Manoel da Silva Leal	Paus Pretos, Irapuã	Vereador da primeira Câmara Municipal de Floresta, em 1846 e Notário Público
	David de Souza Ferraz	Riacho do Navio	Capitão da Guarda Nacional

Tabela B: Família Souza Ferraz[276]

Como descrito na Tabela B, os proprietários descendentes da família Souza Ferraz, conectores e conectados à rede de poder familiar e político-administrativa, ocuparam muitos cargos na esfera da burocracia militar, como oficiais da tropa auxiliar, comandantes e capitães das Ordenanças, além das patentes militares de tenente-coronel e capitão.

Gerações	Membros	Nomes das Propriedades	Administração: patentes e cargos judiciais, políticos e policiais
Primeira	Francisco Gomes de Sá	Sítio Gravatá, Fazenda Mandantes	Capitão-comandantes das Ordenanças, na freguesia de Tacaratú (1766)
	José Gomes de Sá	Sítio Gravatá, Fazenda Mandantes	Capitão-comandantes das Ordenanças, na freguesia de Tacaratú (1778)
	Cypriano Gomes de Sá	Sítio Gravatá, Fazenda Mandantes	Capitão-comandantes da Serra do Arapuá e Ribeira do Pajeú (1774)
Segunda	Francisco Gomes de Sá	Sítio Gravatá, Fazenda Mandantes	Capitão-Comandante, juiz ordinário
	José Gomes de Sá	Sítio Gravatá, Fazenda Mandantes	Capitão-Comandante
	Cypriano Gomes de Sá	Sítio Gravatá, Fazenda Mandantes	Capitão-Comandante da Serra do Arapuá e Ribeira do Pajeú
Quarta	Gabriel Gomes de Sá	Sítio Gravatá, Fazenda Mandantes	Vereador da Câmara Municipal de Floresta
	Alexandre Rufino Gomes	Governador	Vereador da Câmara Municipal de Floresta e tenente

---

276. Ibidem.

Condominium: Práticas de sociabilidade e propriedade de terra – Vale do São Francisco – Império do Brasil

Quarta	Atônio Gomes de Sá	Sítio Gravatá, Fazenda Mandantes	Vereador da Câmara Municipal de Floresta, Capitão da Guarda Nacional (1865 a 1869)

Tabela C: Família Gomes de Sá[277]

Gerações	Membros	Nomes das propriedades	Administração: patentes e cargos judiciais, políticos e policiais
Primeira	Antônio Francisco de Novaes	Fazenda Capim Grosso	Sargento-mor das conquistas da Freguesia do Sertão de Tacaratú (1782)
Segunda	José Francisco de Novaes	Fazenda Misericórdia	Capitão da Segunda Companhia de Ordenanças do Termo de Flores (1819); Juiz Ordinário do Julgado de Tacaratú (1820); Tenente-Coronel (1847); segundo eleitor mais votado para eleger deputados e senadores da Província de Pernambuco nas eleições de 1847
Terceira	José Francisco de Novaes Júnior (neto)	Fazenda Misericórdia	Capitão
Quarta	Francisco Antônio Gomes de Novaes	Fazenda Misericórdia	Vereador da Câmara Municipal de Floresta (1846 e 1865); Partido Conservador; Líder político da família

Tabela D: Família Novaes[278]

Coletivas ou individuais, as conexões da rede política nas vilas de Floresta e Tacaratú foram baseadas na reciprocidade de interesses pelo poder, via acumulação de cargos na estrutura da administração judicial, militar, política e policial nas mãos dos mesmos grupos familiares.

---

277. Lapeh/UFPE – Esta tabela foi criada pela autora, com base na comparação de dados encotrados na coleção de inventários da década de 1840, Tacaratú, como os nomes de cada inventariado e na acta de apuração de votos para eleitores de 1847, da vila de Tacaratú, disponível no Arquivo Público de Pernambuco, no livro das Câmaras Municipais, CM 24, fl. 204.
278. Ibidem.

Na Câmara Municipal, membros da família Ferraz exerceram cargos de vereadores, presidentes, vices e prefeitos. Foram, também, delegados de polícia e deputados provinciais. Em número de votos, nas eleições paroquiais de 1847, Serafim de Souza Ferraz, eleito em terceiro lugar, perdeu para Francisco Alves de Carvalho, ramo da família Lopes Diniz e para José Francisco de Novaes. Segundo Leonardo Gominho, membros da família Souza Ferraz foram líderes políticos adeptos do partido liberal[279].

Encontramos parte da trajetória de quatorze membros dessa família que exerceram grande influência nas vilas de Floresta e de Tacaratú, onde se conectaram e foram fios conectores da rede da burocracia administrativa. Pelos casamentos, ligaram-se aos Gomes de Sá. Três filhas do tenente-coronel Serafim de Souza Ferraz desposaram filhos daquela família. Anna Carolina de Souza Ferraz, primeira filha, desposou Antônio Manuel Gomes de Sá, que viria a ocupar o cargo de capitão da Guarda Nacional e de vereador na Câmara Municipal de Floresta, em 1872, onde, também foram eleitos três cunhados, um para juiz de paz e dois para vereadores: Francisco Serafim de Souza Ferraz e Fausto Serafim de Souza Ferraz, irmãos de sua mulher.

Na mesma época, Antônia Esmeralda de Souza Ferraz, outra filha, casou-se com José Alexandre Gomes de Sá e Silva, também vereador eleito da Câmara Municipal de Floresta. Quem exercia o controle político de Floresta, nesse momento, era um dos filhos de Serafim de Souza Ferraz, João Serafim de Souza Ferraz, eleito juiz de paz em 1872. Ele foi um dos líderes políticos da família e conector da rede na esfera pública. Sob a sua influência, elegeu vereadores os dois irmãos e os dois cunhados, citados acima, numa mesma legislatura. Por lei, os dois irmãos não poderiam participar de uma mesma sessão na Câmara. Para conciliar o não permitido ao fato, os irmãos se alternavam nas reuniões da Câmara[280].

---

279. Gominho, Leonardo Ferraz. Op. cit., p. 258.
280. Ibidem, p. 259.

Com base na incompatibilidade do ato, o suplente Francisco de Barros do Nascimento requereu que lhe fosse deferido o juramento, para assumir o cargo de Fausto Serafim de Souza Ferraz. Não pudemos verificar se o requerimento foi despachado favoravelmente, mas, independente desse resultado, o importante a ressaltar é que o ato das eleições continuou a demonstrar as distinções sociais e não tornou-as menos ligadas aos interesses daqueles que detinham o poder, sendo indicador da permanência de uma ordem hierárquica.

Na administração judicial, eles ocuparam cargos de juiz ordinário[281], juiz de paz[282] e juiz de direito[283]. Os membros da

---

281. Os juízes ordinários eram eleitos pelas Câmaras Municipais e tinham alçada sobre as demandas acontecidas nos Termos ou Municípios. Os ocupantes deste cargo não tinham formação jurídica, obrigatoriamente.
282. O juiz de paz, criado em 1827, foi concebido como um magistrado leigo, sem treinamento e não remunerado, sobretudo para conciliar os litigantes potenciais e jurisdicionar nas vilas e nas causas de pequena importância. A instituição do juiz de paz tornou-se o símbolo da luta contra a herança colonial e foi o núcleo de intensa polêmica jurídica-política até a sua alteração em 1841. Seus adversários viam nele o princípio da erosão da autoridade central e uma ameaça ao controle social; seus defensores, a descentralização e a democratização da justiça. O Juiz de Paz já estava contemplado na Carta de 1824, que previa juízes eletivos e jurados.
283. Os juízes de direito eram nomeados pelo Imperador, deviam ser bacharéis, com prática de pelo menos um ano no foro, preferindo-se os que tivessem servido como juízes municipais ou promotores. De acordo com a Constituição, tinham a garantia da vitaliciedade, mas não a da inamovibilidade, significando que podiam ser removidos de um lugar para outro, na forma da lei. Sua principal atribuição era presidir o Conselho de Jurados, aplicar a lei aos fatos e julgar os feitos cíveis que não fossem da competência de outros juízes. Era ainda da sua competência conceder fiança aos réus sujeitos ao processo perante o júri; conhecer do recurso das fianças concedidas ou negadas pelos juízes de paz, bem como da decisão desses juízes que julgasse perdida a quantia afiançada; conceder *habeas corpus*; proceder a qualquer diligência que entendesse necessária e julgar os feitos cíveis que ultrapassassem a competência do juiz de paz e dos juízes municipais. Os juízes de direito exerciam jurisdição na comarca, que eram circunscrições compostas de vários municípios, nas quais funcionavam, ao tempo da Colônia, as justiças dos ouvidores; nos seus impedimentos, eram substituídos pelos juízes municipais. Nas capitais e nas cidades populosas,

família Novaes e Gomes de Sá têm o perfil social semelhante ao da maioria dos proprietários que temos analisado até aqui. Também ocuparam cargos na tropa auxiliar da Coroa, como capitão da Segunda Companhia de Ordenanças, sargento-mor da Freguesia do Sertão de Tacaratú, juiz ordinário do Julgado de Tacaratú, capitão-mor interino da vila de Flores, vereadores na Câmara Municipal de Floresta e eleitores, para senadores e deputados da província de Pernambuco. Proprietários de fazendas e de escravos, tinham a pecuária como a principal atividade econômica. Pelo casamento, conectaram-se com os Gomes de Sá, Silva Leal e membros de outras famílias.

Provavelmente, a presença de um único membro dessas famílias na administração colonial serviu de conector de uma rede de poder que se desenvolveu por meio do exercício de cargos e funções-chave na trama política local. Entre juízes, deputados provinciais e vereadores, também estiveram conectados, pela organização militar, tenentes, capitães, tenentes-coronéis, majores, capitães-mores e padre.

O cargo de capitão-mor foi criado em 1570, era provido pelo rei ou eleito pela câmara. Devia prestar juramento ao rei, se por ele provido, ou na Câmara, se eleito.[284] A organização militar teve um papel muito importante na empresa colonizadora, pois, significava a defesa da conquista das investidas externas e proteção interna, contra possíveis resistências de colonizadores.

Desse modo, as dimensões do território, aliadas à impossibilidade da presença de funcionários régios no controle e vigilância de cada núcleo povoado, deram às Ordenan-

---

um dos juízes de direito acumulava a função de chefe de polícia; nas demais cidades, ou onde não houvesse mais de um juiz de direito, as funções policiais continuaram sendo exercidas pelos juízes municipais e pelos juízes de paz. O juiz de direito imperial foi a função judicial mais influente e mais duradoura do período, constituindo-se o antecedente do juiz de direito da República. Sua importância ultrapassou os lindes jurisdicionais, tendo revivido, em certa medida, os poderosos magistrados coloniais.
284. Salgado, Graça. *Fiscais e Meirinhos: Administração no Brasil Colonial.* Editora Nova Fronteira, 1895, p. 164.

ças o caráter de braço auxiliar na execução da política administrativa metropolitana.[285]

As Ordenanças incorporavam a administração nos lugares mais distantes, devido à sua presença obrigatória, elas, ao mesmo tempo, fortaleciam o poder local de proprietários de terras, que passaram a ter uma força armada (armada e vestida por eles, na maioria das vezes) para impor a sua ordem e, através dela, fazer valer os seus interesses.

As bases desse processo foram firmadas no início da colonização, quando as funções de defesa eram controladas pelos donatários, mas o fortalecimento do poder dos senhores de terras locais se concretizou com a estruturação das Ordenanças. Pelo regimento geral de 1750, os proprietários de terras tiveram garantido o posto de capitão-mor, o mais alto na hierarquia, cujo recrutamento era feito entre os "notáveis do lugar", os "principais da terra". José Lopes Diniz, proprietário e financista por emprestar dinheiro a juros e Gonçalo Pinto da Silva, ambos filhos de Manoel Lopes Diniz, foram capitães-mores.

Os privilégios foram dados por determinação reiterada nas principais leis (regimentos de 1570, alvará de 1709 e provisão de 1758), as quais disciplinaram as Ordenanças na Colônia. Os demais postos de certa graduação também eram preenchidos por "pessoas de qualidade".[286] Isto implica em dizer que as eleições de oficiais das Ordenanças conferiam apenas um caráter de cunho aparentemente liberal no processo de escolha. Na realidade, eram limitadas a um grupo muito seleto de indivíduos. Em Floresta e Tacaratú, temos notícias de que apenas dois membros da família Lopes Diniz ocuparam o cargo.

Uma questão relevante é que os privilégios de exercer o cargo das Ordenanças não se traduziam em soldos, mas em patentes militares, que conferiam prestígio e posição social de comando. Interessava à Coroa economizar nos gastos com a administração

---
285. Ibidem, p. 110.
286. Ibidem, p. 111.

e, no caso das Ordenanças, não seria totalmente inconveniente que, em troca de serviços não remunerados, uma parte do poder se concentrasse, "temporariamente", nas mãos de proprietários.

Segundo Graça Salgado[287], a partir de 1640, com a restauração do domínio português, a Coroa adotou uma política de maior controle administrativo. Nos municípios, onde atuava o capitão-mor, foi introduzido o juiz de fora, representante direto da Coroa, que passou a exercer a função de presidente da Câmara. Esta função era exercida anteriormente por um senhor de terras local, por meio do cargo de juiz ordinário.

No Termo da Comarca de Flores, as alianças, envolvendo os laços familiares e através dos casamentos, constituíram-se em importantes conectores na rede de poder local que estava se consolidando com o estabelecimento das vilas. As nomeações de juízes ordinários, eleições de vereadores e juízes de paz expressaram a hegemonia de coproprietários de terras.

Juizado de Paz: um lugar de conflitos, uma rede de intrigas

Conflitos e violências entre as autoridades que constituíam o corpo político de Floresta e de Tacaratú, formado, predominantemente, por membros de famílias tradicionais de coproprietários de terras, marcaram as relações sociais dessa sociedade elitista.

Em Fazenda Grande, os cargos de juiz de paz pertenciam aos membros da elite socioeconômica, a famílias proprietárias de terras e mais ricas, com tradição nas esferas da burocracia administrativa, desde o período colonial, como os Lopes Diniz, que tiveram empossado o primeiro juiz de paz da vila, tendo este se alternado no cargo com o genro, por diversas vezes. Desse modo, tudo indica que essa investidura era uma forma de um homem ambicioso ampliar seu círculo de influências e obter vantagens sobre vizinhos, que ficavam jungidos aos muitos fa-

---
287. Ibidem.

vores que, como juiz, poderia fazer-lhes. O mais temível era a perseguição que poderia aplicar a um rival ou inimigo.

Como "chave do poder" e eleito por "forças poderosas", o juiz de paz, nessa sociedade, não ficava imune, mas, ao contrário, era alvo dos ataques dos desafetos. Segundo Suzana Cavani Rosas,[288] o prestígio e o poder desfrutado pelos juízes de paz, na sociedade brasileira do século XIX, podiam ser medidos pelas eleições, concorridíssimas para esse cargo, marcadas, quase sempre, por muita fraude, confusão e cenas de violência, tal e qual acontecia no pleito para deputados e senadores. Estes juízes nunca foram remunerados pelo Estado, mas, os agrados que recebiam da população acabavam por compensar aquela falta e animar muitos pretendentes ao cargo. No entanto, havia quem tivesse pouco respeito e muito desprezo por aquela autoridade. Este era o caso de juízes de Floresta na década de 1830.

Exemplo de desrespeito para com a figura do juiz de paz é o caso relatado por Antônio Leandro da Silva, juiz de paz do Termo de Pajeú de Flores, filho do capitão-mor Aniceto Nunes da Silva[289]. Ele enviou correspondência participando ao presidente e aos conselheiros da província de Pernambuco os *horrorosos custumes* que praticavam as justiças ordinárias da vila, tirando *devassas* e aceitando *querelas* contra as pessoas e autoridades dos juízes de paz, pois ele já era o terceiro magistrado a sofrer acusações criminosas. O acusado de acatar tais injúrias foi o *capitão-mor* e juiz ordinário Serafim Pereira de Jesus, como podemos constatar pela leitura de um fragmento daquela correspondência:

---

288. Rosas, Suzana Cavani. Cidadania e judiciário: a atuação dos promotores e juízes. In: Albuquerque, Francisco Sales de; Acioli, Vera Lúcia Costa; Assis, Virgínia Maria Almoêdo de. *A face revelada dos promotores de justiça: o Ministério Público de Pernambuco na visão dos historiadores*. Recife: Ministério Público de Pernambuco, 2006, p. 196.
289. Grande proprietário de fazendas no Sertão, uma de suas propriedades, com mais de vinte léguas de extensão, foi subdividida em oito outras fazendas. Genealogia Pernambucana: <https://goo.gl/Rxwteo>. Acesso em: 5 ago. 2011.

Ilmº e Exmº Senhor Presidente e mais Conselheiros da Província de Pernambuco
Como seja do meu dever participar a VV. Excias **os horrorosos custumes** que praticam as **justiças ordinárias** desta Vila de Flores e seu Termo, o faço [...] já, comigo, são três juízes de paz que as justiças ordinárias desta mesma Vila tiram devassas, aceitam querelas contra suas pessoas e autoridades [...].[290]

As devassas representaram importante papel de fiscalização *a posteriori* dos juízes ordinários, pois cada juiz deveria devassar a gestão do antecessor[291]. No período colonial, as *devassas*, gerais ou especiais, conforme se tratasse, respectivamente, de delitos incertos ou de faltas determinadas, abrangiam não só os juízes ordinários, mas, também, outras autoridades e pessoas, contra as quais o juiz processante devia agir desde logo, no limite de sua competência, e representar, quando fosse o caso, a quem de direito. Esse processo inquisitório era bastante temido, pois, no regime das Ordenações, o tormento, regulado no T. 133 do L. V[292], era admitido como meio de prova.

No caso da denúncia do abuso de autoridade em Flores[293], é interessante observar a relação que se estabeleceu com a figura do juiz de paz nessa sociedade, pois, o autor denuncia *"custumes horrorosos"* das *justiças ordinárias*[294] contra a figura de *juízes de paz*, uma das autoridades mais importantes, investida de amplos poderes. A pretendida independência do Poder Judicial pareceu, pois, muito precária, sujeitos os seus integrantes a abusos diversos.

---

290. Livro Juiz de Paz: JP 2, fl. 41. Arquivo Público do Estado de Pernambuco Jordão Emeranciano.
291. Leal, Victor Nunes. *Coronelismo, enxada e voto*. São Paulo: Editora Alfa-Omega, 1975, p. 187.
292. Ordenações Filipinas on-line: <https://goo.gl/CWv9N8>. Acesso em: 5 ago. 2011.
293. Sede da Comarca do Sertão da Província de Pernambuco.
294. Cargo de juiz ordinário foi substituído pelo de juiz de paz no texto da Constituição de 1824 e regulamentado em 1827.

Segundo a lei que regulamentou o cargo de juiz de paz, esse magistrado leigo enfeixava as competências de outros juízes coloniais, como o juiz ordinário, o juiz de vintena[295] e o almotacé. No texto legislativo, não encontramos registro de que o juiz ordinário tinha competência para fazer devassas do juiz de paz, até porque é incompatível. A criação do juiz de paz representou uma tentativa de revitalizar a administração local, reunindo, nas mãos de um único magistrado, poderes diretamente ligados ao governo central.

Em geral, os liberais evitavam comparações dos juízes de paz com os predecessores porque os juízes coloniais eram malquistos pela população; procuravam identificá-los com modelos estrangeiros: equiparavam o seu juiz aos juízes de paz da França revolucionária, face à importância da sua competência para as pequenas causas e as conciliações. Em sua defesa, os legisladores levaram em conta os benefícios que o juizado de paz, uma instância local do judiciário, traria para o melhoramento do sistema legal. Mas, certamente, o que os motivou, nessa luta, foi a perspectiva de uma descentralização política. Pelo conteúdo das denúncias, que eram repetidas, constatamos, entretanto, conflitos e violência na vigência de juízes de paz da localidade, como podemos ler num outro texto de uma representação feita por Sebastião José Nunes Magalhães, sargento-mor e juiz de paz do Termo de Flores, datada de 1833:

> Ilmº e EXmº Senhor
> O escândalo com que afectivo he assaltado este Termo
> por uma quadrilha de salteadores do Riacho do Navio,

---

295. Também chamados pedâneos, com alçada pequena, tinham exercício nas aldeias, situadas a certa distância da vila ou cidade, não possuia jurisdição no crime, mas podia prender em flagrante ou mediante mandato ou querela, apresentando o detido ao juiz competente. Os Almotacéis, além das infrações de posturas do conselho, julgavam certas causas de direito real relativas a obras ou construções e impunham penas, com recursos para os juízes. In: Leal, Victor Nunes. Op. cit., p. 183.

hoje, Termo desta Villa, pela nova repartição, faz com que leve a respeitável presença de V. Exciª **representação justamente legal** para a vista da qual V. Exciª sabiamente delibere para a minha inteligência e das minhas autoridades locaes deste Termo. Desde o ano de 24 q'no mencionado Riacho se levantou uma facção com o título de "Realistas" e marcharam para esta Villa e Termo, donde assassinaram vários cidadãos a título de serem patriotas e roubaram uma fazenda considerável, não só (ilegível) como de quantos eles poderão tragar, desde então, continuarão, de quando em quando, a assaltar a este Termo fazendo assassínios, como consta da criminalidade que se acham por diferentes cartórios, ficando os mesmos sempre impunes porque (ilegível) a risca, em razão de estarem sempre dispostos, tanto para desobedecerem a qualquer ordem que lhes fossem dadas como para este Termo uma (ilegível) para a qual (ilegível) prevenidos e basta dizer a V. Exciª que **ali não se obedece a lei, e nem tão pouco as autoridades** (ilegível) agora de novo **continuarão a assassinar no antigo custume**. Assaltarão no dia 12 do passado outubro (fl. 283 v) no lugar Varze Grande e matarão a três cidadãos probos e pacíficos e úteis à sociedade e voltando os mesmos impunes para o lugar do acoito pela rapidez com que fizeram os assassínios ex quando no dia 14 desta corrente tornarão a assaltar, no mesmo riacho, na Fazenda Serra Vermelha, em nº de 40 e ali assassinaram ao cidadão João Vieira de Matos, hum filho e hum escravo e, ali, procurarão assassinar vários cidadãos.[296]

Em casos como este, a violência não aparece como uma anomalia do sistema de dominação, mas, ao contrário, a sua utilidade para a continuação do poder parecia de grande importância. O relato da violência contra a pessoa e autoridade do juiz de paz, Antônio Leandro da Silva, apontou os motivos "falsos", segundo ele, da *querela* e *devassa* e, dessa forma, indicou como

---
296. Coleção do Livro Juiz de Paz, JP 7, fl. 283. Arquivo Público de Estado de Pernambuco Jordão Emerenciano.

se sustentou uma rede de intrigas, devida às ambições pela permanência nos lugares centrais de poder. O cargo de juiz de paz nem sempre deixou o titular em situação confortável, pois, mesmo tendo sido elevado ao status de poder político na Carta de 1824, ele apareceu submisso e, em muitas situações, acentuou a relação de forças entre os potentados dos lugares:

> [...] já os criminando (os juizes de paz) por fazerem o seu dever e acontecer sucessor e já, por intrigas de seus interesses, como bem praticou o JUIZ ORDINÁRIO do ano passado o cap.m (mor) Serafim Pereira de Jesus, aceitando duas querelas falsíssimas e uma devassa contra a minha pessoa e autoridade, a fim de ser privado de fazer as obrigações do meo dever, obrigando-me, em todos, a prizão e livramento por hum so cazo, por se dizer que eu gostara ou cooperara para a morte de hum tal João Roiz de Moraes, este no Riacho do Navio, distante desta Província trinta léguas [...].[297]

A relação de desrespeito com a figura do juiz de paz pelo juiz ordinário indica que a substituição foi a de uma instituição que ofereceu resistências. Politicamente, cada um, individual ou em grupo, fazia a sua escolha, ou se era conservador ou se era liberal e um não se convencia do poder do outro, ficava inconformado por ter tido sucessor. Segundo Victor Nunes Leal, tanto as municipalidades como os juízes de paz eram, em virtude de suas eleições, os representantes de um partido. Nos casos em que este partido estava de acordo com o governo, ia tudo bem, ainda que a administração fosse obrigada a tratar essas autoridades com delicadeza e atenção, sem o que não deveria esperar que indivíduo algum servisse um emprego gratuitamente; nos casos contrários, em que o partido oposto era mais forte, a autoridade do governo tornava-se mais do que nominal: em vão, promulgava os seus éditos; não eram obedecidos.[298]

---
297. Ibidem.
298. Leal, Victor Nunes. Op. cit., p. 190.

Segundo Socorro Ferraz, em Floresta, a questão envolvia o poder das famílias, pois, aquelas mais antigas da região não aceitavam autoridades que lhes contrariassem. *"Delitos eram cometidos por motivos torpes"*[299]. A Vila de Floresta ficou politicamente conhecida como centro de forças do partido liberal e as pesquisas apontam que, também, era uma terra desprovida dos efeitos da lei. Os dados indicam que a solução dada ao caso do juiz de paz Antônio Leandro da Silva não passou pela questão político-partidária, considerando que quem estava à frente das tropas que efetuaram a prisão "injustificada" e plena de violência era o sargento Serafim de Souza Ferraz, adepto do partido liberal, o qual agiu em conformidade com o juiz ordinário.

Relatos de dois promotores públicos, Francisco Ferreira de Siqueira Varejão e Manoel Claudino de Melo e Silva, em diferentes momentos da década de 1880, são também esclarecedores desse cenário político e social da Comarca, onde se utilizavam outros canais para solucionar assuntos que, de acordo com a lei, estavam sob a alçada do governo. Eles acusavam os potentados do lugar, homens da família Ferraz, de exercerem uma relação de subordinação e compadrio entre autoridades e pessoas que cometem delitos.[300]

Nesse contexto de práticas políticas e sociais da época, onde as instituições políticas aparecem fracas, Clarissa Nunes Maia[301] se refere a um juiz municipal de Floresta, outro membro da família Ferraz, que, quando questionado por um promotor sobre o cumprimento da lei, dissera: *"meu pai e o major José Rodrigues tomaram do poder do doutor José Filipe de Souza Leão, quando daqui foi juiz de direito"*.

---

299. Barbosa, Maria do Socorro Ferraz. Advogados da Justiça, testemunhas do absurdo. In: Albuquerque, Francisco Sales de; Acioli, Vera Lúcia Costa; Assis, Virgínia Maria Almoêdo de. *A face revelada dos promotores de justiça: o Ministério Público de Pernambuco na visão dos historiadores*. Recife: Ministério Público de Pernambuco, 2006, p. 242.
300. Ibidem.
301. Ibidem, p. 167.

O promotor Manoel Claudino de Melo e Silva também relata as dificuldades para cumprir o seu dever na Comarca de Floresta, pois, dizia ele que, *"nesta vila, as antigas tradições de posso, quero, mando, são defendidas religiosamente"*[302]. Ressaltamos que o promotor se referiu aos anos 1880, cinquenta anos após a denúncia do juiz de paz Antônio Leandro da Silva. Entretanto, o clima de tensões parecia não ter mudado. Observa-se mais a persistência dos *"custumes horrorosos"* nos sistemas político, judiciário e na sociedade, em geral, do que cortes significativos que acenassem para modificações.

Pelo relato da denúncia do juiz de paz Antônio Leandro da Silva, na década de 1830, esse quadro de *subordinação e compadrio* pode ser um dos componentes da querela. Os envolvidos são um juiz ordinário, que, constitucionalmente, havia perdido poderes, um juiz de paz, que sofria resistências no exercício do cargo e um sargento, adepto do partido liberal, mas membro de uma família tradicional nos lugares de mando local.

É possível que existisse uma relação de compadrio entre o juiz ordinário e o sargento Serafim de Souza Ferraz e uma relação de desafeto desses dois para com o juiz de paz, pois Antônio Leandro da Silva era filho de um capitão-mor e grande proprietário de fazendas do sertão. O conteúdo do relato indica uma relação de forças entre grandes potentados, que ultrapassava os ideais políticos partidários do juizado de paz, o qual seria um descentralizador de poder, no entanto, investido de amplos poderes que foram logo engessados.

Victor Nunes Leal afirma que não é difícil imaginar-se como as atribuições judiciárias e policiais das autoridades do período colonial ajudaram a construir a prepotência do senhoriato rural. Conforme as denúncias do juiz de paz, recaía-lhe uma suspeita de imparcialidade no exercício do cargo, o que teria desencadeado a violência:

---

302. A *face revelada dos promotores de justiça: o Ministério Público de Pernambuco na visão dos historiadores*. Recife: Ministério Público de Pernambuco, 2006, p. 242.

> Fui prezo de vara, alçado pelo comandante Joaquim Leite Ferreira, com uma tropa armada por ordem das juntas [...] e logo amarrarão com uma vara fita azul, em lugar de corda, em hum braço encolhido, à cadeia desta Vila, botara-me, à força de armas de vara alçada, na enxovia, dam me vinte dois dias com todo o desprezo e indignidade a mia pessoa e autoridade, o que, assim, praticou o sargento Serafim de Souza Ferraz e David José de Moura, com sua tropa armada, como parte do dito morto dentro desta, no meio de toda a justiça, durou a mesma prisão 3 meses e 8 dias injustamente, que caluniado e tendo justificado a mia inocência a pagar do muito que tenho gastado com livramentos [...].[303]

Um episódio como esse também indica que as reformas pretendidas pela lei não atingiram as forças políticas locais, já enraizadas de gerações e que não se rendiam facilmente, uma vez que, independentemente das arbitrariedades que tenham cometido os juízes de paz, a autoridade e autonomia que os antigos juízes ordinários incorporaram na ponta do sistema não desapareceram; continuaram tentando se sobrepor e reduzir a figura do juiz de paz, por atos de um mandanismo local, ainda bem vivo, como diz, em mais um fragmento de sua carta, o juiz de paz: "[...] Na lei, ainda não encontrei a que os juízes ordinários tenham autoridade para devassarem dos juízes de paz e mesmo dos vulgares do corpo municipal, como tem acontecido nesta Vila [...]".

Outro fato que ressalta dessa querela, além da possibilidade de ter havido atos arbitrários cometidos por Antônio Leandro da Silva, preso sob acusação de ter "gostado" ou "cooperarado" com um homicídio, foi a ineficácia da função do juiz de paz como instrumento de prevenção e repressão da criminalidade. Segundo Victor Nunes Leal, a tal ineficiência foram atribuídos todos os atentados, motins, revoluções e desordens do período regencial[304]. No entanto, esse autor também diz que, por mais

---
303. Ibidem.
304. Leal, Victor Nunes. Op. cit., p. 195.

verdade que se contenha nessa acusação, parece exagero atribuir-se à lei que regulamentou os amplos poderes ao juiz de paz (conferindo-lhe, inclusive, as funções policiais), como a de 1832, a responsabilidade pelas perturbações daquele período. Aquelas manifestações podiam ter ocorrido na vigência de uma outra lei rigorosa, como efeito da exaltação do elemento popular, que buscava novas formas de expressão política na confusão da agitada época.

Por outro lado, as pesquisas indicam que a reação não era somente à figura do juiz de paz; o promotor público, um cargo de grande importância para o cumprimento da lei, também foi alvo da reação do mandonismo local. A atuação do promotor público era importante no sentido de dar encaminhamento ao pronunciamento da denúncia de crimes na administração pública, fiscalizar o funcionamento das autoridades policiais, dos juízes e do júri, além de denunciar crimes cometidos contra pessoas sem recursos financeiros. O Código do Processo Criminal de 1832 estabelecia suas funções, que foram confirmadas no decreto nº 120 de 31 de janeiro de 1842[305].

A persistência de conflitos pelo poder local pode ser ilustrada, também, pelas dimensões que tomaram as rixas nas vilas de Flores, Floresta e Tacaratú, Comarca de Pajeú de Flores, quando da ascensão dos conservadores, em 1848, envolvendo forças políticas. Neste ano, D. Pedro II demitiu o presidente do Gabinete Liberal, Francisco de Paula Souza e Melo e fez voltar Pedro de Araújo Lima.

Nesse clima de tensão imperial, acirravam-se antigas rivalidades locais, motivos de inúmeras mortes. De um lado da vila de Flores, estava Francisco Barbosa Nogueira Paz, um adepto do partido liberal à frente da Comarca, acompanhado por libe-

---

305. Maia, Clarissa Nunes. Os promotores de Justiça e a manutenção da ordem em Pernambuco do século XIX. In: Albuquerque, Francisco Sales de; Acioli, Vera Lúcia Costa; Assis, Virgínia Maria Almoêdo de. *A face revelada dos promotores de justiça: o Ministério Público de Pernambuco na visão dos historiadores.* Recife: Ministério Público de Pernambuco, 2006, p. 163.

rais da vila de Floresta, como Serafim de Souza Ferraz, Joaquim de Souza Ferraz, Manuel Rodrigues de Mariz, João Pereira dos Santos Castro e José Rodrigues de Moraes. Do outro lado, o rico fazendeiro, coronel e conservador Manuel Pereira da Silva. Pernambuco estava vivendo um período de muita agitação política, Antonio Pinto Chichorro da Gama, liberal, foi afastado da presidência da província. Liberais e conservadores disputavam o poder e se instalava o clima onde iria explodir a Revolução Praeira. Neste contexto conflituoso, em Floresta, segundo Leonardo Gominho, foram demitidos o subdelegado José Francisco de Novaes e os suplentes José Francisco de Novaes Junior, Francisco Davida Silva, Francisco Alves de Carvalho, Cipriano José de Moura e Pantaleão Gomes de Siqueira, todos ricos fazendeiros.[306]

Em Flores, o coronel Manuel Pereira da Silva foi nomeado para o cargo de delegado e, nessa condição, ele chegou à vila, de surpresa, acompanhado de um grupo armado, para empossar o cargo, na Câmara Municipal, da qual Francisco Nogueira Paz, liberal, era o presidente e possuía o apoio da maioria absoluta dos vereadores. O cargo de delegado de polícia era muito disputado, pois influenciava decisivamente nos embates eleitorais. Segundo Suzana Cavani, criados em 1841, os delegados apareciam como autoridades fundamentais para intimidar e constranger a população a caminho das urnas, pois acumulavam em torno de si, além de atribuições policiais, outras de competência do judiciário. Este poder, em parte, furtado dos magistrados, será matéria de constantes críticas dos liberais ao sistema judiciário, de escopo conservador, implantado no país no período do Regresso (1837-1853).[307] O abuso de autoridade da parte

---

306. Ferraz, Leonardo Gominho. *A rebelião da Serra Negra, a Praeira no Sertão*. Prefeitura do Município de Floresta, Recife, 1998.
307. Rosas, Suzana Cavani. Cidadania e judiciário: a atuação dos promotores e juízes. In: Albuquerque, Francisco Sales de; Acioli, Vera Lúcia Costa; Assis, Virgínia Maria Almoêdo de. *A face revelada dos promotores*

do delegado Manuel Pereira da Silva provocou os adversários, já insatisfeitos com a queda do Partido Liberal.

O coronel Simplíco Pereira, irmão do delagado Manuel Pereira da Silva, entrou na vila com duzentos homens armados, rendendo Francisco Nogueira Paz e mais dezessete correligionários liberais. O delegado de Flores não se contentou em perseguir os desafetos políticos somente no seu Termo. A violência foi estendida à vila de Floresta e a agressividade era tanta que mesmo os conservadores desta vila reagiram à provocação.[308]

O juiz de paz de Floresta, Francisco de Barros do Nascimento, adepto do partido conservador, colocou-se contra a violência do delegado conservador de Flores para com os florestanos e enviou um ofício ao presidente da província, para levar ao seu conhecimento os acontecimentos indesejados:

> [...] levo ao conhecimento de V. Exc. que o delegado do Termo de Flores, acompanhado de quatrocentos homesn, agrediu este termo, sem que participasse às autoridades locais qual o fim de sua pretensão, cometendo toda sorte de violências, em consequência do que, eu, de acordo com o delegado deste termo, reunimos forças para resistir à audácia de semelhante scelerators [...] V. Exc. Ps. Dará ordens para que não fique sempre semelhante crime cometido por um delegado que, em vez de manter o sucego público, veio transtorná-lo.

Neste caso, podemos visualizar a facilidade com que o localismo poderia gerar maiores disputas entre facções políticas e desequilibrar o governo. É notório que o juiz de paz de Floresta tinha boas razões para se queixar do delegado de Flores, porém, não sabemos se obteve a repercussão esperada, pois, os acontecimentos seguintes reduziam a credibilidade. Devemos considerar

---

de justiça: o Ministério Público de Pernambuco na visão dos historiadores. Recife: Ministério Público de Pernambuco, 2006, p. 190.
308. Ferraz, Leonardo Gominho. *A rebelião da Serra Negra, a Praeira no Sertão.* Prefeitura do Município de Floresta, Recife, 1998.

que a prática política da época era a do clientelismo e que, apesar de se defender interesses sociais, nem sempre as denúncias chegavam de bom grado às mãos do governo provincial. O presidente se tornava, dessa forma, o fiel da balança e, muitas vezes, tinha que lidar com as divergências entre os seus apadrinhados e se atentar mais às conveniências políticas do que à justiça.

Por outro lado, à época desse conflito, o juizado de paz já tinha passado por uma redução de sua competência. No final da década de 1830, quando o Partido Conservador regressou ao poder, reformou as instituições no sentido da centralização. Fez isso, sobretudo, através da Lei de Interpretação do Ato Adicional, de 1840, e da Lei nº 261, de 3 de dezembro de 1841, que modificou o Código do Processo. Essa reforma também ensejou críticas e embates. Contudo, quando o Partido Liberal retornou ao poder, na legislatura de 1844-48, nada fez para alterá-la.

Conforme Otávio Tarquínio de Souza[309], "*mais do que isso, dela se serviu, achando-a excelente*", querendo significar que, para o Governo, convinha manter em suas mãos os canais de controle de nomeação dos juízes e dos servidores mais graduados da burocracia. A Lei de 1841 alterou o funcionamento do júri e a competência do juiz de paz. O júri de pronúncia foi abolido e o juiz de paz foi despojado da maior parte das suas atribuições, reduzidas a aspectos notariais; perdeu também a jurisdição policial (formação da culpa), transferida para os juízes municipais e para os chefes de polícia e seus delegados no interior. Por isso, estas questões renderam até o fim do século XIX.

Por essa reforma, o governo atribuiu-se a nomeação direta dos juízes municipais e dos promotores, não mais necessitando escolhê-los de listas tríplices propostas pelas Câmaras Municipais. Da mesma forma, passou à sua competência a nomeação dos chefes de polícia, que deveria recair em desembargadores e juízes de direito. Esses chefes passaram a ser auxiliados, no interior, por *de-*

---

309. Rodycz, Wilson Carlos. Segundo capítulo da dissertação, apresentada no Mestrado em Direito da Unisinos, em 2002.

legados, que assumiram as funções antes exercidas pelos juízes de paz, realizando um inquérito e, em certos casos, dando a sentença de pronúncia, exercendo também, portanto, funções jurisdicionais.

A Lei de 1841 foi centralizadora e policializante, tendo esvaziado as atribuições do *juiz de paz*. O Imperador (por intermédio do Ministro da Justiça) passou a nomear os principais responsáveis pela justiça e pela polícia. Em Pajeú de Flores, o juiz de paz e padre Joaquim José de Veras, adepto do partido conservador, correligionário do delegado, foi assassinado no dia 5 de agosto de 1849, data das eleições primárias, sob a liderança dos conservadores. O inquérito indicou José Antônio Pereira, proprietário de fazenda, como o autor do crime; já Francisco Nogueira Paz, do partido liberal de Flores, com uma história de liderança na região, e Serafim de Souza Ferraz, liberal de Floresta, foram acusados de mandantes[310].

Segundo Leonardo Gominho, o delegado de polícia de Flores, Manuel Pereira da Silva, com uma escolta da polícia e de guardas nacionais, dirigiu-se a Serra Negra[311], onde estavam entrincheirados Francisco Nogueira Paz e os seus correligionários, que ofereceram resistência, fazendo recuar as ofensivas do delegado e de suas tropas.

Época de eleições, a violência se estendia e, nas vilas próximas, como na freguesia de Exu, correligionários de Francisco Barbosa Nogueira Paz, vindos do Ceará, tentavam impedir que eleitores fossem votar em Ouricuri e, também, pretendiam engrossar o apoio aos amigos, na Serra Negra[312]. Mas, devido ao prestígio social e econômico dos políticos conservadores de Flores, o combate aos liberais florestanos tomou uma dimensão de âmbi-

---

310. Gominho, Leonardo Ferraz. Op. cit., p. 94.
311. A Serra Negra é um monte tabular, estreito, com largura maior na chã ou tábua de uns oitocentos metros e pouco mais, talvez, de três mil metros de comprido. Ela fica nos limites de Floresta, Tacaratú e Inajá. In: Ferraz, Leonardo Gominho. *A Rebelião da Serra Negra, a Praeira no Sertão*.
312. Ibidem.

to provincial: o delegado requisitou apoio ao presidente da província, Honório Hermeto Carneiro Leão, que, mesmo envolvido com os agitos da Revolução Praeira, na Zona da Mata, mandou, do Recife para Flores, tropa de linha, como reforço àquela que já existia na Comarca. Tacaratú foi ocupada por uma força de linha e guardas nacionais, mandadas pelo presidente da província de Alagoas. No Ceará, foi colocado à disposição da província de Pernambuco um capitão do 4º Batalhao de Artilharia. Devido a esse poder de fogo do governo, que veio em apoio ao delegado Manuel Pereira da Silva, ao seu irmão, o coronel Simplício Pereira da Silva e aos aliados, membros das poderosas famílas Campos e Magalhães, em dezembro de 1849, a Serra Negra foi tomada e os liberais rendidos, após quatro meses de combates.

Como repressão política aos liberais de Floresta[313], que pareciam, em princípio, ter se rebelado numa luta entre mandões locais mais devido a rixas familiares do que num movimento contra a política conservadora do governo provincial/local ou por reformas sociais, a sede de Floresta foi transferida para a vila de Tacaratú, vila onde os liberais continuaram atuando na Câmara. A Rebelião da Serra Negra tendeu mais para o resultado de um desequilíbrio de forças entre mandões locais, que teve como estopim a ascensão do partido conservador e a nomeação do delegado de Flores.

A influência das ricas famílias de Flores que deram apoio ao delegado era muito forte. Francisco Barbosa Nogueira Paz e o delegado Manuel Pereira da Silva eram líderes de famílias há muito tempo inimigas. Essa situação privilegiada dos liberais de Pernambuco, continua Suzana Cavani[314], era compatível com a história política da província, que, ao contrário de tantas outras do Império, vivenciara uma aliança entre liberais e conservadores nos anos 30 e 40. Em paz com os seus inimigos, puderam, assim, ingressar na magistratura em pleno Regresso e comungar da aversão dos conservadores a qualquer reforma eleitoral que introduzisse no país as incompatibilidades.

---
313. Silva, Maria Lêda Oliveira Alves. Op. cit. p. 13-15.
314. Ibidem.

Por outro lado, falar de rede não quer dizer que todos os integrantes estão, necessariamente, ligados a todos os outros integrantes da rede.[315] Segundo Claire Lemercier, o termo técnico "rede" se refere a um conjunto de dados relacionais sobre as ligações que unem ou não um conjunto de indivíduos, como comunidades, pessoas, organizações e grupos. A análise de uma rede visa produzir indicadores pertinentes para compreender a posição de cada indivíduo no conjunto. Em particular, a análise de rede que fizemos foi baseada na confrontação de três tipos de ligações maiores, como matrimoniais, patrimoniais e políticas burocráticas, que se desmembraram em outras relações, como de vizinhança, amizades, copropriedade de terras e de cossenhorio de escravos. O resultado indicou que os proprietários que compuseram o núcleo do povoamento forneceram a maioria dos papéis-chave da estrutura de poder local.

---

315. Lemercier, Claire. *Méthodes quantitaives pour l'historien*. Paris: La Découverte, 2008, p. 84.

Considerações finais

O sertão do século XIX foi, comumente, apresentado como uma sociedade rural e tradicional. Adjetivos como estes foram impingidos à região e construíram um discurso identitário que associa geografia, clima e cultura, para explicar esse mundo como um espaço "à parte" ou um "*Outro*", da identidade nacional. Porém, a visão por este ângulo omite um universo social e cultural. Caracterizar o sertão como sociedade rural e tradicional não significa, porém, associá-lo, exclusivamente, a uma civilização imóvel, pois, como em toda e qualquer sociedade, nele, as pessoas se moveram pela capacidade de integrar elementos novos, mesmo na presença dos antigos.

No sertão do Médio São Francisco, nas vilas de Tacaratú e Floresta, especificamente, mesmo aquelas famílias que tinham recursos aparentemente insuficientes para continuar mantendo grandes propriedades indivisas e o trabalho escravo perduraram nas fazendas, sob um sistema de condomínio e utilizando trabalho escravo na produção pecuarista e para fins domésticos.

As partilhas sucessivas de bens levaram descendentes das antigas famílias a um empobrecimento. Aquelas que, por dificuldades financeiras ou pela divisão hereditária, tiveram empecilhos para manter a riqueza familiar em padrões mais abastados, escaparam, por curto prazo, dos efeitos mais perversos da crise da escravidão na segunda metade do século XIX, devido a práticas coletivas de utilização da mão de obra cativa e do acesso à propriedade de terras na região. Dessa forma, se não lhes foi possível renovar e preservar o patrimônio familiar sempre abundante, uma parte minoritária das famílias preservou o status social.

A maioria dos inventários e as respectivas partilhas estavam de acordo com os interesses dos beneficiados. A aparente concordância dos herdeiros parece estar relacionada com os costumes de se buscar manter intacta a propriedade principal, aquela herdada e onde tudo era produzido. Vista pelas práticas do cotidiano das famílias, a partilha parecia ser mais uma formalidade para efeito jurídico. Registrava-se nos inventários o valor atribuído a cada bem e, na partilha, o que cabia a cada herdeiro, mas os bens mais caros e que moviam a produção econômica, principalmente os escravos, a terra e os animais nem sempre eram divididos de fato.

O viúvo ou a viúva mantinha o controle sobre o total dos bens. Esta prática tem sua explicação em vários motivos relacionados com o modo de vida. O principal, que pode representar a situação mais comum praticada por essas famílias, é que os casais, geralmente, tinham muitos filhos menores quando morria um dos cônjuges, mesmo havendo o registro de alguns casados, geralmente, mulheres, que se casavam com parceiros muito mais velhos.

De acordo com os inventários pesquisados, 57,7% dos inventariados deixaram filhos menores de 25 anos e até filhos com meses. Nesses casos, a sobrevivência da família dependia da manutenção do conjunto. Podemos dizer que, nas décadas de 1840 a 1880, a maioria das famílias descendentes não era mais abastada e que, na realidade, uma divisão de fato seria desvantajosa para todos. Mesmo no caso de filhos casados, era mais interessante o acesso ao conjunto dos bens do que individualmente. Ficar com um facão, um escravo, um tear, alguns gados ou uma casa, por exemplo, sem a posse de terra ou se desmembrar da propriedade principal com uma posse extremamente pequena não fazia sentido.

Mantendo-se os bens sob a administração do cônjuge "cabeça de casal", todos poderiam usufruir conjuntamente da propriedade principal devido ao sistema de condomínios, bem como do trabalho escravo, devido ao cossenhorio, ainda mais que muitos membros de uma mesma famíla moravam bastante próximos uns dos outros, principalmente, os que ficaram menos abastados, pois, assim, mantinham-se sob a "proteção" dos membros mais ricos. Inegavelmente, a manutenção da propriedade principal era um requisito muito importante para a continuação do padrão de vida anterior à morte de um dos cônjuges, tanto entre os mais como entre os menos abastados.

Ao que tudo indica, havia uma concordância entre os filhos maiores quanto ao direito à posse e à propriedade do que os pais haviam conseguido. É provável que as disputas fossem mais frequentes quando morriam os dois genitores ou quando havia filhos de casamentos anteriores. Os dados dos inventários e dos registros de terras públicas indicam o acesso em comum de mais de uma família a bens fundiários; que vários membros de uma mesma e de outras famílias moraram em terras em comum, de pais e sogros, embora em casas de residências individuais. Escrituras de vendas e de demarcação de fazendas da região indicam a manutenção de terras em condomínios e a figura dos condôminos. Todos, no entanto, tinham bens exclusivos do casal, apontando que os lucros dos empreendimentos ou parte da herança resultaram na composição da fortuna individual.

O conjunto das posses em comum parecia ser bem complexo. A vizinhança se constituía de familiares e de parentes. Pelos indícios deixados nos inventários, essas relações eram fundamentais para o estabelecimento dos condomínios e dos cossenhorios. Baseando-se na documentação, foi difícil identificar as relações sociais e familiares entre os habitantes, pois, geralmente, não são mencionadas. Entretanto, o estudo comparativo das fontes permitiu acompanhar indícios e fazer algumas conclusões.

As fronteiras entre as propriedades eram bastante permeáveis à assimilação de contatos e interações de diferentes tipos. Ricos ou empobrecidos, os homens e as mulheres, frequentemente, moravam nos espaços que vinham sendo ocupados pelas famílias nas gerações anteriores. Consequentemente, a criação de novas famílias tendia a estabilizar o local das moradas e a se repetir, como pudemos constatar nos inventários, com os exemplos de propriedades que passavam pelas mãos das mesmas famílias a cada geração. Havia os casamentos de filhos e filhas de paróquias e províncias vizinhas, mas a maioria dos casais era nascida na própria paróquia.

Nos inventários mais abastados, encontramos casos de famílias que possuíam casas de morada na área rural e na vila e muito próximas umas às outras. A família, pelo que indica

O conjunto das fontes, sobretudo, os registros dos inventários, teve um grande peso nas relações econômicas, políticas e sociais. Mais do que o acesso à herança, o mais importante era a solidariedade entre as famílias, que se multiplicava, geralmente, entre membros da família nuclear.

A organização familiar não se restringia aos laços de sangue. As alianças pelo compadrio tiveram papel muito importante, tanto quanto pelos matrimônios e vizinhanças. Personalidades importantes como Manoel Lopes Diniz eram sempre escolhidas para padrinhos. Ele foi compadre de Jerônimo de Souza Ferraz, uma outra figura de destaque dessa elite, por batismo de uma de suas filhas. A proximidade das residências permitia que compadres, amigos ou parentes fossem acionados para participar dos mais diversos eventos. Como exemplo de situações comuns de solidariedade, citamos o caso de Jerônimo de Souza Ferraz que, quando faleceu, teve seus amigos, compadres e contra-parentes Antônio Pereira Falcão e Manoel Lopes Diniz nomeados para avaliadores dos seus bens.

Parentesco, matrimônios e compadrios estavam intimamente associados e tinham relação com o lugar onde moravam, indicando-se que a vizinhança funcionava como suporte para a sobrevivência dos homens e mulheres da região. Pelos dados do censo de 1872, a população dessa época não dispunha de instâncias públicas para cuidar das doenças, contava-se com um médico, duas parteiras e um farmacêutico para assistir a população das duas vilas, que, juntas, somavam mais de vinte mil habitantes. Tinha-se, certamente, de contar com as alianças estabelecidas dentro do grupo de parentescos, consanguineidade e de vizinhança.

Lugar de viver e de produzir, os condomínios eram também lugares de articulações políticas, administrativas e sociais. Era em suas casas que os tabeliães recebiam as informações sobre morte dos habitantes e iniciavam os inventários. No início do século XIX, na fazenda condomínio Curralinho, funcionou um Cartório de Notas da povoação de Fazenda Grande, sob a orientação do vereador e notário público nomeado Manoel da Silva Leal. Em

1849, foi nas terras do Riacho do Navio, nas fazendas de gados de dois dos líderes da Rebelião da Serra Negra, Serafim de Souza Ferraz e José Rodrigues, que se refugiaram os políticos liberais no momento que precedeu o combate com as tropas do governo.

Negociantes estabeleciam lugar comercial em suas casas ou nelas guardavam mercadorias, pois constatamos referências a fazendas secas e molhadas, e miudezas no rol de inventários de comerciantes. Casas de morada das fazendas também eram lugares de fazer empréstimos e receber pagamentos. Na década de 1870, ainda encontramos registrado nos inventários que a redação de inventários e partilhas era, geralmente, feita nas casas de residências de juízes municipais ou, também, nas dos interessados. Os dados indicam que importantes atividades especializadas, que pertenciam à instituição da justiça, como as citadas acima, e do dia a dia, como a produção de tecidos, de farinha ou objetos em couro, realizavam-se nos espaços das casas de residências e das fazendas.

As casas de morar, tanto nas fazendas como na vila, já apresentavam uma moderna arquitetura em seus interiores, indicando separação das peças, o que lhes conferia um ar mais familiar e mais compatível com um lugar exclusivo de residência, embora ainda funcionassem como um local onde os juízes municipais exerciam suas atividades profissionais. Em todos os grupos, as famílias construíam casas de dois a quatro vãos, em taipa ou em tijolos, com telhas. No entanto, residências com três e quatro vãos eram mais frequentes entre os mais abastados. Nos inventários não há uma descrição precisa da função de cada peça da casa, o máximo que conseguimos saber através dessa fonte foi que algumas famílias possuíam vãos contíguos à casa principal.

Segundo Carlos Antônio de Souza Ferraz[316], as casas de moradas das vilas eram estreitas, pegavam-se, lateralmente, umas às outras. Não havia salas de visita, havia sala de frente, com pouca mobília, mas incluindo tamboretes para, possivel-

---
316. Ferraz, Carlos Antônio de Souza. Op. cit., p. 62.

mente, receber pessoas; sala de jantar com mesa e bancos nas laterais e tamboretes nas cabeceiras. A cozinha era desligada da casa. É possível que a arquitetura das casas das fazendas fosse semelhante à das casas da vila, pois, entre o mobiliário, referia-se, frequentemente, mesas, bancos e tamboretes.

Tudo indica que o relacionamento social entre as famílias tinha uma forte inclinação à reciprocidade e solidariedade, devido a dois fatores maiores: a escassez de serviços básicos nos quesitos saúde e educação, pois, muitas famílias iniciavam, em casa, os seus filhos nas primeiras letras; e a proximidade espacial, elemento esse que tornava possível que todos conhecessem todos e tudo nos arredores. Um dos indícios foi a forma como se demarcavam as fronteiras das fazendas, completamente baseada no conhecimento da região e das pessoas.

Documentos absolutamente especializados, como os inventários *post-mortem* e os registros de terras públicas de 1858, contam uma parte dessas relações, pela informalidade e pessoalidade com que eles eram feitos. Tomemos como exemplo a transcrição de fragmentos de cadastros de terras públicas:

> 1- "No lugar denominado Marmeleiro, na Ribeira de São Gonçalo, Manoel Lopes Diniz requereu registro de posse de um sítio de terras na Serra do Arapuá, da qual sou senhor e legítimo possuidor por ter comprado a Anna Maria Diniz. Confronta pela nascente, com o sítio do Fundão, no pé da ladeira, em hum imbuzeiro pela parte da serra, no caminho do Faria, no lageiro da casa para baixo, para a parte do Norte, com o sítio de João Lopes, no caminho no pé de um marmeleiro grande e com Boa Vista, na ponta do Serrote e com a Lagoa na Lagoinha, e com o sítio Ervanço no catolezeiro torto e com o sítio do Mundo Novo na Pedra Redonda e dahi rumo direito a Cacimba do fundo, no pé de um catolezeiro torto"
>
> 2- "Elias Alves da Cunha requereu registro de parte de terra em comum da qual sou senhor e possuidor por ter herdado de meu finado sogro João Nunes de Barros"

3- "Victorio de Souza Barros requereu registro de posse de terras obtidas por compra a Gabriel Gomes de Sá Alecrim, no local Jurucutú. Confronta com os herdeiros da Panela d'Água pela nascente com os herdeiros do Rio, ao poente, com os herdeiros do Campo Grande, ao Sul e com os herdeiros do Capim Grosso, ao Norte".

Esses tipos de registros se repetem em todo o cadastro de terras públicas da Freguesia de Fazenda Grande, do ano de 1858 e nos inventários. Eles indicam uma certa intimidade com a região e, sobretudo, entre as pessoas, pois documentos que deveriam ser impessoais aparecem muito personalisados. Primeiro, na maioria das vezes, não informam o tamanho das propriedades, poucos indicam registros de medidas agrárias. Segundo, são reveladores de informações baseadas no conhecimento da geografia e das pessoas proprietárias do lugar. Todos deviam conhecer bem as pessoas citadas, como Anna Maria Diniz, o sítio do João Lopes, o caminho do Faria, e, certamente, Manoel Lopes Diniz, as fazendas e os referidos herdeiros, o finado sogro João Nunes de Barros. Sabiam quem tinha vendido, quem tinha comprado, quem tinha morrido e uma infinidade de detalhes, como indicou a análise comparativa dos documentos. Esses indivíduos estavam inseridos em grupos de parentesco, consanguíneo ou não, de vizinhança, da administração pública, do patrimônio e viviam numa região rural, numa rede de sociabilidade, que inseria os proprietários de terras, mas também escravos e agregados livres.

Integrar a dinâmica social dominante não representa necessariamente um benefício para os cativos. Como foi visto, os proprietários do sertão utilizaram estratégias que garantissem a manutenção dos princípios básicos da escravidão. Assim, no sertão do Médio São Francisco, esses princípios passam pela existência de duas categorias de seres humanos na sensibilidade coletiva. De um lado, os descendentes dos antigos colonos, que, mesmo empobrecidos e mestiços, souberam preservar os símbolos do poder, como o nome da família, a posse da terra, o gado e alguns escravos. São estas as distinções que lhes permite fazer parte do conjunto das "pessoas de posse", seja de uma grande propriedade rural, seja de pequenas partes de terra. Em oposição a este grupo, existia uma massa de indivíduos que não formava uma classe social, nem mesmo um grupo homogêneo e que é composta tanto por indivíduos livres quanto por libertos e escravos.

Nesse contexto, propriedade de terra provocava movimento e mobilidade. Garantias, alianças matrimoniais, amizades e relações políticas transformaram rapidamente uma parcela minoritária de colonizadores em elite, por interesse e por ligações, o que teve continuidade com os descendentes. As relações de amizade mantidas entre os membros do grupo estudado reforçavam as escolhas familiares e os religavam onde os laços familiares não podiam agir. À imagem das relações familiares, essas relações de amizade se caracterizavam pela heterogeneidade, garantia da complementaridade das redes relacionais, assim constituídas. Encorajando membros destacados da elite a abusos de poder, as redes constituíam a espinha dorsal da vida social, política e econômica.

A posição do grupo na sociedade contribuía para a sua afirmação social não somente pelo viés da profissão de proprietários de terras, porém, bem mais pelo reconhecimento social, do qual se beneficiavam. Participando da administração, investidos em cargos importantes e dispondo de bens pessoais ou familiares, esses proprietários ganhavam duas imagens, uma de poder e outra de riqueza, com as quais se "vestiam" e que lhes abriam o acesso ao mundo das elites, possibilitando-lhes ascensão social e política, mais do que econômica. Inseridos no coração da estrutura administrativa, esses proprietários usufruíram bastante dessa situação. As elites locais buscavam a todo preço assegurar a sua sustentação.

Nas suas relações com o poder político-administrativo, os proprietários se revelaram capazes de afirmar suas atribuições pessoais. No âmbito local, seu prestígio, suas funções e seus papéis, suas competências, enfim, deixavam pouco espaço para outros que não estivessem ligados à estrutura das redes. Foi, então, numa situação de relativa autonomia que esses proprietários se moviam no exercício de suas responsabilidades políticas. Essa liberdade de manobrar se completava com o seu pertencimento a uma sólida rede relacional, que lhes permitia dispor de lugares importantes.

O prestígio e o poder exercido por essa elite e a autonomia caramente mantida em relação às instâncias administrativas possibilitavam, aos mais abastados, um lugar específico no seio da sociedade local. Na sociedade imperial brasileira, a riqueza ocupava um lugar determinante para definir as posições sociopolíticas; a propriedade de bens oferecia possibilidades de mobilidade menos arriscadas. Eles se incrustavam no aparelho administrativo arrastando familiares, principalmente, filhos e genros, para as funções semelhantes às suas. Do lado econômico, participando ativamente das atividades comerciais ou financeiras pelos empréstimos a juros, eles também se impunham como membros ativos da elite.

A coerência e a capacidade dessa rede para impor a todos os outros membros dessa sociedade imperial uma autoridade, embora contestada no seio do próprio grupo e geradora de muitos conflitos, revelou sua eficácia em meio a reformas em instâncias da política administrativa, como na da justiça. Então, a lógica do Sistema Imperial, do simples fato do afastamento, quando, por exemplo, da ausência de lei que regesse a política de terras, dos particularismos e das especificidades locais, estimulava forças centrífugas, famílias e redes relacionais reintroduziam no sistema social uma forte dose de integração, garantindo a sua perpetuação.

O estudo apresentado buscou analisar uma microssociedade em crise, marcada pela incerteza e alimentada pelas ausências de instituições ou do Estado brasileiro e pela necessidade constante de cada um de afirmar seu espaço. Se o empobrecimento aproximava as pessoas no convívio cotidiano, a proximidade vivida obrigava os indivíduos a fortalecerem uma diferenciação em relação aos despossuídos ou aos escravos.

Após a expansão colonial, que promoveu o desenvolvimento da pecuária, um novo cenário, tomado por uma crise, vai se configurando e fazia-se necessário adotar estratégias favoráveis à manutenção da antiga organização social. Se, por um lado, o período de expansão colonial foi propício à introdução e ao desenvolvimento do trabalho escravo e dos latifúndios, por outro, o colapso não só da economia local, mas também do sistema escravista nacional, forçava a fragmentação maior da grande propriedade rural e o fim do trabalho cativo.

Buscando impedir que isto acontecesse, os descendentes dos antigos colonos passaram a buscar alternativas para a manutenção, se não da riqueza, pelo menos do status social que os identificasse como elite. O empobrecimento geral provocou um duplo movimento, que aproxima e afasta, no cotidiano, as pessoas. Por um lado, a pobreza impõe um contato mais direto entre os indivíduos de diferentes origens e condições sociais e jurídicas. Por outro, esta proximidade move as pessoas com status de livre a se identificar como grupo privilegiado e, consequentemente, a reafirmar tal condição nas suas relações.

A busca pela distinção deixa os seus indícios pela posse de bens e de objetos simbólicos, como joias e relíquias familiares e, também, pela preservação do patronímico. Quanto à escravidão, as estratégias de manutenção adotadas foram complexas e levaram-na a se realizar conforme as exigências do sertão, modificando as condições de vida dos cativos e provocando distinções nas relações construídas entre senhores, escravos e demais indivíduos, sem, portanto, perder a condição de sociedade escravista.

O fim do tráfico de escravos africanos causou não apenas a diminuição da oferta de mão de obra servil, mas também o aumento do preço do escravo. Assim, em todo país, há uma maior concentração de cativos, devido a um movimento que levava os escravos não só das regiões em crise para as de maior desenvolvimento econômico, como também dos pequenos para os grandes plantéis. Inseridos neste contexto, os proprietários das vilas de Floresta e Tacaratú utilizavam práticas que lhes permitiam se beneficiar das partilhas de terras entre herdeiros e do lucrativo tráfico interno, sem, no entanto, abolir a escravidão da prática cotidiana local.

A prática do cossenhorio, que permitiu a exploração de um único cativo por vários senhores, foi usada como uma das estratégias de manutenção. Graças a ela, a posse de escravo continuou pulverizada na região. Mas esta estratégia escravista não era motivada apenas por interesses econômicos. Muitos proprietários preservavam escravos, também, por uma questão social, já que ter escravo era indicativo de uma certa riqueza. Só o status social explica a grande quantidade de cativos destinada aos serviços domésticos. Se, do ponto de vista dos proprietários, as alternativas encontradas permitiram a manutenção da escravidão cotidiana, para o cativo, elas não representaram necessariamente uma melhoria das suas condições de vida. Se, por um lado, a organização deste espaço rural dava maiores possibilidades aos escravos de constituir família, por outro, o risco de separação era constante devido ao tráfico interno. Além disto, o cossenhorio, ao multiplicar os senhores, multiplicava também a exploração e tornava mais longo o caminho da alforria.

Quanto à metodologia desenvolvida nessa pesquisa, buscamos fontes que puderam apontar a recorrência das informações e, assim, tentar fazer uma história social em que se inscrevem os homens num universo quantitativamente mensurável. Mesmo assim, é importante dizer que não o fizemos com a pretensão de, ao escrevermos o quarto capítulo ou as considerações finais, termos explicado a única realidade possível dos sujeitos em foco. As nossas pesquisas estão inseridas num conjunto de estudos com os quais foi mentalmente possível inquietar-se.

Referências

ABREU, Capistrano de. **O Descobrimento do Brasil**. São Paulo: Martins Fontes, 1999.

ALBUQUERQUE, Durval Muniz. **A Invenção do Nordeste e Outras Artes**. Recife/São Paulo: FJN/Massangana/Cortez, 1999.

ANDRADE, Manoel Correia de. **A Terra e o Homem no Nordeste**. São Paulo: Brasiliense, 1963.

ANTONIL, André João. **Cultura e Opulência do Brasil**. Belo Horizonte: Itatiaia, 1982.

ARENDT, Hanna. **Entre o Passado e o Futuro**. São Paulo: Perspectiva, 2001.

_____. **A Condição Humana**. Rio de Janeiro: Forense Universitária, 2005.

_____. **O Que é Política?** Rio de Janeiro: Bertrand Brasil, 2006.

BANDEIRA, Luiz Alberto Moniz. **O Feudo**. Rio de Janeiro: Civilização Brasileira, 2000.

BARBOSA, Bartira; FERRAZ, Socorro. **Sertão, um espaço construído**. Ensaios de História Regional – Rio São Francisco – Brasil. Espanha: Universidade de Salamanca – Centro de Estudios Brasileños, 2005.

BLOCH, Marc. **Introdução à História**. Lisboa: Publicações Europa-América, 1995.

BOUTIER, Jean; JULIA, Dominique. **Passados recompostos:** campos e canteiros da história. Rio de Janeiro: UFRJ/FGV, 1998.

BRANDÃO, Tânia Maria Pires. **A Elite Colonial Piauiense**: família e poder. Teresina: Fundação Cultural Monsenhor Chaves, 1995.

BRAUDEL, Fernand. **História e Ciências sociais**. Lisboa: Presença, 1972.

BURKE, Peter. **A Revolução Francesa da Historiografia. A Escola dos Annales**: 1929 – 1989. São Paulo: Editora da Unesp, 1991.

_____. **A Escrita da História**: novas perspectivas. São Paulo: Editora da Unesp, 1992.

CABRAL, Maria do Socorro Coelho. **Caminhos do gado**: conquista e ocupação do Sul do Maranhão. São Luís: SECMA, 1992.

CARDOSO, Ciro F. S.; VAINFAS, Ronaldo (orgs.). **Domínios da História**: ensaios de teoria e metodologia. Rio de Janeiro: Campus, 1997.

CARVALHO, José Murilo. **A Construção da Ordem/Teatro de Sombras**: A Elite Política

Imperial no Brasil. 1882-1889. Rio de Janeiro: Civilização Brasileira, 2003.

CASTRO, Hebe Maria Mattos de. **Ao Sul da História**: lavradores pobres na crise do trabalho escravo. São Paulo: Brasiliense, 1987.

_____. História Social. In: CARDOSO, Ciro Flamarion; VAINFAS, Ronaldo (orgs.). **Domínios da História**: ensaios de teoria e metodologia. Rio de Janeiro: Campus, 1997.

CERTEAU, Michel. **A escrita da história**. Rio de Janeiro: Forense Universitária, 2002.

COSTA, Emília Viotti. **Da Monarquia à República**: momentos decisivos. São Paulo: Brasiliense, 1981.

COSTA, Francisco Augusto Pereira da. Introdução. In: _____. **Anais Pernambucanos** – 1493-1590. Vol. 1. Arquivo Público Estadual Recife-Pernambuco, 1951, p. 93.

CUNHA, Euclides. **Os sertões**: campanha de canudos. Brasília: Editora da UNB, 1963.

DESFFONTAINES, Pierre. A Constituição da Rede de Cidades no Brasil. **Boletins Geográficos**, IBGE, n. 14/15, 1944.

FAORO, Raymundo. **Os Donos do Poder**: formação do patronato político brasileiro. Rio de Janeiro: Globo, 1989.

FARIA, Sheila de Castro. **A Colônia em Movimento**. Rio de Janeiro: Nova Fronteira, 1998.

FERLINI, Vera Lúcia Amaral. **Terra, Trabalho e Poder**: o mundo dos engenhos no Nordeste colonial. São Paulo: Brasiliense, 1988.

FERRAZ, Carlos Antônio de Souza. **Floresta do Navio**: Capítulos da História Sertaneja. Biblioteca Pernambucana de História Municipal, v. 26. Recife: Prefeitura Municipal de Floresta/Cepe, 1992.

FERREIRA, Tânia Maria Tavares Bessone da Cruz. **Historia e Prosopografia**. UERJ/CNPq. Disponível em: <https://goo.gl/CkF1Ze>. Acesso em: 21 nov. 2017.

GALVÃO, Sebastião de Vasconcellos. **Diccionário Chorográfico, Histórico e Estatístico de Pernambuco**. Imprensa Nacional, 1908, vol. 1 (A-O).

GINZBURG, Carlo. **A Micro-história e outros Ensaios**. Rio de Janeiro: Difel, 1991.

GOMINHO, Leonardo Ferraz. **Floresta**: uma terra, um povo. Floresta: Fiam, Centro de Estudos de História Municipal, Prefeitura Municipal de Floresta, 1996.

GUIMARÃES, Alberto Passos. **Quatro Séculos de Latifúndio**. Rio de Janeiro: Paz e Terra, 1981.

HEINZ, Flavio M. (org.). **Por outra Historia das elites**. Rio de Janeiro: Editora da FGV, 2006.

HELLER, Agnes. **O cotidiano e a historia**. São Paulo: Paz e Terra, 1992.

Genealogia Pernambucana/Familias sertanejas. Disponível em: <https://goo.gl/k1ygdm>.

JASMIN, Marcelo Gantus (org.). **História dos conceitos**: debates e perspectivas. São Paulo: Edições Loyola; IUPERJ, 2006.

KOSELLECK, Heinhart. **Futuro Passado**: contribuição à semântica dos tempos históricos. Rio de Janeiro: Contraponto Editora; PUC-Rio, 2006.

LALOUETTE, Jacqueline. D'exemple à la serie: histoire de la prosopographie. **SIECLES**, Cahiers du Centre D'Histoire des Entreprises et des Communautés, v. 10, p. 3-20, 1999.

LEVI, Giovanni. **A Herança Imaterial**: Trajetória de um Exorcista no Piemonte do Século XVII. Rio de Janeiro: Civilização Brasileira, 2000.

LINHARES, Maria Yeda (org.). **História Geral do Brasil**. Rio de Janeiro: Campus, 1990.

LINS, Wilson. **O Médio São Francisco**: uma sociedade de pastores guerreiros. Coleção Brasiliana, v. 37. São Paulo: Companhia Editora Nacional, 1983.

MARTINS, José de Souza. **O cativeiro da Terra**. São Paulo: Ciências Humanas, 1979.

MAUPEAU, Emanuele Carvalheira de. **Cativeiro e Cotidiano num ambiente rural**: O Sertão do Médio São Francisco – Pernambuco (1840-1880). 2008. Dissertação (Mestrado em História) – UFPE, Recife.

MELLO, José Antonio Gonsalves de. **Três roteiros de penetração do território pernambucano (1738 e 1802)**. Recife: UFPE, 1966.

MENEZES, Djacir. **O Outro Nordeste**. Rio de Janeiro: José Olímpio, 1937.

MOTTA, Márcia Maria Menendes. **Nas Fronteiras do Poder**: conflito e direito à terra no Brasil do século XIX. Rio de Janeiro: Vício de leitura: Arquivo Público do Estado do Rio de Janeiro, 1998.

MOURA, Abdias. **O sumidouro do São Francisco**: subterrâneos da cultura brasileira. Rio de Janeiro: Tempo Brasileiro, 1993.

NEVES, Erivaldo Fagundes. **Uma Comunidade Sertaneja**: da sesmaria ao minifúndio (Um estudo de História Regional e Local). Salvador/Feira de Santana: Universidade Federal da Bahia/Universidade Estadual de Feira de Santana, 1998.

OLIVEIRA, Ana Maria de Carvalho dos Santos. **Recôncavo Sul**: terra, homens, economia e poder no século XIX. Salvador: Editora da Uneb, 2002.

PESSOA, Angelo Emilio da Silva Pessoa. **Ruinas da Tradição**: A Casa da Torre de Garcia D'Avila – Família e propriedade no Sertão Colonial. 2003. Tese (Doutorado em História) – USP, São Paulo.

PORTO, Costa. **Estudo sobre o Sistema Sesmarial**. Recife: Imprensa Universitária, 1965.

PRADO Jr. Caio. **História Econômica do Brasil**. São Paulo: Brasiliense, 1984.

REIS, José Carlos. **Escola dos Annales**: a inovação em história. São Paulo: Paz e Terra, 2000.

REVEL, Jacques (org.). **Jogos de Escalas**: a experiência da microanálise. Rio de Janeiro: Editora da FGV, 1998.

ROSAS, Suzana Cavani. **A Questão Agrária na Sociedade Escravista**. 1987. Dissertação (Mestrado em História) – UFPE, Recife.

SALGADO, Graça. **Fiscais e meirinhos**. A administração do Brasil Colonial. Rio de Janeiro: Nova Fronteira, 1985.

SILVA, Lígia Osório. **Terras Devolutas e Latifúndio**: efeitos da Lei de 1850. Campinas: Editora da Unicamp, 1996.

SMITH, Roberto. **A propriedade da terra e transição**: estudo da formação da propriedade privada e transição para o capitalismo no Brasil. São Paulo: Brasiliense, 1990.

SMITH, Roberto. **A Propriedade da Terra e Transição**: estudo da Formação da propriedade privada da terra e transição para o capitalismo no Brasil. São Paulo: Brasiliense, 1990.

SOUSA, Maria Aparecida Silva de. **A Conquista do Sertão da Ressaca**: povoamento e posse da terra no interior da Bahia. Vitória da Conquista: Uesb, 2001.

TOLLENARE, L. F. **Notes dominicales prises pendant un voyage en Portugal et au Brésil en 1816, 1817 et 1818**. Tomes II et III – Brésil (Bahia-Recife).

VAINFAS, Ronaldo. **Dicionário do Brasil Colonial**: 1500-1808. Rio de Janeiro: Objetiva, 2000.

WANDERLEY, Maria de Nazareth Baudel. Urbanização e ruralidade: relação entre a pequena cidade e o mundo rural, estudo preliminar sobre os pequenos municípios em Pernambuco. In: _____. **Desenvolvimento Rural e transformação na agricultura**. Artigo do mês. Divulgado pelo site do Núcleo de Estudos Agrários e Desenvolvimento Rural – Nead – do Ministério do Desenvolvimento Agrário, 2001.

_____. Territorialidade e ruralidade no Nordeste: por um pacto social pelo desenvolvimento rural. In: _____. **Planejamento e Desenvolvimento dos Territórios Rurais; conceitos, controvérsias e experiências**. Brasília: Embrapa, 2002.

Bibliografia específica: elites, prosopografia, sociabilidade

AGULHON, Maurice; et al. **Les Maires en France du consulat à nos jours**. Paris: Publications de la Sorbonne, 1986.

_____. **Pénitents et francs-maçons de l'anciènne Provence**: essai sur la sociabilité méridionale. Fayard, 1984.

ANTOINE, Annie (dir.). Campagnes de l'Ouest. Stratigraphies et relations sociales dans l'histoire. Actes du colloque de Rennes, 24-26 mars 1999. **Collection histoire**, Rennes, Presses Universitaires de Rennes, 1999.

BARRIERE, Jean-Paul. "Le notaire au XIXe siècle, médiateur ou notable?", dans Entre pouvoirs locaux et pouvoirs centraux: Figures d'intermédiaires (XVIIIe-XXe siècles). **Bulletin de la Société d'histoire moderne et contemporaine**, tome 45, n. 3-4, p. 51-63, juillet-septembre 1998.

BERGERON, Louis; CHAUSSINAND-NOGARET, Guy. **Les Masses de granit, cent mille notables du Premier Empire**. Editions de l'E.H.E.S.S., 1979.

_____ (dir.). **Grands notables du Premier Empire**. Editions du C.N.R.S./E.H.E.S.S./Centre de recherches historiques, 1978-1999, 22 vol.

BERTRAND, Michel. **Grandeur et misère de l'office**: les officiers de finances de Nouvelle- Espagne, XVIIe-XVIIIe siècles. Paris: Publications de la Sorbonne, 1999.

BIANCHI, Serge. **La Révolution culturelle de l'an II. Elites et peuples (1789-1799)**. Aubier, 1982.

BIRNBAUM, Pierre. **Les Sommets de l'Etat. Essai sur l'élite du pouvoir en France.** Seuil, 1994.

BRELOT, Claude-Isabelle. **La Noblesse réinventée. Nobles de Franche-Comté de 1814 à 1870.** Paris-Besançon: Les Belles Lettres-Annales littéraires de l'Université de Franche-Comté, 1992.

_____. "Châteaux, communautés de village et paysans dans une province française au XIXe siècle", dans La terre et la cité. **Mélanges offerts à PhilippeVigier.** Paris: Créaphis, 1994, p. 53-65.

BURKE, Peter. **Venise et Amsterdam: études des élites urbaines au XVIIe siècle.** Gérard Monfort éditeur, 1992.

CARON, Jean-Claude; CHAUVAUD, Frédéric (dir.). **Les Campagnes dans les sociétés européennes. France, Allemagne, Espagne, Italie (1830-1930).** Rennes: Presses universitaires de Rennes, 2005.

CASTELLANO, Juan Luis (dir.). **Réseaux, familles et pouvoirs dans le monde ibérique à la fin de l'Ancien Régime.** Paris: CNRS éditions, 1998; 2002.

CHARLE, Christophe. **Les élites de la République:** 1880-1900. Fayard, l'espace du politique, 2006.

CHAUSSINAND-NOGARET, Guy. **Une histoire des élites, 1700-1848.** Paris-La Haye: Mouton, 1975.

_____ (dir.). **Histoire des élites en France du XVIe au XXe siècle.** Tallandier, 1991, réédit. Hachette-Pluriel, 1994.

CHIFRES et Histoire. **Cahiers du Centre D'Histoire et Des Communautés, semestral.** Presses Universitaires Blaise-Pascal, La Française d'Edition et d'Imprimerie, Clermont-Ferrand, quatrième trimestre, 1977.

CROSSICK, Geoffrey; HAUPT, Heinz-Gerhard. **The Petite Bourgeoisie in Europe 1780-1914.** Londres: Routledge, 1995.

DAUMARD, Adeline. **Les Bourgeois et la bourgeoisie en France depuis 1815.** Flammarion, 1990.

DEGENNE, Alain. **Les réseaux sociaux, une analyse structurale en sociologie.** Paris: Armand Colin, 1994.

DELILLE, Gérard. Réflexiosn sur le "Système" européen de la parenté et de l'alliance (note critique). Annales HSS, mars avril. **Histoire, Sciences Sociales**, annee 2001, v. 56, n. 2, p. 369-380. Disponível em: <https://goo.gl/8EE6N5>.

DENIS, Michel. **Les royalistes de la Mayenne âge et le monde moderne (XIXe-XXesiècles)**. Paris: Klincksieck, 1977.

DEROUET, Bernard. **Parenté et Marché Foncier à l'époque moderne**: une réinterpretation. Disponível em: <https://goo.gl/RWLkVj>. Editions de l'EHESS | **Annales. Histoire, Sciences Sociales**. Disponível em: <https://goo.gl/8EE6N5>.

_____. Permanence des pratiques sucessoralles et systèmes agraires: le cas de la France au XIXe siècle. In: Mélanges de l'Ecole française de Rome. **Moyen-Age, Temps modernes**, t. 100, n.1, p. 347-356, 1988. Disponível em: <https://goo.gl/1chPW8>. Editions de l'EHESS | **Annales. Histoire, Sciences Sociales**. Disponível em: <https://goo.gl/8EE6N5>.

DOLAN, Claire. **Le notaire, la famille et la ville**. Presses Universitaires du Mirail, Université de Toulouse – Le Mirail, Toulouse, 1998.

DUPEUX, Louis; HUDEMANN, Rainer; KNIPPING, Franz (dir.). Eliten in Deutschland und Frankreich im 19. Und 20 Jahrhundert. Strukturen und Beziehungen. Band 2/Elites en France et en Allemagne aux XIXe et XXe siècles. **Structures et relations**, v. 2, Munich, R. Oldenbourg Verlag, 1996.

DUPRAT, Catherine. **Usage et pratiques de la philanthropie**. Pauvreté, action sociale et lien social à Paris, au cours du premier XIXe siècle. Comité d'Histoire de la Sécurité Sociale, 1996-1997.

ETUDES prosopographiques. **Cahiers du Centre D'Histoire et Des Communautés, semestral**. Presses Universitaires Blaise-Pascal, La Française d'Edition et d'Imprimerie, Moulin d'Arbalesse, 1999.

FIGEAC, Michel. **Destins de la noblesse bordelaise, 1770-1830**. Talence: Fédération historique du Sud-Ouest, 1996, 2 vol.

FRANÇOIS, Etienne. **Sociabilité et société bourgeoise en France, en Allemagne et en Suisse, 1750-1850**. Mission historique française en Allemagne, 1986.

GRANDCOING, Philippe. "Paysage et distinction sociale. Les mutations de l'environnement hâtelain au XIXe siècle: l'exemple de la Haute-Vienne", dans **Histoire et sociétés rurales**, n. 12, 2e semestre 1999, p. 109-129.

GUESLIN, André. "Usures et usuriers dans les campagnes françaises au XIXe siècle". In: **Recueil d'études offert à Gabriel Désert, Cahier des Annales de Normandie**. Rouen, 1992.

_____. Gens pauvres, pauvres gens dans la France du XIXe siècle. **Collection historique**, Paris, Aubier, 1998, 314 p.

GUESLIN, Jean-Marc. "Le personnel politique du Nord et du Pas-de-Calais entre 1852 et 1889: pouvoir, protection et médiation", dans Entre pouvoirs locaux et pouvoirs centraux: Figures d'intermédiaires. (XVIIIe-XXe siècles). **Bulletin de la Société d'histoire moderne et contemporaine**, tome 45, n. 3-4, p. 63-79, juillet-septembre 1998.

HAUDEBOURG, Guy. **Mendiants et vagabonds en Bretagne au XIXe siècle**. Rennes: Presses Universitaires de Rennes, 1998.

HIGGS, David. **Nobles, titrés et aristocrates après la Révolution, 1800-1870**. Liana Levi, 1990.

HUDEMANN, Rainer; SOUTOU, Georges-Henri Soutou (dir.). Eliten in Deutschland und Frankreich im19. und 20 Jahrhundert. Strukturen und Beziehungen. Band 1/Elites en France et en Allemagne aux XIXe et XXe siècles. **Structures et relations**, v. 1, Munich, R. Oldenbourg Verlag, 1994.

KOCKA, Jürgen (dir.). **Les Bourgeoisies européennes au XIXe siècle**. Belin, 1996. La ville des élites. Cahiers du Centre D'Histoire et Des Communautés, semestral. Presses Universitaires Blaise-Pascal, La Française d'Edition et d'Imprimerie, Clermont-Ferrand, 1999.

LEFERME-FALGUIERES, Frédérique; VAN RENTERGHEM, Vanessa. **Le concept d'élites**. Approches historiographiques et méthodologiques, hypothèses 2000/1, p. 55-67. Publication de la Sorbonne. Disponível em: <https://goo.gl/HVNjiy>.

LES ÉLITES espagnoles à l'époque contemporaine [Texte imprimé]: actes / du Colloque d'histoire sociale d'Espagne, du 14 au

16 mars 1982. [organisé par l'] Université de Pau et des pays de l'Adour. Pyrenaica Publication: Pau: Université de Pau et des Pays de l'Adour, 1984.

LES ELITES rurales dans l'Europe médiévale et moderne [Texte imprimé]: actes des XXVIIes Journées internationales d'histoire de l'abbaye de Flaran, 9, 10, 11 septembre 2005 / études réunies par François Menant et Jean-Pierre Jessenne. Toulouse: Presses Universitaires du Mirail, DL 2007.

LES NOBLESSES européennes au XIXe siècle. Ecole française de Rome et Université de Milan, 1988.

MARAIS, Jean-Luc. **Histoire du don en France de 1800 à 1939**. Dons et legs charitables, pieux et philanthropiques. Rennes: Presses Universitaires de Rennes, 1999.

MAREC, Yannick. **Bienfaisance communale et protection sociale à Rouen (1796-1927)**.Expériences locales et liaisons nationales, La Documentation française et Association pour l'étude de la l'histoire de la Sécurité Sociale, 2002.

MAYAUD, Jean-Luc. "Noblesses et paysanneries de 1789 à 1914: des rapports d'exclusion?", dans Claude-Isabelle Brelot (dir.). **Noblesses et villes (1780-1950)**. Actes du colloque de Tours, 17-19 mars 1994, Université de Tours, Maison des Sciences de la ville, 1995, p. 55-69.

MENDRAS, Henri. **Les Sociétés Paysannes**. Eléments pour une théorie de la paysannerie. Galimard, 1995.

MENSION-RIGAU, Éric. **Le donjon et le clocher**. Nobles et curés de campagne de 1850 à nos jours, Pour l'histoire. Paris: Éditions Perrin, 2003.

MUCKENSTURM, Stéphane. **Soulager ou éradiquer la misère**. Indigence, assistance et répression dans le Bas-Rhin au XIXe siècle. Strasbourg: Presses Universitaires de Strasbourg, 1999.

PETITEAU, Natalie. **Elites et mobilités**. La noblesse d'Empire au XIXe siècle, 1808-1914. Editions de la Boutique de l'Histoire, 1997.

_____. **Lendemains d'Empire**. Les soldats de Napoléon dans la France du XIXe siècle. Paris: La Boutique de l'histoire, 2003.

PETITEAU, Natalie; DUMONS, Bruno; POLLET, Gilles (dir.). **Elites et pouvoirs locaux**. La France du Sud-est sous la Troisième République, collection du Centre Pierre Léon, Lyon, Presses Universitaires de Lyon, 1999, 530 p. Cahiers d'Histoire (en ligne), 44-3, 1999, mis en ligne le 13 mai 2009. Disponível em: <https://goo.gl/3tChjX>. Acesso em: 6 jun. 2009.

POURCHER, Yves. **Les maîtres de granit**: les notables de Lozère du XVIIIe siècle à nos jour. (1987). Paris: Plon, 1995.

TUDESQ, André-Jean. **Les Grands notables en France (1840-1849)**. Etude historique d'une psychologie sociale. Paris: Presses Universitaires de France, 1964.

VIDALENC, Jean. **La société française de 1815 à 1848**. Paris: Marcel Rivière, 1970, t. 1: Le peuple des campagnes.

WAGNIART, Jean-François. **Le vagabond à la fin du XIXe siècle**. Paris: Éditions Belin, 1999.

_____. "Les migrations des pauvres en France à la fin du XIXe siècle: le vagabondage ou la solitude des voyages incertains", dans *Émigres, vagabonds, passeports. Genèses*, n. 30, p. 30-52, mars 1998.

WISCART, Jean-Marie. **La Noblesse de la Somme au XIXe siècle**. Amiens: Encrage, 1994.

Título	Condominium: Práticas de sociabilidade e propriedade de terra – Vale do São Francisco – Império do Brasil
Autor	Maria Ferreira
Assistência Editorial	Paloma Almeida
Capa	Wendel de Almeida
Projeto Gráfico	Bruno Balota
Preparação	Isabella Pacheco
Revisão	Taíne Barriviera
Formato	14 x 21cm
Número de Páginas	252
Tipografia	Life BT
Papel	Alta Alvura Alcalino 75g/m²
1ª Edição	Dezembro de 2017

Conheça outros títulos em
www.pacolivros.com.br

Publique Obra Acadêmica pela Paco Editorial

Teses e dissertações
Trabalhos relevantes que representam contribuições significativas para suas áreas temáticas.

Grupos de estudo
Resultados de estudos e discussões de grupos de pesquisas de todas as áreas temáticas. Livros resultantes de eventos acadêmicos e institucionais.

Capítulo de livro
Livros organizados pela editora dos quais o pesquisador participa com a publicação de capítulos.

Saiba mais em
www.editorialpaco.com.br/publique-na-paco/

PACO EDITORIAL

Av. Carlos Salles Block, 658
Ed. Altos do Anhangabaú – 2° Andar, Sala 21
Anhangabaú - Jundiaí-SP - 13208-100
11 4521-6315 | 2449-0740
contato@editorialpaco.com.br